mentor Grundwissen

Englisch
bis zur 10. Klasse

Alle wichtigen Themen

Lutz Walther

Über den Autor:
Dr. Lutz Walther studierte u. a. Amerikanistik und Pädagogik an den Universitäten Mainz und Davis (Kalifornien). Nach mehrjährigem Aufenthalt in den USA lebt er heute als Autor, Lektor, Übersetzer und Dozent in Köln.

Redaktion: Dr. Eva Dempewolf, Starnberg
Layout: Peter Pleischl, München
Vignetten: Ulf Marckwort, Kassel
Fotos: British Tourist Authority

Umwelthinweis: Gedruckt auf chlorfrei gebleichtem Papier.

mentor Grundwissen Band 16

© 2004 mentor Verlag GmbH, München
Das Werk und seine Teile sind urheberrechtlich geschützt. Jede Verwertung in anderen als den gesetzlich zugelassenen Fällen bedarf deshalb der vorherigen schriftlichen Einwilligung des Verlags.
Printed in Germany
ISBN 3-580-64016-X
www.mentor.de

Inhalt

Vorwort 7
Liste der verwendeten Abkürzungen 8
Darstellungen auf den Fotos 8

Zeitenfolge

1 Das Präsens/Die Gegenwart 10
2 Das Präteritum/Die Vergangenheit 18
3 Das Futur I/Die Zukunft 23
4 Das Perfekt/Die vollendete Gegenwart 28
5 Das Plusquamperfekt/Die vollendete Vergangenheit 33
6 Das Futur II/Die vollendete Zukunft 36
Auf einen Blick: Zeitenfolge 38

Modalverben

1 Die vollständigen Modalverben/Hilfsverben 42
2 Die unvollständigen Modalverben/Hilfsverben 43
Auf einen Blick: Modalverben 51

Passiv und Gerund

1 Das Passiv/Die Leideform 54
2 Das Gerund/Das Verbalsubstantiv 59
Auf einen Blick: Passiv und Gerund 64

Konjunktiv, Imperativ und indirekte Rede

1 Der Konjunktiv/Die Möglichkeitsform 68
2 Der Imperativ/Die Befehlsform 69
3 Die indirekte Rede 71
Auf einen Blick: Konjunktiv, Imperativ und indirekte Rede 77

If-Sätze, Wünsche und Fragen

1 If-Sätze/Konditionalsätze/Bedingungssätze 80
2 Wünsche 85
3 Fragen 86
Auf einen Blick: If-Sätze, Wünsche und Fragen 92

Inhalt

Adjektive und Adverbien

1 Adjektive/Eigenschaftswörter   94
2 Adverbien/Umstandswörter   100
Auf einen Blick: Adjektive und Adverbien   108

Artikel

1 Der unbestimmte Artikel   110
2 Der bestimmte Artikel   114
Auf einen Blick: Artikel   122

Plural

1 Der Plural/Die Mehrzahl   126
2 Singular oder Plural?   128
Auf einen Blick: Plural   131

Pronomen

1 Personalpronomen   134
2 Possessivpronomen   138
3 Reflexivpronomen   141
4 Reziproke Pronomen   143
5 Demonstrativpronomen   143
6 Relativpronomen   145
7 Interrogativpronomen   152
Auf einen Blick: Pronomen   153

Stolpersteine – häufig verwechselte Wörter

1 Mengenangaben   156
   some/any – no/none – none (of)/nobody/nowhere– much/many/ a lot of – little/few – each/every – every/all – all/whole – both/ either/neither – other/another – most – half

Inhalt

2 **Zeitliches und Räumliches** 169
still/already/yet – until/till/by – to/up to – during/while – farther/further – almost/nearly – in time/on time – home/at home
3 **„Kleine Biester"** 174
also/too/as well – not ... either/neither – either ... or/neither ... nor – too/not ... enough – quite/rather – like/as – so/such – unless/if ... not – one/ones – own – my/of mine – beside/besides – by/with
4 **Einige problematische englische und deutsche Verben** 185
make/do/take – bring/take – lie/lay/lie – use/used to be used to – get/go – lassen – werden – sollen
5 **Britisches und amerikanisches Englisch** 195
6 **Großschreibung** 207
7 **Zeichensetzung** 209
Auf einen Blick: Stolpersteine 216

Präpositionen, unregelmäßige Verben und False Friends

1 **Präpositionen/Verhältniswörter** 220
2 **Konjunktionen/Bindewörter** 228
3 **Partizipialsätze** 231
4 **Unregelmäßige Verben** 233
5 **Prepositional und Phrasal Verbs** 239
6 **False Friends und andere Problemfälle** 258
7 **Zahlen und Daten** 273
Grundzahlen – Null – Ordnungszahlen – Daten – Jahreszahlen – Uhrzeiten – Telefonnummern – Mathematische Ausdrücke – Temperaturen – Längenmaße – Hohlmaße – Flächenmaße – Handelsgewichte

Anhang

1 **Grammatische Ausdrücke** 279
2 **Tipps zur Arbeit mit Wörterbüchern** 283
3 **Register** 284

Vorwort

Richtiges Englisch sei eine Sache von pedantischen Geschichts- und Aufsatzschreibern, sagte einst die englische Schriftstellerin George Eliot und wandte sich der Sprache der Dichter zu. Diese kannten freilich die grammatischen Feinheiten ihrer Sprache in- und auswendig.
Mag die englische Grammatik auch vielen höchst unlogisch erscheinen, sie hat doch Methode. Und an diesen Regeln, Formeln, Merksätzen und Gewohnheiten kann man sich als Schüler oder Schülerin gut festhalten.

Neben den großen grammatischen Komplexen wie Zeitenfolge und Passiv, Hilfsverben und Gebrauch der If-Sätze werden in diesem Buch eine ganze Reihe von Zweifels- und Problemfällen des täglichen Gebrauchs ausführlich besprochen – vor allem jene, über die man in den ersten Jahren des Lernens immer wieder stolpert. Viele Tabellen ermöglichen einen schnellen Überblick nicht nur über die unregelmäßigen Verben, sondern auch über die so genannten False Friends und Phrasal Verbs.

Ferner wurde im ganzen Band auf den Unterschied zwischen britischem und amerikanischem Englisch geachtet. Das amerikanische ist in unserer Gesellschaft vor allem durch Musik und Film heute wesentlich stärker verbreitet als das britische Englisch. Deshalb wird das in den USA bevorzugte Wort, die amerikanische Schreib- oder Ausdrucksweise immer in Klammern **(US:)** erwähnt, während der nur im britischen Englisch verwendete Ausdruck mit **(UK:)** gekennzeichnet ist.

Bleibt mir nur noch, allen Englischlernenden viel Freude zu wünschen, oder besser: Have fun!

Lutz Walther

Liste der verwendeten Abkürzungen

Adj.	→	Adjektiv (Eigenschaftswort)
Adv.	→	Adverb (Umstandswort)
Anm.	→	Anmerkung
allgem.	→	allgemein
bes.	→	besonders
Bindew.	→	Bindewort
etc.	→	et cetera (und so weiter)
etw.	→	etwas
Fürw.	→	Fürwort (Pronomen)
Gegenw.	→	Gegenwart (Präsens)
Infin.	→	Infinitiv (Grundform)
jem.	→	jemand, jemandes, jemandem, jemanden
kl.	→	klein
pl.	→	Plural (Mehrzahl)
Progr.	→	Progressive (Verlaufsform)
sb.	→	somebody
sgl.	→	Singular (Einzahl)
sth.	→	something
Subst.	→	Substantiv (Hauptwort)
umg.	→	umgangssprachlich
v. a.	→	vor allem
vulg.	→	vulgär
z. B.	→	zum Beispiel
zusamenges.	→	zusammengesetzt

Darstellungen auf den Fotos

London-Motive:
- S 9: Buckingham Palace
- S. 41: Madame Tussaud's, The Beatles
- S. 53: Waterloo-Station
- S. 67: Mayfair, Jermyn Street
- S. 79: BFI London Imax Cinema
- S. 109: Covent Garden, Royal Opera House
- S. 125: Camden Lock Market
- S. 133: Bankside: Tate Modern
- S. 155: Chelsea: Henry J. Beans Pub
- S. 219: Trafalgar Square

Zeitenfolge

Im Zeitdenken der Menschen gibt es die Vorstellung von Gegenwart, Vergangenheit und Zukunft. Im Englischen entsprechen diese natürlichen Zeiten im Großen und Ganzen den grammatischen Zeitstufen Präsens (Present Tense), Präteritum (Past Tense) und Futur (Future Tense). Neben diesen gibt es noch die so genannten Vollendungsstufen: Present Perfect, Past Perfect und Future Perfect. Man kann sie sich als Brücken zwischen jeweils zwei Zeiten vorstellen: Gegenwart und Vergangenheit (Present Perfect), Vergangenheit und Vorvergangenheit (Past Perfect), fernere Zukunft und davor liegende Zukunft (Future Perfect). In allen Zeiten gibt es eine einfache Form und eine –ing-Form.

Zeitenfolge

Present Tense

1 Das Präsens/Die Gegenwart

Mit der Zeit der Gegenwart werden Handlungen oder Zustände ausgedrückt, die allgemein gültigen Charakter haben bzw. sich regelmäßig ereignen. Dafür nimmt man das einfache Präsens (**Simple Present**). Wenn eine Handlung im Moment des Sprechens vor sich geht, benutzt man die Verlaufsform (**Present Progressive**). Beide Formen des Präsens können auch für zukünftige Handlungen gebraucht werden.

Simple Present (forms)

1.1 Formen des Simple Present

Im **Simple Present** steht das Verb in der **Grundform** (Infinitiv).

| I go to school every day. | You love fast cars. |
| We never eat breakfast. | They collect stamps. |

Simple Present (3rd person sgl.)

In der **3. Person Singular** (he/she/it/Name/Person/Ding) wird an die Grundform des Vollverbs ein –s angehängt.

live → lives	My aunt lives in San Francisco.
rain → rains	It rains a lot in Ireland.
work → works	Mr Brown works in a bank.

Bei Verben auf –ss, –sh, –ch, –x und –o wird ein –es angehängt.

kiss → kisses	He always kisses me on the forehead.
finish → finishes	The concert finishes at 11 o'clock.
watch → watches	Jessica watches TV every evening.
fix → fixes	His uncle usually fixes my bicycle.
go → goes	The earth goes round the sun.

Das Verb **have** wird in der 3. Person Singular zu **has**. Das Verb **be** wird in der 3. Person Singular zu **is**.

| have → has | My sister has three dolls. |
| be → is | Jessica is 16 years old. |

Simple Present (auxiliary verbs)

Hilfsverben wie **can, may, must, will, shall** etc. bleiben unverändert. Es wird in der 3. Person Singular also kein –s angehängt.

Das Präsens/Die Gegenwart

Wenn ein Verb als letzten Buchstaben ein –y hat und davor ein Konsonant steht, so wird das –y in der 3. Person Singular zu –ies.

try	→ tries	Every day she tries to get up early.
carry	→ carries	He never carries the bags for her.

Steht vor dem –y jedoch ein Vokal, dann bleibt das –y erhalten, und es wird nur ein –s angehängt.

enjoy	→ enjoys	Jessica enjoys parties a lot.
buy	→ buys	My sister often buys new clothes.

Verneinte Sätze werden bei Vollverben mit **do not (don't)** bzw. in der 3. Person Singular mit **does not (doesn't)** gebildet.

Simple Present (negative)

They don't live in Scotland. They live in California.
Mr Brown doesn't eat meat. He's a vegetarian.

Hilfsverben werden **nicht** mit **do/does** verneint, sondern mit **not**.

Simple Present (auxiliary verbs – negative)

can	→ cannot (can't)		will	→ will not (won't)
may	→ may not		shall	→ shall not (shan't)
must	→ must not (mustn't)			

Auch die Formen von **be** werden mit **not** verneint.

I am	→ I am not
you are	→ you are not (aren't)
he/she/it is	→ he/she/it is not (isn't)
we are	→ we are not (aren't)
they are	→ they are not (aren't)

Fragen (mit Ausnahme der Fragen nach einem Subjekt) werden im **Simple Present** mit **do/does** gebildet.

Simple Present (questions)

Where do you live?
Does Mr Brown play chess?

Bei Fragen mit **Hilfsverben** und allen Formen von **be** dreht sich die Reihenfolge von Subjekt und Verb um.

Where can I find Jessica?
Is Mr Brown a football player?

Zeitenfolge

Simple Present (use)

1.2 Gebrauch des Simple Present

Das **Simple Present** wird dazu benutzt, regelmäßig wiederholte oder länger andauernde Vorgänge, Handlungen und Gewohnheiten auszudrücken. Ferner wird es oft für nacheinander folgende Handlungen verwendet.

> I go to school every day except Saturday and Sunday.
> On Sundays my sister usually gets up very late.

Häufig kommen in solchen Aussagesätzen Zeitangaben wie **always, never, often, sometimes, usually, normally, regularly, generally** oder **every day, twice a week, three times a year, on Sundays, at Christmas** etc. vor.

> Mr Brown often goes to work by bicycle.
> My sister never wears cheap sunglasses.

Im **Simple Present** stehen auch Aussagen und Fragen in der 1. oder 2. Person, wenn die Bedeutung allgemein gültig im Sinne von **man** oder **müssen** gemeint ist, ...

> Looks like we're lost. Where do we go now?
> What do you think? – Never mind, it doesn't matter.

... sowie bei Fragen nach **regelmäßigen Tätigkeiten** wie z. B. nach dem Beruf ...

> What do you do? – I am a computer scientist.
> How often do you play tennis? – Only once a week.

... und **allgemeinen Tatsachen, zeitlosen Tatbeständen, Wahrheiten** und **Naturgesetzen**.

> The earth goes round the sun.
> Water boils at 100 °C and freezes at 0 °C.

Außerdem wird das **Simple Present** benutzt, um Geschichten in der Gegenwart zu erzählen (vor allem dann, wenn mehrere aufeinander folgende Handlungen beschrieben werden), oder um Handlungen zu kommentieren (z. B. Fußballspiele, die im Fernsehen übertragen werden).

> She puts the lasagne in the oven and sets the timer. Then she turns on the radio, as he opens a bottle of wine. They both think of their honeymoon in Italy.

Das Präsens/Die Gegenwart

Das Simple Present als Form der Zukunft   Simple Present (future)

Das **Simple Present** kann auch mit zukünftiger Bedeutung benutzt werden, vor allem im Zusammenhang mit Fahr- und Reiseplänen, Abfahrts- und Ankunftsterminen, Veranstaltungs- und Programmdaten sowie Öffnungszeiten. Es tritt dann *immer* mit einer Zeitangabe auf.

> My plane leaves at 10.30 am on Thursday.
> The new Japanese restaurant opens on July 12th.

1.3 Formen des Present Progressive

Present Progressive (forms)

Das **Present Progressive** wird gebildet, indem man die Gegenwartsform von be (am, are oder is) vor die Grundform (Infinitiv) des Vollverbs stellt und an diese die Endung **–ing** anhängt.

> My sister is reading a book at the moment.
> It is raining outside.
> We are watching a film on TV. (**US**: movie)
> They are talking about the tennis match.

Im gesprochenen Englisch wird meistens die zusammengezogene Form gebraucht.

I am	→ I'm	We are	→ We're
You are	→ You're	They are	→ They're
He/She/It is	→ He's/She's/It's		

Steht am Ende des Verbs ein stummes –e, dann wird dieses in der **-ing-Form** weggelassen.

make → making	come	→ coming
write → writing	breathe	→ breathing

Die Verb-Endung –ie wird vor der **-ing-Form** zu –y.
die → dying   lie → lying

Bei Verben, die auf Konsonanten wie –b, –d, –g, –m, –n, –p, –r oder –t enden, verdoppelt sich dieser Buchstabe, wenn der Vokal davor kurz ausgesprochen und betont wird.

grab → grabbing	grin	→ grinning
nod → nodding	stop	→ stopping
sit → sitting	hop	→ hopping

Zeitenfolge

beg	→ begging	occur	→ occurring
jam	→ jamming	admit	→ admitting

Ist die letzte Silbe *nicht* betont, so wird auch der Konsonant *nicht* verdoppelt.

enter → entering   profit → profiting

Steht am Ende des Verbs nach einem Vokal ein –l, so wird es im **britischen Englisch** immer verdoppelt, ...

label → labelling   travel → travelling

(US:) ... im amerikanischen Englisch jedoch nur dann, wenn die letzte Silbe betont ist.

label → labeling   travel → traveling
Aber:
control → controlling   expel → expelling

Einem –c am Ende wird ein –k hinzugefügt.
panic → panicking

Present Progressive (auxiliary verbs)

Hilfsverben wie can, may, must, will, shall bilden **keine** **–ing-Form**.

Present Progressive (negative)

Die **–ing-Form** wird **verneint**, indem man die Form von **be** mit **not** verneint.

> I am not sitting on the couch.
> You are not (aren't) reading a book at the moment.
> My sister is not (isn't) walking through the park.
> It is not (isn't) raining outside.
> We are not (aren't) eating right now.
> They are not (aren't) watching the game on TV.

Present Progressive (questions)

Fragen werden im **Present Progressive** gebildet, indem man die Reihenfolge von Subjekt und die Form von **be** umkehrt.

> What are you doing?
> Is Mr Brown working in the garden?

Das Präsens/Die Gegenwart

1.4 Gebrauch des Present Progressive

Present Progressive (use)

Das **Present Progressive** wird benutzt, um eine Aktivität auszudrücken, die im Moment des Sprechens oder Schreibens getan wird. Es findet vor allem bei solchen Verben Verwendung, die eine Tätigkeit ausdrücken.

> Jessica is writing an e-mail to a friend.
> We are having breakfast.

Um eine **–ing-Form** ins Deutsche zu übersetzen, muss man Ausdrücke wie **gerade, im Moment** oder **dabei sein, etwas zu tun** verwenden. Umgangssprachlich wird auch oft ein **am** oder **beim** (er ist gerade am Schlafen) benutzt. Auch Verben wie **lie, sit, stand, wait** oder **hang** werden als Tätigkeiten empfunden.

> I am sitting at my desk.
> Mr Brown is lying on the sofa.

Die **–ing-Form** wird verwendet, wenn es sich um eine Tätigkeit handelt, die zum Zeitpunkt des Sprechens oder Schreibens nicht abgeschlossen ist, auch wenn sie regelmäßig getan wird – wenn z. B. jemand jeden Abend vor dem Einschlafen einige Seiten in einem Buch liest und mittags gefragt wird, was er gerade liest. Ausschlaggebend ist also nicht, ob die Handlung im Moment (also am Mittag) ausgeführt wird, sondern dass sie unabgeschlossen und zeitlich begrenzt ist.

> What are you reading? – I am reading *Moby-Dick*.
> Is he working on anything? – Yes, he's writing an article.

Im Deutschen wird hier oft das Wort **zurzeit** hinzugefügt, um auszudrücken, dass es sich *nicht* um eine dauerhafte Beschäftigung handelt.

Wie oben gesagt, steht das **Simple Present** bei **allgemein gültigen Feststellungen** sowie für zeitlich uneingeschränkte Handlungen oder Zustände im Sinne von: das ist so, und so wird es wohl für immer bleiben. Es wird demnach *nicht* gebraucht, um momentane, zeitlich begrenzte Handlungen auszudrücken. Dazu benutzt man das **Present Progressive**. Vergleiche:

Zeitenfolge

Simple Form	I always go to bed at 9 o'clock.
Progressive Form	I'm going to bed now. Good night!
Simple Form	Do you speak German? – Yes, I do.
Progressive Form	Listen to that girl! What language is she speaking?

Die –ing-Form steht also auch, wenn es sich um eine **vorübergehende Ausnahme** handelt, wobei es nicht wichtig ist, wie lange diese Ausnahme anhält.

> Mr Brown normally goes to work by bicycle, but today he is taking the car.
> I usually get up at 6 am, but this week I'm getting up at 7.

Present Progressive (two activities) — Manchmal ist es notwendig, **zwei gleichzeitig ablaufende Handlungen** in einem Satz auszudrücken.

> Mom's usually sleeping when Dad gets home from work.
> I'm doing my homework when the mailman arrives.

In der –ing-Form steht die Handlung, die bereits abläuft, wenn die zweite (in der **Simple Form**) hinzukommt. Anders ausgedrückt: Wenn der Postbote ankommt, ist Jessica gerade dabei, ihre Hausaufgaben zu machen. Diese sind nicht abgeschlossen und stehen daher in der –ing-Form.

Present Progressive (no –ing-form) — Nun gibt es eine Reihe von Verben, die in der Regel *nicht* in der –ing-Form erscheinen. Vor allem im gesprochenen Englisch wird das **Simple Present** oft bei Ausdrücken wie **I see, I think, I know, I mean, I guess (US)** als einleitende Floskel gebraucht, ähnlich wie man im Deutschen Sätze mit **ich glaube, ich meine** einleitet oder unterbricht.

> I think Mr Brown is looking for a new job.
> I guess you're right.

Present Progressive (sense impressions) — Verben der **sinnlichen Wahrnehmung**, die keine Vorgänge, sondern Zustände beschreiben, stehen für gewöhnlich *nicht* im Present Progressive, sondern im Simple Present. Dazu gehören Verben wie **feel, hear, smell, sound, taste**, der Angabe

Das Präsens/Die Gegenwart

von Maßen wie **measure** und **weigh** sowie Verben des Mögens bzw. Nichtmögens, des Wünschens oder Wollens wie **like, dislike, love, hate, prefer, want, wish** etc.

> The soup smells good. The dog smells bad.
> The elephant weighs over three tons.

Drücken diese Verben jedoch eine **Tätigkeit** aus, können sie wie alle anderen in der **–ing-Form** benutzt werden. Meistens ändert sich in diesen Fällen jedoch die Bedeutung des Satzes. Vergleiche:

> The meat smells bad.
> Why are you smelling at the meat? Is it bad?

Ferner werden die Verben des **Glaubens, Hoffens** und **Meinens** meist nur im **Simple Present** gebraucht.

Verbs of believing and hoping

believe	hope	realize	suppose
doubt	imagine	recognize	understand
forget	know	remember	wonder

(US:) Vor allem im amerikanischen Englisch sind jedoch auch bei diesen Verben gelegentlich Formulierungen wie **I'm loving it** oder **I'm hoping we can do that** zu hören. In diesen Fällen ist die –ing-Form gefühlsbetonter als die Simple Form.

Auch die so genannten **statischen Verben** stehen in der Regel im **Simple Present**, weil sie im Gegensatz zu den **dynamischen Verben** keine Aktivität ausdrücken.

Present Progressive (static verbs)

appear	deserve	involve	possess
astonish	exist	matter	prefer
belong to	fit	need	resemble
concern	impress	notice	satisfy
cost	intend	owe	seem

Das Present Progressive als Form der Zukunft
Ebenso wie das **Simple Present** kann auch das **Present Progressive** mit zukünftiger Bedeutung benutzt werden, vor allem dann, wenn es um feste Abmachungen oder festgelegte Vereinbarungen geht (s. Kapitel **Future Tense**).

Present Progressive (future)

Zeitenfolge

Past Tense

2 Das Präteritum/ Die Vergangenheit

Mit dem **Past Tense** werden Handlungen oder Zustände ausgedrückt, die in der Vergangenheit stattfanden. Dabei kann es sich um Einzelhandlungen, regelmäßige Aktivitäten oder eine Reihe von Ereignissen handeln. Wichtig ist, dass sie als von der Gegenwart getrennt empfunden werden, also abgeschlossen sind. Wie beim **Present Tense** gibt es auch beim **Past Tense** eine einfache Form (**Simple Past**) und eine Verlaufsform (**Past Progressive** bzw. –ing-Form).

Simple Past (forms)

2.1 Formen des Simple Past

Beim **Simple Past** wird zwischen **unregelmäßigen** und **regelmäßigen** Verben unterschieden. Die **unregelmäßigen Verben** müssen auswendig gelernt werden. Die meisten lassen sich jedoch in Gruppen einteilen: So gibt es jene Verben, die in der Past-Tense-Form (2. Form) ihren betonten Vokal ändern und im Past Participle (3. Form) die Endung **–en** bzw. **–n** anhängen.

Simple Past (irregular verbs)

give → gave → given
take → took → taken

Andere ändern nur den betonten Vokal.
begin → began → begun
drink → drank → drunk

Wieder andere ändern ihre Form überhaupt nicht.
cut → cut → cut
put → put → put

Sehr wenige Verben sind völlig unregelmäßig.
be → was → been
go → went → gone

Einige Verben können sowohl mit einer **regelmäßigen** als auch mit einer **unregelmäßigen Past-Tense-Form** gebraucht werden. (**US:**) Die regelmäßige Form wird vor allem im ame-

Das Präteritum/Die Vergangenheit

rikanischen, zunehmend jedoch auch im britischen Englisch verwendet.

dream → dreamt oder dreamed
learn → learnt oder learned

Bei den **regelmäßigen Verben** wird im **Past Tense** (wie auch in der 3. Form) an die Grundform des Vollverbs die Endung **-ed** angehängt.

Simple Past (regular verbs)

walk → walked → walked
discover → discovered → discovered

Steht am Ende des Verbs ein stummes –e, dann fällt dieses weg. Es wird also nur ein –d angehängt.

move → moved   live → lived

Wenn ein Verb als letzten Buchstaben ein –y hat und davor ein Vokal steht, bleibt das –y erhalten.

play → played   obey → obeyed
enjoy → enjoyed
buy → bought (unregelmäßig)

Steht vor dem –y jedoch ein Konsonant, dann wird das –y zu –i und daran ein –ed angehängt.

try → tried   cry → cried

Bei Verben, die auf Konsonanten wie –b, –d, –g, –m, –n, –p, –r oder –t enden, verdoppelt sich dieser Buchstabe, wenn der Vokal davor kurz ausgesprochen und betont wird.

grab → grabbed   grin → grinned
nod → nodded   stop → stopped
beg → begged   occur → occurred
jam → jammed   admit → admitted

Ist die letzte Silbe *nicht* betont, so wird auch der Konsonant *nicht* verdoppelt.

enter → entered   profit → profited

Steht am Ende des Verbs nach einem Vokal ein –l, so wird es im britischen Englisch immer verdoppelt ...

label → labelled   travel → travelled

19

Zeitenfolge

(**US:**) ... im amerikanischen Englisch jedoch nur dann, wenn die letzte Silbe betont wird.

label → labeled   travel → traveled
Aber:
control → controlled   expel → expelled

Einem –**c** am Ende wird ein –**k** hinzugefügt.
panic → panicked

Das Verb **have** wird im **Past Tense** bei allen Personen zu **had**.
have → had

Das Verb **be** wird im **Past Tense** zu **was** oder **were**.
be → was   I/He/She/It was 12 years old.
be → were   You/We/They were 12 years old.

Simple Past (negative) — **Verneinte Sätze** werden bei Vollverben in allen Personen mit **did not** (**didn't**) gebildet. Das Verb steht dabei in der Grundform (Infinitiv).

> I/You/She/We/They didn't live in Scotland.
> Mr Brown didn't eat any meat last night because he's a vegetarian.

Simple Past (questions) — **Fragen** (mit Ausnahme der Fragen nach einem Subjekt) werden im **Simple Past** mit **did** gebildet.

> Where did you live?
> Did Mr Brown play chess when he was a child?

Simple Past (use)

2.2 Gebrauch des Simple Past

Das **Simple Past** wird benutzt, um einmalige, völlig abgeschlossene oder regelmäßige Handlungen in der Vergangenheit zu beschreiben.

> Yesterday my sister bought a new dress.
> The police stopped me on my way home last night.

In Sätzen des **Past Tense** kommen häufig Zeitangaben wie **yesterday, last week/month/year, last spring/summer, last Christmas/January, in 1990, days/weeks/months/years ago** oder auch Nebensätze wie **when I was a child** oder **after she moved to Northampton** vor.

Das Präteritum/Die Vergangenheit

Ebenso verwendet man das **Simple Past** für vergangene Handlungen, die sich regelmäßig ereigneten.

> Jessica and I sometimes played tennis.

Auch zur Beschreibung einer Folge von Ereignissen verwendet man das **Simple Past.** So werden Geschichten in der einfachen Vergangenheit erzählt, wenn mehrere aufeinander folgende Handlungen beschrieben werden.

> Mother put the lasagne in the oven and set the timer. Then she turned on the radio, as father opened a bottle of wine. They both thought of their honeymoon in Italy.

Will man betonen, dass man früher etwas immer wieder getan hat und es heute nicht mehr tut, kann man dafür die Konstruktion –**used to** + **Grundform** benutzen.

Simple Past
(used to)

> Mr Brown used to eat a lot of meat. Today he's vegetarian.
> We used to travel a lot. Today we can't afford it anymore.

Wichtig bei der Benutzung der Konstruktion –**used to** + **Grundform** ist die Tatsache, dass die Ereignisse in der Vergangenheit liegen, regelmäßig stattfanden und heute nicht mehr so sind. Im Deutschen lassen sich solche Sätze am besten mit **früher** umschreiben.

Auch Zustände und Begebenheiten drückt man mit –**used to** + **Grundform** aus.

> This building used to be a restaurant.
> There used to be a public pool opposite the stadium.
> Did you use to live in San Francisco?

2.3 Formen des Past Progressive

Past Progressive
(forms)

Das **Past Progressive** wird gebildet, indem man die Vergangenheitsform von **be** (**was** oder **were**) vor die Grundform des Vollverbs stellt und die Endung –**ing** anhängt.

> I was writing a letter.
> You were sitting on a chair.
> My sister was reading a book when I came home.

Zeitenfolge

> We were watching TV and father was ironing his shirts.
> They were talking about the tennis match.

Past Progressive (use)

2.4 Gebrauch des Past Progressive

Ebenso wie das **Present Progressive** benutzt man das **Past Progressive**, um eine **Aktivität** auszudrücken, die zu einem bestimmten Zeitpunkt stattfand. Dieser Zeitpunkt muss in der Vergangenheit liegen, und die Handlung muss zu diesem Zeitpunkt unabgeschlossen sein.

> I was writing a letter to my friend yesterday evening.
> My parents were working in the garden when Mr Brown came home from work.

Im Deutschen werden solche Sätze sehr häufig mit Ausdrücken wie **war gerade dabei, etwas zu tun** oder **war gerade am ...** wiedergegeben.

Ebenso gebraucht man das **Past Progressive** für vergangene **Entwicklungen**, die sich über einen längeren Zeitraum erstreckten.

> My English was slowly getting better.
> The water was rising steadily.

Past Progressive (several activities)

Geht es um **mehrere Handlungen**, die zu einem bestimmten Zeitpunkt in der Vergangenheit gleichzeitig stattfanden und nicht abgeschlossen waren, stehen alle in der **-ing-Form**.

> Yesterday at 11 am Jessica was doing her homework, my sister was reading, and father was mowing the lawn.
> I was having breakfast while my sister was still sleeping.

Wenn man allerdings nur mitteilen möchte, was in der Vergangenheit geschah, oder wenn sich die Handlungen abgeschlossen vorstellen lassen, stehen die Verben im **Simple Past**.

> Mr Brown listened to the radio while his tea went cold.
> My sister broke the glass when she dropped it.

Past Progressive (background)

War dagegen eine **Handlung bereits im Gange,** als eine zweite hinzu- oder dazwischenkam, so steht das plötzlich eintretende Ereignis im **Simple Past** und die Handlung, die bereits andauerte, in der –ing-Form. Die –ing-Form bildet sozusagen den **Hintergrund** für die hinzukommende Handlung.

> Jessica was doing her homework when the storm began.
> When Mr Brown arrived, we were watching TV.

Zum **Unterschied** zwischen **Simple Past** und **Past Progressive** vergleiche:

Simple Past or Past Progressive?

> When Mr Brown arrived, we were watching TV.

Wir saßen gerade vor dem Fernseher, als Mr. Brown ankam. Wir hatten also mit dem Fernsehen begonnen (–ing-Form), bevor Mr. Brown ankam (Simple Past).

> When Mr Brown arrived, we watched TV.

Zuerst kam Mr. Brown an, dann schauten wir fern. Ereignen sich die Handlungen nacheinander, so stehen beide im Simple Past.

3 Das Futur I/Die Zukunft

Future Tense

In der englischen Sprache gibt es fünf Möglichkeiten, eine Handlung oder einen Zustand in der Zukunft auszudrücken. Anders als im Deutschen, wo oftmals ohne Unterschied das Präsens oder eine Form von **werden** benutzt wird, gibt es im Englischen Regeln für die Verwendung der einen oder anderen Form.

Hier zunächst die fünf Formen im Überblick.

Will-/Shall-Future	→ Marc will probably clean the window tomorrow.
Be-going-to-Future	→ Marc is going to clean the window tomorrow.
Future Progressive	→ Marc will be cleaning the window at 9 o'clock tomorrow morning.
Simple Present	→ Marc's train arrives at 8 pm.
Present Progressive	→ Marc is meeting a window cleaner tomorrow at 11 o'clock.

Zeitenfolge

3.1 Formen und Gebrauch des Will-Future

Will-Future (forms + use)

Die wohl am häufigsten verwendete Form der Zukunft ist das **Will-Future**. Es wird gebildet, indem man **will** vor die Grundform des Vollverbs setzt. Diese Form ist bei allen Personen gleich. Gesprochen wie geschrieben wird **will** meistens in der verkürzten Form ('ll).

> Okay, I'll do it right away.
> You'll probably see Mr Brown tomorrow.
> Jessica will certainly help you.
> We'll never make it.
> I think they'll sell the house.

Will-Future (negative)

Die **verneinte Form** lautet will not (won't).

> I won't tell anyone what happened.
> I'm afraid Jessica won't be able to help you.

Will-Future (shall)

Die Zukunftsform **shall**, die hauptsächlich in der **1. Person Singular** (I shall/I'll) sowie der **1. Person Plural** (we shall/we'll) vorkommt, findet im gesprochenen britischen Englisch kaum mehr Verwendung. Geschrieben wird sie als stilistisch gehobene Alternative zu **will** benutzt. **(US:)** Im amerikanischen Englisch ist die Shall-Form sowohl gesprochen als auch geschrieben äußerst selten.

Die verneinte Form lautet **shall not** (shan't).

> I shall/I'll be back in an hour.
> We shan't be able to play tennis this afternoon.

Allerdings kann man **shall** sehr gut in Fragen (**shall I ...?/ shall we ...?**) verwenden. Es wird benutzt, um eine andere Person nach ihrer Meinung zu fragen, wenn man etwas anbietet oder vorschlägt. **Shall** wird dann allerdings nicht im Sinne von **werden**, sondern von **sollen** gebraucht.

> Shall I open the window?
> Shall I go by car or shall I take the train?

Die Zukunft mit **will** wird bei **spontanen Reaktionen**, also *nicht* geplanten oder vorher überlegten Absichtserklärungen verwendet.

Das Futur I/Die Zukunft

> Did you do your homework? – I forgot. I'll do it now.
> Hello, can I speak to Jessica, please? – Yes, I'll get her.
> What would you like to drink? – I'll have tea, please.

Ebenso, wenn man **verspricht**, etwas zu tun.

> I promise, I'll do it, and I won't tell anybody what happened.

Des Weiteren bei **allgemeinen Vorhersagen** und **vagen Vermutungen**.

> Mr Brown will be in Chicago next week.
> It'll probably rain tomorrow.

In Sätzen, bei denen ein zukünftiger Zustand **vielleicht, wahrscheinlich** oder **vermutlich** eintreten wird, verwendet man das **Will-Future** häufig zusammen mit Ausdrücken wie **I think, I don't think, I'm sure, I expect, I wonder** oder **probably, certainly, maybe**.

Anders als im Deutschen, wo oft die Gegenwart für Zustände in der Zukunft verwendet wird, *muss* im Englischen dafür das Futur stehen.

3.2 Form und Gebrauch des Be-going-to-Future

Be-going-to-Future (forms + use)

Im gesprochenen Englisch ist auch das **Be-going-to-Future** eine häufig verwendete Zukunftsform. Es wird für **konkrete, nicht spontan entschiedene Einzelhandlungen** in der nahen Zukunft gebraucht und aus einer Gegenwartsform von **be** (also **am, are** oder **is**), **going to** und der Grundform des Vollverbs gebildet.

> I'm going to eat a banana.
> They're going to buy a new car.

Gesprochen sagt man statt **going to** häufig **gonna**; **geschrieben** wird allerdings immer **going to**.

Das **Be-going-to-Future** wird hauptsächlich bei **Plänen, festen Verabredungen** und **gefällten Entscheidungen** verwendet, d. h. wenn man vor dem Sprechen entschieden hat, etwas zu tun oder nicht zu tun.

Zeitenfolge

> My sister has made up her mind. She's going to write a letter to her aunt.
> Have you decided what to do? – Yes, I'm going to sell my bicycle.

Ferner wird das **Be-going-to-Future** bei **sicheren Vorhersagen** benutzt, wenn man sehen kann, was im nächsten Moment passiert, d. h. wenn man ziemlich sicher ist, dass eine Handlung oder ein Zustand eintreten wird.

> I've got a headache. I think I'm going to be sick.
> Look at the sky. It's going to rain any minute.

Be-going-to-Future (negative)

Bei **verneinten Sätzen** steht vor **going** ein **not** (oft in verkürzter Form).

> He is not (isn't) going to spend the weekend in Brighton.
> I'm not going to invite Jessica to my birthday party.

Be-going-to-Future (past tense)

Das **Be-going-to-Future** kann auch mit einer **Vergangenheitsform** von **be** (**was** oder **were**) verwendet werden. Es bezieht sich dann vor allem auf Handlungen, die man in der Vergangenheit zu tun beabsichtigte, aber nicht getan hat.

> I thought he was going to stay the weekend, but he didn't.

Future Tense (auxiliary verbs)

Hilfsverben wie **can, may, must** können weder mit **will/shall** noch mit **going to** kombiniert werden.

Future Progressive (forms + use)

3.3 Formen und Gebrauch des Future Progressive

Ebenso wie alle anderen Zeitstufen hat auch das Futur eine **–ing-Form**. Das Future Progressive wird gebildet, indem man vor die **–ing-Form** des Vollverbs **will be** setzt.

> I'll be spending this weekend with Jessica in Brighton.
> My aunt will be moving to Los Angeles next month.

Die **–ing-Form** des **Will-Future** betont eine **Aktivität**, die zu einem Zeitpunkt oder Zeitraum in der Zukunft im Gange sein wird. Die Zeitangabe wird meistens hinzugefügt.

Das Futur I/Die Zukunft

> What will you be doing tomorrow around 4 in the afternoon? – I'll be playing tennis.
> When will you be seeing him? – Probably on Friday.

Ebenso benutzt man die **-ing-Form** des **Will-Future**, wenn man jemanden nach seinen **Absichten** fragt, besonders dann, wenn man einen **Wunsch** von ihm erfüllt haben möchte.

> Will she be reading this book? – If not, I'd like to read it.
> Will Daddy be passing the market? – I need some apples.

Als Letztes sei noch betont, dass die **-ing-Form** des **Will-Future** Aussagen und Fragen **höflicher** klingen lässt. Im Vergleich zum einfachen **Will-Future** ist die **-ing-Form** weniger direkt, zurückhaltender und abgemilderter.

> It's late. I guess, we'll be leaving now.
> Will you be telling her the truth?

3.4 Simple Present als Form der Zukunft

Future Tense (simple present)

Das **Simple Present** kann auch mit zukünftiger Bedeutung benutzt werden, vor allem in Zusammenhang mit **Fahr-** und **Reiseplänen**, **Abfahrts-** oder **Ankunftsterminen**, **Veranstaltungs-** sowie **Öffnungszeiten**. Es tritt dann *immer* mit einer Zeitangabe auf.

> My plane leaves at 10.30 am on Thursday.
> The new Japanese restaurant opens on July 12th.

3.5 Present Progressive als Form der Zukunft

Future Tense (present progressive)

Das **Present Progressive** wird mit zukünftiger Bedeutung vor allem dann benutzt, wenn es um **feste Abmachungen** oder **festgelegte Vereinbarungen** geht.

> We're having a party next Friday.
> Mr Brown is not working on Monday.
> Father is seeing my German teacher later today.

Der **Unterschied** zum **Be-going-to-Future** ist oftmals nicht sehr groß. Eine vorher überlegte (be going to) und fest vereinbarte (Present Progressive) Handlung können manchmal identisch sein.

Zeitenfolge

Present Perfect

4 Das Perfekt/ Die vollendete Gegenwart

Während man sich in Gegenwart, Vergangenheit und Zukunft gedanklich meist in der entsprechenden Zeit bewegt, blickt man in allen drei Perfektzeiten immer in die davor liegende Zeit: im **Present Perfect** schaut man aus der Gegenwart in die Vergangenheit, im **Past Perfect** aus der Vergangenheit in die Vorvergangenheit und im **Future Perfect** aus der ferneren Zukunft in die davor liegende.

Das **deutsche Perfekt** darf *nicht* ohne weiteres mit dem englischen **Present Perfect** gleichgesetzt werden. Das deutsche Perfekt wird gebraucht, um Handlungen und Ergebnisse zu beschreiben, die entweder bis an die Gegenwart heranreichen (Sie ist angekommen.) oder schon mehr oder weniger lange her sind (Letzte Woche bin ich im Kino gewesen.).

Das englische **Present Perfect** ist eine Zeitform der **Gegenwart**. Es wird also *nicht* für **Handlungen** benutzt, die in der Vergangenheit abgeschlossen wurden, sondern nur für solche, die in der Gegenwart noch anhalten oder deren **Ergebnis** oder **Wirkung** noch sichtbar ist bzw. anhält. Das **Present Perfect** ist eine Art **Brücke** zwischen der Vergangenheit und der Gegenwart, wobei man gedanklich in der Gegenwart steht und in die Vergangenheit zurückschaut.

Present Perfect (bridge)

Simple Pres. Perf. (forms)

4.1 Formen des Simple Present Perfect

Das **Present Perfect** wird gebildet, indem man das Hilfsverb **have** (Kurzform 've) vor das Partizip des Vollverbs (**3. Form**) setzt. Diese 3. Form ist bei regelmäßigen Verben mit der Form im Simple Past (**–ed**) identisch. Bei den unregelmäßigen Verben muss man sie auswendig lernen.

> I've cleaned three windows today.
> He thinks you've lived in New York all your life.
> They've just arrived.

Das Perfekt/Die vollendete Gegenwart

In der **3. Person Singular** (he/she/it/Name/Person/Ding) wird **has** (Kurzform **'s**) vor die 3. Form des Verbs gesetzt.

> Jessica has written three e-mails today.
> It has stopped raining.

Da auch die **3. Person Singular** des **Present Tense** mit **'s** abgekürzt wird, ist es nicht möglich, die Formen **it is = it's** und **it has = it's** oder **she's = she is** und **she has** zu unterscheiden. Erst der Zusammenhang im Satz macht deutlich, welche Zeitform benutzt wird.

Simple Pres. Perf.
(3rd person sgl.)

> She's (She is) a wonderful person.
> She's (She has) lived in Chester all her life.

Möchte man eine **Frage** im **Present Perfect** stellen, so vertauscht man **have** bzw. **has** mit dem Subjekt des Satzes.

Simple Pres. Perf.
(questions)

> Have you been to Australia?
> Has she finished the book yet?

Negative Aussagen werden gebildet, indem man das **have** verneint: **have not** (**haven't**) bzw. **has not** (**hasn't**). Das Wort **yet** am Ende eines negativen Satzes bedeutet **noch nicht**.

Simple Pres. Perf.
(negative)

> No, I haven't been to Australia.
> No, she hasn't finished the book yet. You can't have it.

4.2 Gebrauch des Simple Present Perfect

Simple Pres. Perf.
(use)

Das **Present Perfect** blickt von einer Position der Gegenwart auf Vorgänge in der Vergangenheit. Es wird zum einen verwendet, um das **Ergebnis** oder die **Wirkung** einer Handlung zu betonen.

> Mother has written three letters so far.
> Look, I've cut my finger. It's bleeding.
> She's been on a diet and has lost five pounds.

Oft steht in diesen Sätzen eine Zeitangabe wie **this morning, this week, this year** oder auch **today**, wenn der Zeitraum noch nicht abgeschlossen ist, wenn z. B. Jessica am 20. eines Monats sagt, dass sie in diesem Monat schon vier Bücher gelesen hat (I've read four books this month.).

Zeitenfolge

Simple Pres. Perf. (no time) — Man wendet das **Present Perfect** auch an, um **Handlungen** anzugeben, die in der Vergangenheit getan wurden, **ohne den Zeitpunkt der Handlung** zu nennen. Die Vergangenheit wird hier nicht als abgeschlossen gedacht, sondern reicht bis zur Gegenwart heran, was im Deutschen oft mit **bisher** übersetzt wird.

> Mr Brown has seen lots of foreign countries.
> They have visited the zoo a number of times.

Simple Pres. Perf. (just) — Dazu passen auch Handlungen, die gerade (**just**) beendet worden sind, also nahe an der Gegenwart liegen. Hier darf *kein* Zeitwort der Vergangenheit wie **three years ago, last month, at 5 o'clock, on Wednesday, in June** oder **yesterday** auftauchen, da diese die Abgeschlossenheit betonen und **Past Tense** erfordern würden.

> My sister has just finished her homework.
> It's just stopped raining.

Simple Pres. Perf. (ever/never) — Des Weiteren benutzt man das **Present Perfect**, wenn man fragt, ob jemand **jemals** (**ever**) oder **niemals** (**never**) etwas getan oder erlebt hat. Hier denkt man sich das **ganze Leben** als Zeitraum, der bis zur Gegenwart heranreicht.

> Have you ever seen Julia Roberts in *Pretty Woman*?
> Has Mr Brown been to New Zealand too?

Simple Pres. Perf. (already/yet) — Ebenso, wenn man fragen möchte, ob jemand eine Sache, die er oder sie tun soll, bereits getan hat. Bei diesen Fragen werden die Wörter **already** und **yet** gebraucht, um das deutsche **schon** auszudrücken.

> Has Mr Brown already returned from his trip to the US?
> Have the children done their homework yet?

Simple Pres. Perf. (past up to now) — Schließlich steht **Present Perfect**, um **Aktivitäten** oder **Zustände** auszudrücken, die in der Vergangenheit angefangen haben und noch anhalten.

> Richard has played football since he was 15 years old.
> I've known Jessica for five years now.
> She has been in the bathroom for almost an hour.

Das Perfekt/Die vollendete Gegenwart

Bei diesen Tätigkeiten (oder Zuständen) muss man oft erwähnen, wie lange diese Aktivitäten schon andauern. Das deutsche **seit** wird im Englischen mit **since** oder **for** wiedergegeben. **Since** steht dabei für den **Zeitpunkt**, an dem eine Handlung angefangen hat, und **for** für den **Zeitraum**, den sie bereits anhält. — Simple Pres. Perf. (since/for)

since (Zeitpunkt)	for (Zeitraum)
since January etc.	for an hour/two hours etc.
since Monday etc.	for a day/two days etc.
since 1 o'clock etc.	for a week/month/year etc.
since 1990 etc.	for ages
since I was a child	for a while
since she moved to LA	forever

4.3 Formen des Present Perfect Progressive
Pres. Perf. Progr. (forms)

Das **Present Perfect Progressive** setzt sich aus **have been** (bzw. **has been** in der 3. Person) und der **–ing-Form** des Vollverbs zusammen.

> You have been talking on the phone since 8 o'clock.
> Jessica has been living in London for three years.

Fragen werden ebenso wie beim **Present Perfect Simple** gebildet, indem man **have** bzw. **has** mit dem Subjekt vertauscht. — Pres. Perf. Progr. (questions)

> Have you been waiting long?
> How long has she been writing this letter?

Auch bei **negativen Aussagen** verfährt man wie beim **Present Perfect Simple**, indem man **have** zu **have not been** (**haven't been**) bzw. **has** zu **has not been** (**hasn't been**) verneint. — Pres. Perf. Progr. (negative)

> No, I haven't been waiting long.
> She hasn't been writing for more than half an hour.

4.4 Gebrauch des Present Perfect Progressive
Pres. Perf. Progr. (use)

Die **–ing-Form** des **Present Perfect** findet vor allem Verwendung, wenn es sich um eine **Aktivität** handelt, die in der Vergangenheit angefangen hat und bis in die Gegenwart hinein anhält.

Zeitenfolge

> Father has been ironing his shirts for 40 minutes.
> We have been living in London since 1994.

Auch beim **Present Perfect Progressive** sollte nicht vergessen werden, dass es Verben gibt, die gewöhnlich *nicht* in der **–ing-Form** gebraucht werden. Das sind vor allem solche, die Sinneswahrnehmungen beschreiben oder keine Aktivität ausdrücken. (Vgl. Kapitel **Present Tense**.)

Present Tense, Present Perfect or Past Tense?

Present Tense, Present Perfect oder Past Tense?

Present Tense	= Handlung, die im Moment abläuft
Present Perfect	= (gerade) abgeschlossene oder noch anhaltende Handlung mit direktem Bezug zur Gegenwart
Past Tense	= abgeschlossene Handlung ohne Bezug zur Gegenwart

Hier einige deutsche Sätze, die oft falsch übersetzt werden:

Ich kenne sie.	I know her.
Ich kenne sie seit 5 Jahren.	I've known her for 5 years.
Es regnet.	It's raining.
Es regnet seit 3 Tagen.	It's been raining for 3 days.
Gestern regnete es.	Yesterday it rained.
Ich warte.	I'm waiting.
Wie lange wartest du schon?	How long have you been waiting?
Ich warte seit 11 Uhr.	I've been waiting since 11 o'clock.
Ich warte seit einer Ewigkeit.	I've been waiting for ages.
Wo bist du gerade gewesen?	Where have you been?
Wo bist du gestern gewesen?	Where were you yesterday?
Warst du schon mal in Südafrika?	Have you ever been to South Africa?
Nein, ich war noch nie dort.	No, I've never been there.
Ich war vor 10 Jahren dort.	I was there 10 years ago.
Gestern habe ich einen tollen Film gesehen.	I saw a great film (**US:** movie) yesterday.

(US:) Im amerikanischen Englisch weicht der Gebrauch des **Present Perfect** an zwei Stellen vom britischen ab. So ist es in Amerika ohne weiteres möglich, jemanden zu fragen, ob er oder sie **jemals** oder **schon mal** (ever) etwas getan oder erlebt hat, und dabei das **Simple Past** zu benutzen.

> Did you ever see the movie *Jurassic Park*?
> Did you ever meet the American President?

Ebenso verwenden Amerikaner lieber das **Past Tense**, wenn eine Handlung gerade beendet worden ist (**just**).

> I just returned from a trip to New York.
> She just opened the window.

5 Das Plusquamperfekt/ Die vollendete Vergangenheit

Past Perfect

Das englische **Past Perfect** funktioniert in etwa so wie die deutsche Vorvergangenheit (Ich war gelaufen. Ich hatte gespielt.). Es bezeichnet eine Handlung, die vor einer anderen Handlung in der Vergangenheit stattgefunden hat. Genauso wie das **Present Perfect** kann das **Past Perfect** aber auch als **Brücke** zwischen zwei Zeiten benutzt werden.

5.1 Formen des Simple Past Perfect

Simple Past Perfect (forms)

Man bildet das **Simple Past Perfect**, indem man das Hilfsverb **had** (Vergangenheit von **have**) vor das **Partizip des Vollverbs** (3. Form) setzt (Kurzform **'d**). Das gilt auch für die 3. Person Singular.

> I wondered who had turned off the TV.
> She told me that she'd received an e-mail from her aunt.

5.2 Gebrauch des Simple Past Perfect

Simple Past Perfect (use)

Das **Simple Past Perfect** steht fast immer im Zusammenhang mit einer Handlung in der Vergangenheit, die im **Past Tense** steht. Ist in der Vergangenheit eine Handlung vor einer zweiten Handlung geschehen, so steht die erste Hand-

Zeitenfolge

lung in der Vorvergangenheit. Das **Simple Past Perfect** bezieht sich also nicht automatisch auf Ereignisse, die sehr lange zurückliegen. Auch wenn Handlungen sich vor Tausenden von Jahren ereignet haben, reicht das **Past Tense** völlig aus. Ausschlaggebend ist vielmehr die **zeitliche Beziehung**, in der zwei Handlungen zueinander stehen.

> When Mr Brown came home last night, he saw that somebody had eaten his sandwich.
> Father arrived at work in the morning and found that somebody had broken into the office.

Simple Past Perfect (questions) — **Fragen** werden gestellt, indem man **had** mit dem Subjekt des Satzes vertauscht.

> Had the film already begun when you arrived at the cinema? (**US:** movie theater)
> How many letters had Jessica written to her aunt before she received that e-mail?

Simple Past Perfect (negative) — **Negative Aussagen** werden durch die Verneinung von **had** gebildet: **had not** (**hadn't**).

> Mother had not returned the books to the library when she got the reminder.
> The show was very interesting. I hadn't seen anything like that before.

In **Past-Perfect-Sätzen** stehen häufig Konjunktionen wie **when, after, as soon as** und **before**.

> When I first saw the pyramids I had already read three books about them.
> My sister didn't feel well after she had eaten a whole chocolate bar.
> As soon as he had cleaned the windows it started to rain.
> We had been there for two hours when mother arrived.

Past Perfect (bridge) — Ebenso wie das **Present Perfect** ist das **Past Perfect** eine **Brücke** zwischen zwei Zeiten. Es drückt Handlungen und Zustände aus, die in der Vorvergangenheit anfingen und bis zu einem Zeitpunkt in der Vergangenheit anhielten oder darüber hinausgingen.

Das Plusquamperfekt/Die vollendete Vergangenheit

> Last May we had lived in our house for ten years.
> When Mr Brown called her she had written three letters.

Aus stilistischen Gründen steht nach **since** oft **Simple Past**.

> We had lived in our house ever since I was a child.

5.3 Form und Gebrauch des Past Perfect Progressive

Past Perf. Progr. (use)

Das **Past Perfect Progressive** (**–ing-Form**) setzt sich in allen Personen aus **had been** und der **–ing-Form** des Vollverbs zusammen.

> We had been dancing all night.
> They had been playing for an hour when the storm began.

Das **Past Perfect Progressive** wird gebraucht, um länger anhaltende Aktivitäten oder Zustände auszudrücken, die *vor* einer Handlung in der Vergangenheit stattgefunden haben. Es wird benutzt wie das **Present Perfect Progressive**, nur dass der Zeitpunkt, von dem man in die Vergangenheit blickt, nicht in der Gegenwart liegt, sondern ebenfalls in der Vergangenheit. Auch hier wird in der Regel die Zeit angegeben, die eine Tätigkeit dauerte.

> When Jessica finally arrived at the restaurant I had already been waiting for 30 minutes.
> When I came home I saw that it had been raining.

Zum Unterschied zwischen **Past Tense Progressive** und **Past Perfect Progressive** vergleiche:

Past Tense Progr. or Past Perf. Progr.?

Past Tense Progressive: When Jessica came home it was raining.

In diesem Satz wird ein Zustand oder eine Handlung beschrieben, die gerade in dem Moment vor sich ging, als Jessica nach Hause kam (Hintergrund). Der Regen hatte bereits vorher angefangen, und es regnete auch dann noch weiter, als sie zu Hause war.

Past Perfect Progressive: When Jessica came home she saw it had been raining.

Zeitenfolge

Im zweiten Satz steht, dass es geregnet hatte, bevor Jessica nach Hause kam, und zum Zeitpunkt ihres Eintreffens bereits aufgehört hatte. Die –ing-Form drückt hier eine Aktivität aus, die längere Zeit anhielt und in der Vorvergangenheit aufhörte oder bis an die Vergangenheit (Jessicas Eintreffen) heranreichte.

Future Perfect

6 Das Futur II/ Die vollendete Zukunft

Ähnlich wie bei den anderen Perfektzeiten schaut man beim **Future Perfect** von einem bestimmten Zeitpunkt, der hier in der Zukunft liegt, in die Vergangenheit und sieht, welche Handlungen bereits abgeschlossen sind. Es ist also ebenso wie die anderen englischen Perfektzeiten eine **Brücke**: in diesem Fall zwischen einem Zeitpunkt in der Zukunft und der Zeit, die davor liegt.

Future Perfect (bridge)

6.1 Formen des Simple Future Perfect

Simple Future Perf. (forms)

Das **Simple Future Perfect** wird gebildet, indem man die Hilfsverbverbindung **will have** vor das Partizip des Vollverbs (3. Form) setzt (Kurzform **'ll have**). Im britischen Englisch kann in der 1. Person (Singular wie Plural) auch **shall have** stehen.

> The concert ends at 9 o'clock. At 9.30 it will have finished.
> She will have written ten e-mails by the end of the week.

Simple Future Perf. (negative)

Verneinungen werden gebildet, indem man **will** zu **will not** bzw. **won't** verneint.

> Mr Brown won't have finished lunch before 1 o'clock.
> I won't have read *Moby-Dick* by the end of the week.

Simple Future Perf. (questions)

Fragen werden wie bei allen Hilfsverbkonstruktionen gebildet, indem man Subjekt und Hilfsverb vertauscht.

Das Futur II/Die vollendete Zukunft

> Will the concert have ended by 9.30 tonight?
> Will you have finished the book by the end of the month?

In vielen **Future-Perfect-Sätzen** wird der **Zeitpunkt** erwähnt, zu dem eine Handlung abgeschlossen sein wird oder sein soll. Das deutsche Wort **bis** heißt hier **by**, *nicht* **until** (z. B. **by Friday, by next week, by 5 o'clock** etc.).

6.2 Gebrauch des Simple Future Perfect

Simple Future Perf. (use)

Das **Simple Future Perfect** wird benutzt, um eine Handlung oder einen Zustand auszudrücken, der in der Zukunft abgeschlossen sein wird.

> By the time I get home from the concert our family will have finished dinner.
> Next year my parents will have been married for 20 years.

Wie im Deutschen lassen sich mit dem **Simple Future Perfect** auch **Vermutungen** ausdrücken, die in die **Vergangenheit** gerichtet sind.

> You'll have read the book, I suppose.
> I'm sure she will have bought the new novel.

6.3 Formen des Future Perfect Progressive

Future Perf. Progr. (forms)

Beim selten verwendeten **Future Perfect Progressive** wird in allen Personen ein **will have been** vor die **-ing-Form** des Vollverbs gesetzt (Kurzform: **'ll have been**).

> We'll have been living in our house for ten years this May.
> By the time father gets home from work, my sister will have been waiting for him for two hours.

6.4 Gebrauch des Future Perfect Progressive

Future Perf. Progr. (use)

Das **Future Perfect Progressive** bezeichnet den Verlauf einer vergangenen Tätigkeit in der Zukunft. Anders als beim Future Progressive liegt der Zeitpunkt, von dem aus man auf die Tätigkeit schaut, aber ebenfalls in der Zukunft.

> By the end of this year Mr Brown will have been working in his new firm for half a year.
> By next November I will have been going out with Jessica for five months.

Auf einen Blick: Zeitenfolge

Present Tense (Simple)
Grundform (3. Person Singular + –s)
- für regelmäßig wiederholte Handlungen und dauerhafte Zustände
- für allgemein gültige Feststellungen
- für aufeinander folgende Handlungen
- für Verben, bei denen die –ing-Form nicht gebräuchlich ist
- Zukunft: für Zeit- und Fahrpläne (und damit zusammenhängende Handlungen)

*Marc **cleans** the window every month.*

Present Tense (Progressive)
am/are/is + Grundform + –ing
- für momentane Handlungen
- für unabgeschlossene Handlungen und Zustände
- für Ausnahmen von regelmäßigen Handlungen (mit begrenztem Zeitraum)
- Zukunft: für feste Vereinbarungen

*Marc **is cleaning** the window at the moment.*

Past Tense (Simple)
Grundform + –ed (unregelmäßige Verben 2. Form)
- für einmalige oder wiederholte abgeschlossene Handlungen/Zustände in der Vergangenheit
- für aufeinander folgende Handlungen in der Vergangenheit
- für eine Handlung, die eine bereits ablaufende unterbricht (Vordergrund)
- used to + Infinitiv für vergangene Zustände und regelmäßige Tätigkeiten

*Marc **cleaned** the window yesterday.*
*Marc **used to work** as a mechanic before he became a window cleaner.*

Past Tense (Progressive)
was/were + Grundform + –ing
- für eine momentane, unabgeschlossene Handlung in der Vergangenheit
- für mehrere gleichzeitig ablaufende Handlungen in der Vergangenheit
- für eine Handlung, die im Gange war, als eine neue hinzukam (Hintergrund)

*Yesterday morning, Marc **was cleaning** the window.*
*Marc **was cleaning** the window when the phone rang.*

Future Tense (will)

will + Grundform
- für allgemeine Aussagen in der Zukunft
- für spontane Entscheidungen
- für nicht festgelegte Handlungen in der Zukunft
- für Vermutungen, Einschätzungen, Eventualitäten in der Zukunft
- If-Satz: Typ I (im Hauptsatz)

*Perhaps Marc **will clean** the window tomorrow.*

Future Tense (going to)

Form I: am/are/is going to + Grundform
- für zukünftige Pläne, Absichten und gefasste Entscheidungen
- für voraussehbare zukünftige Handlungen und logische Folgen

*Marc decided that he **is going to clean** the window this afternoon.*

Form II: was/were going to + Grundform
- für vergangene Absichten und Pläne, die nicht in die Tat umgesetzt wurden

*Marc **was going to clean** the window when suddenly the phone rang.*

Future Tense (Progressive)

will + be + Grundform + –ing
- für Handlungen oder Zustände, die zu einem zukünftigen Zeitpunkt ablaufen und unabgeschlossen sind
- für zukünftige Handlungen, die sicher oder selbstverständlich sind

*Tomorrow around 3 pm Marc **will be cleaning** the window.*

Future Tense (Present Simple)

Grundform (3. Person Singular + –s)
- für Zeit- und Fahrpläne (und damit zusammenhängende Handlungen in der Zukunft)

*Marc's train **leaves** at 8.30 am tomorrow morning.*

Future Tense (Present Progressive)

am/are/is + Grundform + –ing
- feste Vereinbarungen und Abmachungen in der Zukunft

*Marc **is cleaning** the window on Thursday.*

Present Perfect (Simple)

have/has + 3. Form
- bei dem Ergebnis oder der Wirkung einer Handlung, wenn sie für die Gegenwart wichtig sind
- um Handlungen oder Zustände auszudrücken, die in der Vergangenheit angefangen haben und noch andauern oder gerade erst beendet wurden

Zeitenfolge

- um vergangene Handlungen auszudrücken, die man bis zur Gegenwart getan hat (ohne Angabe der Zeit!)
- um jemanden zu fragen, ob er/sie jemals etwas getan hat, oder um zu antworten, dass man etwas noch nie getan hat
- um zu erfahren, ob etwas bereits getan wurde (ohne nach dem Zeitpunkt der Handlung zu fragen)

Marc **has cleaned** three windows today.
Marc **has just cleaned** the window.
Marc **has been** a window cleaner all his life.

Present Perfect (Progressive)
have/has been + Grundform + –ing
- bei Handlungen, die in der Vergangenheit angefangen haben und noch andauern – Betonung der Aktivität

Marc **has been cleaning** the window for two hours.

Past Perfect (Simple)
had been + 3. Form
- für eine Handlung, die vor einer anderen Handlung in der Vergangenheit abgeschlossen war
- für eine Aktivität, die bis an eine Handlung in der Vergangenheit heranreicht (manchmal auch darüber hinaus) – Betonung des Ergebnisses

Marc **had cleaned** the window when he left the house.

Past Perfect (Progressive)
had been + Grundform + –ing
- für eine Aktivität, die bis an eine Handlung in der Vergangenheit heranreicht (manchmal auch darüber hinaus) – Betonung der Aktivität

Marc **had been cleaning** the window for two hours when his sister arrived.

Future Perfect (Simple)
will have + 3. Form
- für Handlungen, die zu einem Zeitpunkt in der Zukunft beendet sein werden

Marc **will have cleaned** the window by 6 o'clock.

Future Perfect (Progressive)
will have been + Grundform + –ing
- für Handlungen, die an einen Zeitpunkt in der Zukunft ununterbrochen heranreichen – Betonung der Aktivität

At 6 o'clock Marc **will have been cleaning** the window for three hours.

Modalverben

Modal- oder Hilfsverben sind Zeitwörter (Verben), die mit Vollverben verbunden werden, um neue zusammengesetzte Verbformen zu bilden. Diese nennt man analytische Formen.

Wie in der deutschen gibt es in der englischen Sprache vollständige und unvollständige Hilfsverben. Die vollständigen Hilfsverben sind mit allen Zeitformen ausgestattet; die unvollständigen bilden nur wenige Formen aus, immer Present Tense und manchmal Past Tense.

Modalverben

Primary Auxiliaries

1 Die vollständigen Modalverben/Hilfsverben

Die vollständigen Hilfsverben sind **be, have** und **do**. Alle drei können auch als Vollverben gebraucht werden, wie in folgenden Sätzen: Mr Brown is rich. I have three cousins. I do my homework every day.

Werden sie jedoch als Hilfsverben verwendet, dann bildet man mit ihnen zusammengesetzte Verb- und Zeitformen, die das Vollverb allein nicht ausdrücken kann.

Primary Auxiliaries (be)

Be wird z. B. zur Bildung der **–ing-Formen** benötigt: I am sitting on a chair. My sister was reading a book while I was repairing my bicycle. Ferner zur Bildung von **Passivkonstruktionen**: The school was built about a month ago.

(have)

Die verschiedenen Formen von **have** braucht man, um die **Perfektzeiten (Present Perfect, Past Perfect, Future Perfect)** aller Verben zu bilden: Marc has just cleaned the window. Mr Brown had lived in Manchester before he moved to London. Darüber hinaus zur Bildung des **Passivs** in einigen Zeiten: The window has just been cleaned.

(do)

Das Hilfsverb **do** wird benötigt, um **Fragen** und **Verneinungen** zu bilden: Do you get up at 6 o'clock every morning? Mit **do** kann man aber auch bejahten Aussagesätzen einen besonderen Nachdruck verleihen: Jessica does know a lot, doesn't she?

Primary Auxiliaries (questions)

Typisch für Hilfsverben ist, dass man mit ihnen **Fragen** bilden kann, ohne eine Form von **do** verwenden zu müssen. Es reicht, Subjekt und (Hilfs-)Verb umzustellen. Auch wenn in einem Satz **be** als Vollverb verwendet wird (Jessica is tall.), wird es bei Fragen wie ein Hilfsverb benutzt: Is Jessica tall?

Primary Auxiliaries (negative)

Auch bei der Bildung von **verneinten Sätzen** benötigt man kein **do** – ganz gleich, ob es sich um eine **Simple-Form** oder um eine **–ing-Form** handelt:

> No, I am not very tall, I'm rather short.
> Mother wasn't watching the news when I came home.

Gleiches gilt allerdings *nicht* für have! Die entsprechende Frage, bzw. Verneinung des Satzes **I have three cousins** sollte wie bei den Vollverben mit **do** gebildet werden: Do you have three cousins? Oder: No, I don't have three cousins, I have four.

Primary Auxiliaries
(have – negative)

Die von deutschen Sprechern oft benutzte Frageform, bei der **have** wie ein Hilfsverb gebraucht wird (Have you three cousins?), ist zwar genau genommen nicht falsch, wird aber immer weniger verwendet. Bei diesen Fragen ist es besser, ein **got** als Verstärkung einzuschieben (Have you got three cousins?), womit **have got** wie ein Hilfsverb gebraucht wird, oder mit **Do you have ...?** zu fragen.
Zum Unterschied zwischen **have** (Vollverb) und **have got** (Hilfsverb) siehe weiter unten.

Ebenso werden Fragen für **do** mit **do** gebildet: Do you do your homework every day? Auch hier wird **do** wie ein Vollverb behandelt.

2 Die unvollständigen Modalverben/Hilfsverben

Modal Auxiliaries

Als unvollständige Hilfsverben bezeichnet man Verben wie **can/could, may/might, shall/should, will/would** sowie **must, ought to** und den Sonderfall **need**. Unvollständige Hilfsverben werden mit einem Vollverb kombiniert, um die **Art und Weise** auszudrücken, in der das Subjekt mit dem Verb verbunden ist. Sie sind durch folgende Merkmale gekennzeichnet:

> → Sie können nur im **Present Tense** und mit Einschränkungen im **Past Tense** verwendet werden. Möchte man andere Zeitformen benutzen, so muss man auf die Ersatzformen zurückgreifen.

Modalverben

→ Sie bilden **kein –s** in der **3. Person Singular** des Present Tense.
→ **Fragen** und **Verneinungen** werden **nicht mit do**, sondern durch Umstellung von Subjekt und Hilfsverb gebildet.
→ Außer bei Frageanhängseln und als Kurzantworten können sie **nicht allein stehen**, sondern müssen stets mit einem Vollverb verbunden werden.

Modal Auxiliaries
(can/could)

2.1 Can/could (können; dürfen; fähig sein)

Ersatzformen: be able to/manage to (beide + Grundform)/ succeed in (+ –ing-Form)

Mit dem Hilfsverb **can** werden in der Regel die **körperlichen** und **geistigen Fähigkeiten** eines Menschen wiedergegeben:

> Mr Brown can speak five languages.
> But he can't play tennis.

In Verbindung mit einer Zeitangabe in der Zukunft kann man **can** auch für **zukünftige Aussagen** verwenden.

> She can do her homework tomorrow.
> No, you can't go out tonight.

Bei Fragen mit **can** geht es neben den Fähigkeiten auch oftmals um eine **Bitte** oder **Erlaubnis**:

> Can we watch TV now?
> Can Mary walk the dog tomorrow?

Die **Vergangenheitsform could** wird gewöhnlich als Konditional (**könnte**) in der Gegenwart wie in der Vergangenheit aufgefasst.

> Could I come in, please? The door is locked.
> Mr Brown could open the door. He has got the key.
> I'm sure we could ask him.

Wenn **could** eine **vergangene Fähigkeit** ausdrücken soll (**konnte**), wird es im **Past Tense** meistens in Verbindung mit einer Zeitangabe verwendet.

> Father could play tennis very well when he was young.
> She couldn't do her homework because she was too tired.

Die unvollständigen Modalverben/Hilfsverben

Ebenso steht **could** oft im **Past Tense**, wenn es sich um **vergangene Sinneswahrnehmungen** handelt. Es steht dann in Verbindung mit Verben wie **see, hear, feel** usw.

> We could hardly see anything. The fog was too thick.
> I could feel the spider slowly crawling up my leg.

Im Vergleich zum Deutschen wird **could** im **Past Tense** viel seltener gebraucht. In Zweifelsfällen ist es sicherer, eine Ersatzform wie **be able to, manage to** (beide + Grundform) oder **succeed in** (+ –ing-Form) zu verwenden.

> I was glad Jessica was able to come to my party last night.
> We finally managed to open the door.

Die **Verneinung could not** (**couldn't**) ist in allen Situationen möglich:

> Mother couldn't swim when she was young.
> I'm sorry I couldn't come to your party.

2.2 May/might (dürfen; können)

Ersatzform: **be allowed to** (+ Grundform)

Das Hilfsverb **may** wird für **gegenwärtige** oder **zukünftige Aussagen** verwendet. Es bezeichnet Fragen um **Erlaubnis** sowie Aussagen über **Möglichkeiten, Vermutungen** und **Ungewissheiten**. Im Vergleich zu **can** klingt **may** höflicher und förmlicher und wird daher im Deutschen eher mit **dürfen** als mit **können** wiedergegeben. Bei Möglichkeiten trifft eine Übersetzung mit **vielleicht** den Sinn am besten.

> May I open the window, please?
> Jessica may be right.

Mit **might** wird in der Regel eine **Vermutung** als **Möglichkeit** (**könnte, vielleicht**) ausgedrückt.

> Jessica might be right.
> Mr Brown might be able to open the door.

Zwar kann **might** ebenfalls eine **Erlaubnis** bezeichnen, doch steht es dann gewöhnlich in der indirekten Rede:

> Jessica asked her mother if she might go out on Saturday.

Modal Auxiliaries
(may/might)

Modalverben

In Verbindung mit dem **Past Infinitive** (have + 3. Form) können **may** und **might** auch für **vergangene Aussagen** benutzt werden. Übersetzt heißt dieses wiederum am ehesten **vielleicht**.

> Mother may have forgotten the key.
> Jessica may not have seen the film. (**US:** movie)

Sätze oder Fragen, die eine Erlaubnis beinhalten, können in allen Zeiten mit **be allowed to** umschrieben werden. Bei Sätzen, in denen **may** oder **might** eine Möglichkeit ausdrückt (**vielleicht**), kann man als Ersatzform nur Wörter wie **perhaps** oder **maybe** verwenden.

Möchte man ein Verbot aussprechen, also eine Verneinung von **dürfen**, kann man **may not** benutzen: No, you may not go to the cinema tomorrow night. Häufiger jedoch ist **must not** (**mustn't**), was nämlich *keineswegs* nicht müssen, sondern **nicht dürfen** heißt!

Modal Auxiliaries (shall/should)

2.3 shall/should (sollen; werden)

Ersatzformen: be supposed to/be meant to (+ Grundform)
Das Hilfsverb **shall** wird (neben **will**) im britischen Englisch noch gelegentlich benutzt, um in der **1. Person Singular** sowie der **1. Person Plural** das **Future I** zu bilden:

> I shall be back in an hour.

Shall im Sinne des deutschen **sollen** zu verwenden, ist ein wenig problematisch. Solange es sich um Fragen handelt (Sollen wir es tun?), lässt sich **shall** noch benutzen.

> Shall I help you?
> Where shall we put our new table?

Auch bei **Aufforderungen**, etwas nicht zu tun, d. h. bei Verboten im Sinne des biblischen „Du sollst nicht...!", kann **shall not** eingesetzt werden: You shall not steal! Aufforderungen im positiven Sinne (**shall we**) können im Deutschen mit **sollen wir** oder **wollen wir** wiedergegeben werden.

> Shall we come in?
> Shall we go to the workout studio?

Die unvollständigen Modalverben/Hilfsverben

In den Fällen, in denen **sollen** eine **Aufgabe** oder eine **Vereinbarung** ausdrückt, darf shall *nicht* benutzt werden. Hier ist die Ersatzform **be supposed to**. Das gilt auch für Aufgaben, die in der Vergangenheit zu erfüllen waren.

> I'm supposed to write an essay on unemployed people.
> Father was supposed to return the videos yesterday.

Die Verwendung von **should** ist einfacher. Es wird nur in der Möglichkeitsform (Konditional) verwendet und mit **sollte, müsste eigentlich** oder **es wäre besser, wenn** übersetzt. Wenn also **sollte** eine **Aufforderung**, einen Vorschlag oder auch einen **Vorwurf** ausdrückt, dann benutzt man should.

> After a party you should come home before sunrise.
> Father shouldn't watch so much TV.

In Verbindung mit dem **Past Infinitive** (**have + 3. Form**) drückt should eine Handlung aus, die nicht zustande gekommen ist (**... hätte tun sollen**).

> He should have done his homework earlier.
> Mother shouldn't have opened the window.

2.4 will/would (werden; wollen)

Ersatzformen: **want to/wish to** (+ Grundform)
Das Hilfsverb **will** wird heute fast ausschließlich zur Bildung der verschiedenen Futurformen verwendet. Die ältere Bedeutung von will ist jedoch nicht **werden**, sondern **wollen**. Man hört es noch gelegentlich in **Fragen**.

> Will you have a cup of tea? Yes, I'll have tea, please.
> Where will you have tea tomorrow?

Da die beiden Bedeutungen oft schwer zu unterscheiden sind, benutzt man für **wollen** eher die Verben **want** oder **wish**.

> Do you want some ice tea? – Yes, please.
> Where do you wish to live when you're 30?

Statt bei **Fragen** mit dem alten **will** oder dem ruppigen **want** zu hantieren, ist es ratsam, das höflichere **would** zu verwenden.

Modal Auxiliaries
(will/would)

Modalverben

> Would you pass me the sugar, please?
> Would you like to go out with me tonight?

Im **Past Tense** wird **would** ähnlich wie **used to** für regelmäßig durchgeführte Handlungen gebraucht, die man früher oft getan hat, heute jedoch nicht mehr tut.

> Grandma would often talk for hours and hours.
> Sometimes she would show us some old photographs.

Die ursprüngliche Bedeutung **wollen** wird bei **would** nur noch in Verneinungen verwendet.

> Although Mr Brown had a key, the door wouldn't open.

Modal Auxiliaries **2.5 must (müssen) – must not (nicht dürfen)**
(must/must not) Ersatzformen: have (got) to – be not allowed to (+ Grundform)

Das Hilfsverb **must** sollte nur im **Present Tense** benutzt werden. Es ist dann gleichbedeutend mit dem deutschen **müssen** und drückt eine **Verpflichtung**, einen **Zwang** oder eine **Notwendigkeit** aus. Die Verwendung im **Present Tense** kann dabei auch eine **zukünftige Bedeutung** haben.

> I'm so hungry. I must have something to eat.
> You must come to my party on Saturday.

Ist diese Verpflichtung persönlich gemeint, wenn man etwas sich selbst oder anderen gegenüber für dringend notwendig erachtet, wird **must** verwendet; kommt die Aufforderung von dritter Seite, sollte eher die Ersatzform **have (got) to** Anwendung finden.

> I must see that film on TV, but mother says I've got to do my homework first.

Sind die Verpflichtungen regelmäßig einzuhalten, kann nur **have to** stehen.

> Do you really have to go to bed at 9 o'clock every night?

Zur **Verneinung** von **müssen**, also etwas **nicht tun müssen**, benutzt man am besten für alle Zeiten **do not have to**. Die verneinte Form **must not** (**mustn't**) heißt, wie oben erwähnt, **nicht dürfen**.

> You really don't have to do it if you don't want to.
> Jessica doesn't have to go to the dentist. Her teeth are fine.
> **Aber:** Father said I mustn't eat so much candy.

Wie bei den meisten Hilfsverben lässt sich auch bei **must** die Verbindung zur **Vergangenheit** mit dem **Past Infinitive** (have + 3. Form) herstellen.

> You must have heard about the accident last night.
> Mr Brown must have seen it.

Verneint wird **must** hier mit **cannot** (**can't**):

> No, Jessica can't have been there.

2.6 ought to (sollte)

Ersatzform: be supposed to (+ Grundform)
Ähnlich wie **should** wird **ought to** als Möglichkeit im Sinne von **sollte** bzw. **müsste eigentlich** verwendet. Die Verpflichtung, etwas zu tun (oder nicht zu tun), ist noch stärker als bei **should**.

> You ought to do your homework at once.
> They ought to be here any minute.

Ein Bezug zur **Vergangenheit** wird auch bei **ought to** mit dem **Past Infinitive** (have + 3. Form) hergestellt:

> Marc ought to have cleaned the window by now.

Verneint wird **ought to** mit **ought not to** (**oughtn't to**) oder mit **should not** (**shouldn't**).

2.7 need (brauchen; müssen)

Ersatzform: have to (+ Grundform)
Das Verb **need** ist in gewissem Sinne ein Sonderfall, da es sowohl als **vollständiges Verb** in allen Zeiten wie auch als **unvollständiges Hilfsverb** in bestimmten Zusammenhängen benutzt werden kann. Im Gegensatz zu **be, have** und **do** werden mit **need** keine zusammengesetzten Formen gebildet.

Modal Auxiliaries
(ought to)

Modal Auxiliaries
(need)

Modalverben

(**US:**) Interessant ist zunächst festzustellen, dass im amerikanischen Englisch **need** fast ausschließlich als vollständiges Verb vorkommt. Im **britischen** wird es hingegen als Hilfsverb in **Fragen** und **Verneinungen** im **Present Tense** verwendet.

> Need you go home now?
> You needn't drive so fast.

Die Verneinung **need not** (**needn't**) wird in der Verbindung mit dem **Past Infinitive** (have + 3. Form) zu hätte nicht ... brauchen.

> The ambulance needn't have come.
> You needn't have done your homework. Our teacher is ill.
> Jessica needn't have told me about her date last night.

Modal Auxiliaries
(have got)

2.8 have got (haben; müssen)

Zum Schluss noch ein Wort zu **have got**. Während **have** als Vollverb gebraucht wird, unterliegt **have got** den Bestimmungen der Hilfsverben, was jedoch *nur* für das **Present Tense** gilt: Fragebildung durch Umstellung von Subjekt und Hilfsverb, Verneinung ohne **do** etc. Im **Past Tense** kommt **got** nicht vor.

Present Tense
have   → I have three cars.
have got → I have got three cars.

Frage
have   → How many cars do you have?
have got → How many cars have you got?

Verneinung
have   → I don't have two cars, I have three.
have got → I haven't got two cars, I've got three.

Past Tense → I had three cars.

Frage → How many cars did you have?

Verneinung → I didn't have three cars.

Auf einen Blick: Modalverben

can, cannot (can't) – können, dürfen
- Ersatzform: be able to

could, could not (couldn't) – könnte, konnte
- Ersatzformen: be able to/manage to/succeed in (+ –ing-Form)

may, may not – dürfen, können (vielleicht)
- Ersatzformen: be allowed to/be permitted to

might, might not – könnte (vielleicht)
- Ersatzformen: perhaps/maybe

shall, shall not (shan't) – sollen, werden
- Ersatzformen: be supposed to/be meant to/be said to/want sb. to

should, should not (shouldn't) – sollte
- Ersatzform: sb. had better

will, will not (won't) – werden, wollen
- Ersatzformen: wish to/want

would, would not (wouldn't) – würde (wiederholt getan)
- Ersatzform: used to

must – müssen
- Ersatzform: have (got) to

must not (mustn't) – nicht dürfen
- Ersatzformen: be not allowed to/be not permitted to

Modalverben

ought to, ought not to (oughtn't to) – sollen
- Ersatzform: sb. had better/be supposed to

need, neet not (needn't) – brauchen, müssen
- Ersatzform: have to

have got, have not got (haven't got) – haben, müssen
- Ersatzform: have to

Passiv und Gerund

Aktive und passive Sätze unterscheiden sich im Hinblick auf die Richtung der Handlung. In aktiven Sätzen steht das Subjekt in der Regel am Anfang des Satzes. Es bezeichnet die handelnde Person oder Sache. In passiven Sätzen wird die Blickrichtung umgekehrt und festgestellt, was mit dem Objekt geschieht. Das Objekt wird zum Subjekt des Satzes.

Beim Gerund handelt es sich um ein Verb in der –ing-Form, das wie ein Hauptwort (Substantiv) benutzt wird. Die –ing-Form wird also nicht nur zur Bildung der Verlaufszeiten Present Progressive, Past Progressive etc. verwendet. Verben mit Hauptwortcharakter stehen ohne eine Form von be.

Passiv und Gerund

The Passiv Voice

1 Das Passiv/Die Leideform

Im **Aktivsatz** folgt nach dem Subjekt die Tätigkeit (**Verb/ Prädikat**) sowie die Person oder Sache, mit der etwas getan wird (**Objekt**). Objekte folgen nur bei Verben, die ein Objekt benötigen (**transitive Verben**). Es gibt auch eine Reihe von Verben, die ohne Objekt auskommen, wie z.B. winken oder schlafen (**intransitive Verben**).

Marc	cleaned	the window.
subject (active)	verb/predicate	object

Im **Passivsatz** wird hervorgehoben, was mit dem Objekt geschieht. Das Objekt nimmt den Platz des Subjekts des Satzes ein.

The window	was cleaned	(by Marc).
subject (passive)	verb	by-agent

Passive Voice (by-agent) Der Verursacher der Handlung (Marc) ist hier in Klammern gesetzt, weil dieser Teil des Satzes für das Verständnis nicht notwendig ist. Man kann den so genannten **by-agent** je nach Bedarf weglassen oder hinzufügen (oftmals ist er unbekannt).

Mit dem Passiv kann man also eine Handlung wiedergeben, ohne die handelnde Person zu erwähnen. Wichtig ist, dass das deutsche **von** mit **by** und nicht mit **from** übersetzt wird (The e-mail was written by Jessica.).

Das Passiv wird in allen Zeitstufen gebildet, indem man eine Form von **be** vor das **Partizip des Vollverbs** (3. Form) setzt. Bei den **Progressive-Formen** (**-ing-Formen**) wird dazwischen noch ein **being** eingeschoben. Bei den **-ing-Formen** wird das **Passiv** nur im **Present Tense** und im **Past Tense** gebraucht.

Das Passiv/Die Leideform

Passive Voice (forms)

Present Simple: am/are/is cleaned (wird gereinigt)
Present Progressive: am/are/is being cleaned
(wird gerade gereinigt)

Past Simple: was/were cleaned (wurde gereinigt)
Past Progressive: was/were being cleaned
(wurde gerade gereinigt)

Future (will): will be cleaned (wird gereinigt werden)
Future (going to): am/are/is going to be cleaned
Future Progressive: – – –

Present Perfect Simple: have/has been cleaned
(wurde gereinigt/ist gereinigt worden)
Present Perfect Progressive: – – –

Past Perfect Simple: had been cleaned
(war gereinigt worden)
Past Perfect Progressive: – – –

Future Perfect Simple: will have been cleaned
(wird gereinigt worden sein)
Future Perfect Progressive: – – –

Passive Voice (negative)

Alle Passivkonstruktionen werden **verneint**, indem man die Form von **be** negiert oder hinter die erste Verbform **never** setzt.

The window is not (isn't) cleaned every week.
The letter was not (wasn't) delivered.
Mr Brown has never been struck by lightning.

Passive Voice (questions)

Fragen werden durch Umstellung von Subjekt und Hilfsverb gebildet.

Will the windows be cleaned soon?
Was the letter delivered on time?
Has Mr Brown ever been struck by lightning?

Passive Voice (auxiliary verbs)

Hilfsverben werden in Passivkonstruktionen wie folgt gebildet: **Hilfsverb + be + 3. Form**. Nach dem Hilfsverb folgt die Grundform (Infinitiv) von **be**, also kein **to**!

Passiv und Gerund

> Tickets can be bought at the station.
> The books must be returned to the library by 5 o'clock.
> Your e-mails should not be too long.

Passive Voice
(have been + 3rd form)

Verbindet man das **Hilfsverb** mit dem Infinitiv der Vergangenheit (**have been + 3. Form**), erhält der Satz oft eine Aussage für etwas, das hätte getan werden sollen, müssen oder können bzw. vielleicht geschehen oder nicht geschehen wäre.

> Aktiv → The window is dirty. Somebody should have cleaned it.
> Passiv → The window should have been cleaned.

> Aktiv → I left my bicycle unlocked. Somebody has stolen it.
> Passiv → My bicycle would not have been stolen if I hadn't left it unlocked.

Passive Voice
(be-going-to-future)

Auch das **Be-going-to-Future** kann im Passiv ausgedrückt werden. In diesem Fall wird **be** zwischen **going to** und die **3. Form** eingeschoben.

> Aktiv → She is going to send the letter by snail mail.
> Passiv → The letter is going to be sent by snail mail.

> Aktiv → They were going to build a new school.
> Passiv → A new school was going to be built.

Passive Voice
(be or get)

Vor allem im gesprochenen Englisch wird im **Present Tense** und im **Past Tense** oftmals **get** bzw. **got** statt der entsprechenden Form von **be** verwendet. Das geschieht vor allem, um deutlich zu machen, dass es sich um eine Handlung und nicht um einen Zustand handelt. Vergleiche:

> She was hurt. → **Sie war verletzt.** (Zustand)
> **Sie wurde verletzt.** (Handlung)
> She got hurt. → **Sie wurde verletzt.**
>
> They were married. → **Sie waren verheiratet.** (Zustand)
> **Sie wurden getraut.** (Handlung)
> They got married. → **Sie wurden getraut.**

Das Passiv/Die Leideform

Es gibt Fälle, bei denen **get** *nicht* verwendet werden kann.

Jessica is liked by everybody. (*gets liked* ist nicht möglich)
Marc is a stranger. Nothing is known about him. (*gets known* ist nicht möglich)

Nicht alle Verben können ein **Passiv** ausbilden. Verben, die kein Objekt benötigen (**intransitive Verben**) wie **arrive, die, sleep** können *nicht* im Passiv stehen, weil ihnen das Objekt fehlt. Aber auch einige Verben mit Objekt (**transitive Verben**) werden selten oder gar nicht im Passiv gebraucht. Hierbei handelt es sich meist um statische Verben, also solche, die keine Handlung beschreiben wie **agree with, have, lack, resemble, suit, walk into** etc. Der aktive Satz **Mother was having a bath** ist also im Passiv (A bath was being had.) *nicht* möglich.

no Passive Voice possible

Das „persönliche" Passiv

Personal Passive

Passivkonstruktionen sind in der Regel dann möglich, wenn ein Verb ein Objekt benötigt (**transitives Verb**). Gelegentlich kommt es jedoch vor, dass einem Verb **zwei Objekte** folgen, die sich meistens auf eine **Person** (Personenobjekt) und eine **Sache** (Sachobjekt) beziehen.

Aktiv → Mr Brown gave Jessica a letter.
Passiv → A letter was given to Jessica (by Mr Brown).
oder → Jessica was given a letter (by Mr Brown).

Anders als im Deutschen kann im letzten Beispiel auch ein Personalpronomen im Nominativ verwendet werden: She was given a letter. Im Deutschen heißt es: *Ihr* wurde ein Brief gegeben. Das Pronomen steht im Dativ. Ein **her** am Anfang des englischen Satz wäre falsch.

Weitere häufig gebrauchte Verben, denen zwei Objekte folgen können, sind: **ask, lend, offer, pay, send, show, teach, tell**. In der Regel beginnt der Satz mit der Person.

Aktiv → They paid me £100.
Passiv → I was paid £100.

Passiv und Gerund

Aktiv → The company offered him a new job.
Passiv → He was offered a new job.

Personal Passive („man") Im Deutschen wird das persönliche Passiv gern aktiv mit **man** wiedergegeben. Die beiden Sätze lassen sich also auch mit **Man hat mir £100 gezahlt** und **Man hat ihm einen neuen Job angeboten** übersetzen.

Es gibt einige deutsche Ausdrücke mit **man**, für die im Englischen eine Passivkonstruktion zu wählen ist:

it is believed	man glaubt
it is claimed	man behauptet/es wird behauptet
it is feared	man befürchtet/es wird befürchtet
it is known	man weiß
it is reported	man berichtet/es wird berichtet
it is said	man sagt/es wird gesagt
it is supposed	man vermutet/es wird vermutet
it is thought	man glaubt, man meint
it is understood	man nimmt an/es wird angenommen

Personal Passive (verbs) Das **persönliche Passiv** kommt aber selbstverständlich auch bei Verben vor, denen nur ein Objekt folgt.

Aktiv → The doctor advised her to go to bed.
Passiv → She was advised to go to bed.

Aktiv → The teacher helped him to do the homework.
Passiv → He was helped to do the homework.

Hier einige wichtige Verben, bei denen das persönliche Passiv häufig auftritt:

advise	follow	offer	sell
allow	give	order	send
bring	help	prescribe	show
expect	lend	promise	tell

2 Das Gerund/ Das Verbalsubstantiv

The Gerund

Bei einigen zum **Hauptwort** ungewandelten (substantivierten) Verben sind wir uns gar nicht mehr bewusst, dass dem Hauptwort eigentlich ein Verb zu Grunde liegt: shopping, training, smoking, cooking, reading etc.

Häufig tritt ein Verb in Kombination mit einem anderen Verb auf: We plan to buy a new car. Im Deutschen werden diese Verben normalerweise mit der erweiterten Grundform verbunden: Wir planen, ein neues Auto zu kaufen. Das Englische kennt eine ganze Reihe von Verben, denen ein **Gerund** folgen muss: I can't stand swimming. Dass auch im Deutschen mitunter eine substantivierte Verbform stehen kann, zeigt die Übersetzung dieses Satzes: Ich kann (das) Schwimmen nicht leiden. Welchen Verben ein Gerund folgt und welchen ein Infinitiv, ist leider an keiner Regel festzumachen. Man kann sie auswendig lernen, aber auch durch viel Lesen etc. ein Gefühl dafür entwickeln.

Verb + Gerund (–ing-Form)	
admit doing sth.	zugeben
consider doing sth.	bedenken, in Betracht ziehen
deny doing sth.	leugnen, abstreiten
dislike doing sth.	nicht mögen
enjoy doing sth.	genießen
finish doing sth.	beenden
imagine doing sth.	vorstellen
keep doing sth.	etwas ständig tun
mention doing sth.	erwähnen
miss doing sth.	vermissen, versäumen
postpone doing sth.	verschieben
practise doing sth.	üben
prefer doing sth.	vorziehen, lieber machen
risk doing sth.	riskieren
suggest doing sth.	vorschlagen

Verbs + Gerund

Passiv und Gerund

Einfacher ist es, sich zu merken, dass hinter (fast) jeder **Wort + Präposition-Verbindung** (also Substantiv + Präposition, Verb + Präposition oder Adjektiv + Präposition) ein Gerund steht. **Präpositionen** sind Verhältniswörter wie **at, about, by, for, from, in, of, on, to, with.**

Nouns + Preposition + Gerund

Substantiv + Präposition + Gerund	
have a problem in doing sth.	Probleme haben, etw. zu tun
run the risk of doing sth.	Gefahr laufen, etw. zu tun

Verbs + Preposition + Gerund

Verb + Präposition + Gerund	
carry on doing sth.	fortfahren, etw. zu tun
concentrate on doing sth.	sich auf etw. konzentrieren
dream about doing sth.	davon träumen, etw. zu tun
insist on doing sth.	auf etw. bestehen
keep on doing sth.	mit etw. weitermachen
specialize in doing sth.	sich auf etw. spezialisieren
think of doing sth.	daran denken, etw. zu tun

Adjectives + Preposition + Gerund

Adjektiv + Präposition + Gerund	
be good at doing sth.	in etw. gut sein
be interested in doing sth.	Interesse haben, etw. zu tun
be tired of doing sth.	es satt haben, etw. zu tun

Das **Gerund** steht auch dann, wenn **to** eine Präposition, also *nicht* Bestandteil des Infinitivs ist, sondern zum davor stehenden Verb bzw. Adjektiv gehört:

Verbs/Adjectives + to + Gerund

Verb/Adjektiv + to-Präposition + Gerund	
be/get accustomed to doing sth.	gewohnt sein/sich daran gewöhnen, etw. zu tun
look forward to doing sth.	sich darauf freuen, etw. zu tun
object to sb. doing sth.	etw. dagegen haben, dass jem. etw. tut
prefer sth. to doing sth.	eine Sache einer anderen vorziehen

Das Gerund/Das Verbalsubstantiv

Natürlich erscheint der Gebrauch der **-ing-Form** hier zunächst irritierend, weil man vielleicht einen **Infinitiv mit to** erwartet hätte. Um herauszufinden, ob hinter dem **to** ein **Gerund** oder ein **Infinitiv** steht, muss man ausprobieren, ob es möglich ist, hinter das **to** ein **Substantiv** oder ein **Pronomen** (it, him, her etc.) zu setzen (I look forward to my holiday in France.). Ist der Satz sinnvoll, dann ist das **to** eine Präposition – es folgt also ein **Gerund** (I look forward to spending some time in France.). Kann ein Substantiv oder Pronomen *nicht* sinnvoll folgen (I want to my holiday in France – dieser Satz ist falsch), dann gehört das **to** zum Infinitiv (I want to spend some time in France.). Zum Glück tritt das **to** als Präposition ziemlich selten auf.

Gerund or Infinitive?

Allerdings müssen vor den Präpositionen nicht unbedingt Substantive, Verben oder Adjektive stehen. Auch wenn **eine Präposition** allein vorkommt, steht das folgende Verb in der **-ing-Form**.

Präposition + Gerund
You start your computer by pushing this button.
How about playing chess this afternoon?
On hearing the news, Jessica sent me an SMS.
I bought the soundtrack after seeing the film on TV.

Preposition + Gerund

Ebenso folgt das **Gerund** einigen **festen Redewendungen**:

Phrases + Gerund

be busy doing sth.	damit beschäftigt sein, etw. zu tun
can't help doing sth.	nichts dafür können, dass/ nicht umhin können, ...
can't stand doing sth.	etw. nicht leiden/ausstehen können
have difficulty doing sth.	sich mit etw. schwer tun
it's fun doing sth.	es macht Spaß, etw. zu tun
it's no use/good doing sth.	es hat keinen Sinn, etw. zu tun
it's (not) worth/ worthwhile doing sth.	es lohnt sich (nicht), etw. zu tun
thank you for doing sth.	danke, dass du etw. tust/getan hast/tun willst

Passiv und Gerund

Gerund or Infinitive (same meaning)

Bei einigen Verben kann **Gerund** *oder* **Infinitiv** folgen, ohne dass sich die Aussage des Satzes wesentlich ändert: **begin, continue, hate, intend, like, love, prefer, start.**

> We continued walking down the road./We continued to walk down the road.
> I prefer to live in a big city./I prefer living in a big city.
> (**Aber:** I prefer walking to driving.)

Wichtig zu beachten ist, dass wenn diese Verben mit **would** verbunden werden (I would like ... oder We would hate ...), das Verb **immer im Infinitiv** steht.

> I would love to play chess with Jessica this afternoon.
> **Ausnahme:** Would you mind closing the door, please?

Gerund or Infinitive (different meaning)

Es gibt aber auch Verben, bei denen sich die Bedeutung ändert, je nachdem, ob man **Gerund** oder **Infinitiv** benutzt.

(go on)

go on	
go on doing sth. (mit etw. weitermachen, mit etw. fortfahren) We went on playing chess for two more hours.	go on to do sth. (dann/danach etw. Neues/anderes tun) After playing chess for three hours we went on to watch a film on TV.

(forget)

forget	
forget doing sth. (vergessen, etw. getan zu haben) I'll never forget walking through Central Park.	forget to do sth. (vergessen, etw. zu tun) No, I won't forget to do my homework.

(remember)

remember	
remember doing sth. (sich daran erinnern, etw. getan zu haben) I remember playing chess with Mr Brown.	remember to do sth. (daran denken/nicht vergessen, etw. zu tun) I must remember to call Jessica tonight.

Das Gerund/Das Verbalsubstantiv

stop		(stop)
stop doing sth.	stop to do sth.	
(aufhören, etw. zu tun)	(anhalten, um etw. anderes zu tun)	
My father stopped smoking 20 years ago.	Mr Brown stopped the car to buy a newspaper.	

used to		(used to)
be/get used to doing sth.	used to do sth.	
(daran gewöhnt sein, etw. zu tun)	(früher etw. oft getan haben)	
I'm used to getting up at 6.30 in the morning.	When I was a child I used to get up at 7 o'clock.	

try		(try)
try doing sth.	try do do sth.	
(etw. versuchsweise ausprobieren)	(versuchen/sich bemühen, etw. zu tun)	
I can't open your e-mail. Try restarting the program.	I tried to move the piano but it was too heavy.	

Auch einige Adjektive ändern ihre Bedeutung.

afraid		(afraid)
be afraid of doing sth.	be afraid to do sth.	
(befürchten, dass etw. Schlimmes passiert)	(Angst haben/sich scheuen, etw. zu tun)	
Mr Brown didn't step on the frozen lake. He was afraid of breaking in.	Mr Brown was afraid to step on the frozen lake because the ice was very thin.	

sorry		(sorry)
sorry for doing sth.	sorry to do sth.	
(sich dafür entschuldigen, etw. getan zu haben)	(sich dafür entschuldigen, etw. gerade zu tun)	
I'm sorry for arriving so late last night. (I'm sorry I arrived so late last night.)	Sorry to interrupt you, but there's a phone call for you. Sorry to disturb you, but dinner is ready.	

Passiv und Gerund

Auf einen Blick: Passiv und Gerund

Present Tense (Simple)
- Aktiv:
Marc cleans the window every month.
- Passiv:
The window is cleaned every month.

Present Tense (Progressive)
- Aktiv:
Marc is cleaning the window at the moment.
- Passiv:
The window is being cleaned at the moment.

Past Tense (Simple)
- Aktiv:
Marc cleaned the window yesterday.
- Passiv:
The window was cleaned yesterday.

Past Tense (Progressive)
- Aktiv:
Marc was cleaning the window when the phone rang.
- Passiv:
The window was being cleaned when the phone rang.

Future Tense (will)
- Aktiv:
Perhaps Marc will clean the window tomorrow.
- Passiv:
Perhaps the window will be cleaned tomorrow.

Future Tense (going to)
- Aktiv:
Marc is going to clean the window this afternoon.
- Passiv:
The window is going to be cleaned this afternoon.

Auf einen Blick

▰▰▰▰**Future Tense (Progressive)**

- Aktiv:

*Marc **will be cleaning** the window on Thursday.*

- Passiv: kein Passiv

▰▰▰▰**Present Perfect (Simple)**

- Aktiv:

*Marc **has cleaned** three windows today.*

- Passiv:

*Three windows **have been cleaned** today.*

▰▰▰▰**Present Perfect (Progressive)**

- Aktiv:

*Marc **has been cleaning** the window for two hours.*

- Passiv: kein Passiv

▰▰▰▰**Past Perfect (Simple)**

- Aktiv:

*Marc **had cleaned** the window when he left the house.*

- Passiv:

*The window **had been cleaned** when Marc left the house.*

▰▰▰▰**Past Perfect (Progressive)**

- Aktiv:

*Marc **had been cleaning** the window for two hours when his sister arrived.*

- Passiv: kein Passiv

▰▰▰▰**Future Perfect (Simple)**

- Aktiv:

*Marc **will have cleaned** the window by 6 o'clock.*

- Passiv:

*The window **will have been cleaned** by 6 o'clock.*

▰▰▰▰**Future Perfect (Progressive)**

- Aktiv:

*At 6 o'clock Marc **will have been cleaning** the window for three hours.*

- Passiv: kein Passiv

Passiv und Gerund

Das Gerund wird verwendet:

- wenn das Verb wie ein Hauptwort gebraucht wird
shopping, walking, jogging, building, painting

- nach bestimmten Verben
enjoy doing sth.
prefer doing sth.

- nach Substantiven + Präposition
have a problem in doing sth.
run the risk of doing sth.

- nach Verben + Präposition
concentrate on doing sth.
keep on doing sth.

- nach Adjektiven + Präposition
be interested in doing sth.
be tired of doing sth.

- nach der Präposition *to* (wenn *to* zum Verb oder Adverb gehört)
look forward to doing sth.
be used to doing sth.

- nach allein stehender Präposition
by doing sth.
after doing sth.

- nach festen Redewendungen
be worth-while doing sth.
thank you for doing sth.

Konjunktiv, Imperativ und indirekte Rede

Die Möglichkeitsform (Konjunktiv) ist eine Verbform, mit der man einem Aussagesatz etwas Irreales oder Mögliches verleihen kann.

Mit der Befehlsform (Imperativ) des Verbs werden Befehle und Verbote, Bitten und Wünsche an eine oder mehrere Personen gerichtet.

Die indirekte Rede wird normalerweise benutzt, um die Worte oder Gedanken eines anderen Menschen zu wiederholen.

Konjunktiv, Imperativ und indirekte Rede

| The Subjunctive | # 1 Der Konjunktiv/ Die Möglichkeitsform |

Mit den Formen des **Konjunktivs** lassen sich **Irreales** oder **Mögliches** sowie **Wünsche, Erwartungen** und **Forderungen** ausdrücken: Er sagte, er sei dabei gewesen. Mr. Brown wünscht, er wäre 20 Jahre jünger. Ich hätte den Film gern gesehen. Lang lebe die Königin!

Wie im Deutschen gibt es im Englischen einen **Konjunktiv der Gegenwart** (Present Subjunctive) und einen **Konjunktiv der Vergangenheit** (Past Subjunctive).

1.1 Der Konjunktiv der Gegenwart

Present Subjunctive (use) — Anders als im Deutschen wird der **Present Subjunctive** jedoch nur sehr selten verwendet. Am häufigsten tritt er noch in Ausrufen auf:

> Long live the Queen!
> So be it!

Zum Zweiten wird der **Present Subjunctive** in Zusammenhang mit Verben des **Wünschens, Forderns, Bittens** und **Befehlens** benutzt, z. B. **ask, demand, insist, propose, recommend, request, suggest** etc. Hier erscheint der **Subjunctive** ganz unabhängig davon, ob das Verb im **Present Tense** oder im **Past Tense** steht.

> Father insisted that my sister apologize.
> I suggest that she go home.
> Jessica demanded that her wishes be carried out.

Present Subjunctive (forms) — Bei genauem Hinsehen fällt auf, dass der **Present Subjunctive** der **Grundform des Verbs** (Infinitiv) entspricht, aber **ohne to** gebraucht wird, und dass auch in der **3. Person Singular kein –s** notwendig ist.

Bei den meisten Sätzen dieser Art ist es ohne weiteres möglich, ein **should** einzubauen.

> Father insisted that my sister should apologize.
> I suggested that she should go home.
> Jessica demanded that her wishes should be carried out.

1.2 Der Konjunktiv der Vergangenheit

Past Subjunctive (use + forms)

Im Deutschen verwenden wir den Konjunktiv der Vergangenheit u.a. bei Bedingungssätzen (If-Sätzen) und Wünschen. Im Englischen ist das ähnlich, nur viel unauffälliger, da der englische **Past Subjunctive** – bis auf eine Ausnahme – mit der Form des **Past Tense** übereinstimmt. Die Ausnahme ist das Verb **be**. Das **Past Tense (was)** kann neben dem **Subjunctive (were)** benutzt werden.

> If I were/was you, I would apologize.
> Mr Brown wishes he were/was 20 years younger.

Außerdem tritt der **Past Subjunctive** noch in Vergleichssätzen mit **as if** bzw. **as though** auf.

> Jessica looks as if she were depressed.
> Father walks as if he had a broken leg.

In zunehmendem Maße werden in diesen Sätzen auch die Formen des **Present Tense** verwendet, um der Aussage das Irreale zu nehmen und so zu tun, als entspräche sie der Wahrheit.

> Jessica looks as if she is depressed.
> It smells as though something is burning.

2 Der Imperativ/Die Befehlsform

The Imperative

Es gibt im Englischen nur **eine Befehlsform**, ganz gleich, ob man eine oder mehrere Personen anspricht. Der Imperativ entspricht immer der **Grundform** (Infinitiv) des Verbs.

> Shut up and listen!   Go ahead.
> Look over there!   Be careful!

Konjunktiv, Imperativ und indirekte Rede

Imperative (negative)

Verneinungen werden gebildet, indem man ein **don't** vor das Verb setzt.

> Don't leave.   Please, don't do it!

Imperative (emphasis)

Zur **Verstärkung** des Imperativs wird **never** oder **always** verwendet.

> Never eat mouldy bread. (**US:** moldy)
> Always be careful.

Auch durch das Anhängen von **will you** lässt sich der Aufforderung weiterer **Nachdruck** verleihen.

> Stop whining like a baby, will you!
> Take off that stupid hat, will you!

Um die Härte der Aufforderung etwas **abzumildern**, sollte man die Stimme heben und **will you** als Frage verwenden oder **would you** anhängen, was den Befehl ebenfalls höflicher klingen lässt.

> Come down, will you?
> Turn off the TV, would you.

Ebenso wie im Deutschen kann man bei englischen Aufforderungen das **Personalpronomen you** für **du/ihr** bzw. **Sie** einbauen:

> You wait here and I'll get the tickets.
> Don't you ever do that again.

Durch die Verwendung von **let me** oder **let us** (**let's**) klingt eine Aufforderung persönlicher.

> Let us go home now.
> Let's all sing together.
> Let me do that.

Imperative (negative)

Verneint wird **let me** mit **don't let me** und **let's** mit **don't** bzw. **let's not.**

> Don't let me do it alone!
> Let's not go out tonight.

Als Letztes sei noch erwähnt, dass es auch möglich ist, **zwei Verben** im **Imperativ** hintereinander auszusprechen. Sie werden dann mit **and** verbunden, das allerdings in der gesprochenen Sprache auch schon mal wegfällt. Wichtig ist, dass zwischen beiden Verben **kein to** steht.

> Come and see for yourself.

Übrigens wird im Englischen das **Ausrufezeichen** viel seltener benutzt als im Deutschen, wo nach jedem Imperativ ein Ausrufezeichen steht. Das englische Ausrufezeichen wird nur verwendet, wenn man dem Satz einen **besonderen Nachdruck** verleihen will.

<small>Imperative
(exclamation mark)</small>

3 Die indirekte Rede

<small>**Indirect Speech/ Reported Speech**</small>

Mit der **indirekten Rede** wiederholt man die Worte oder Gedanken einer anderen Person. Um das wiederzugeben, was jemand gesagt hat, kann man die Worte entweder im genauen Wortlaut zitieren (Jessica sagte: „Ich bin müde.") oder in die indirekte Rede setzen (Jessica sagte, sie sei müde.).

Im Deutschen wird die **direkte Rede** mit einem Doppelpunkt eingeleitet und der genaue Wortlaut in An- und Abführungszeichen (Gänsefüßchen) gesetzt. Im Englischen steht kein Doppelpunkt, sondern meistens ein **Komma**, und die **Anführungszeichen** (quotation marks) sind immer oben (Jessica said, "I am tired."). Der Anfang der direkten Rede wird großgeschrieben. (Die so genannten französischen Anführungszeichen »...« sind in englischen und amerikanischen Texten unüblich.)

Bei der deutschen **indirekten Rede** wird das Gesagte vom Hauptsatz mit einem Komma abgetrennt. Im Englischen steht hier *kein* Satzzeichen, wenn derjenige, der zitiert wird, am Satzanfang steht (Jessica said she was tired.).

<small>Indirect Speech
(punctuation)</small>

Konjunktiv, Imperativ und indirekte Rede

Eingeleitet wird die **indirekte Rede** im Deutschen wie im Englischen fast immer mit einem Verb, das ausdrückt, dass jemand etwas geäußert hat, z. B. **say, ask, answer, confess, explain, remark, reply, tell sb.** etc. Steht dieses Verb in der **Gegenwart oder Zukunft** (simple oder progressive), dann kann das Gesprochene so zitiert werden, wie es gesagt wurde (Jessica says she is tired.). Zu beachten sind lediglich die Änderung des Pronomens (I → she) und der dazugehörigen Verbform (am → is).

Indirect Speech (past)

Steht das **einleitende Verb** jedoch in einer **Zeit der Vergangenheit** (simple oder progressive), muss das Verb der indirekten Rede ebenfalls in die Vergangenheit gesetzt werden (Jessica said she was tired. Jessica had said she was tired.). Gibt man die Worte eines anderen in der Vergangenheit wieder, ist also zu beachten, dass sich sowohl die Zeit als auch das Pronomen der direkten Rede ändert. In der Regel verschiebt sich das Verb der direkten Rede um **eine Zeitstufe in die Vergangenheit** (Zeitenfolge).

direkte Rede	indirekte Rede
Mr Brown said, "I live in London." **(Present Simple)**	Mr Brown said (that) he lived in London. **(Past Simple)**
My sister answered, "We are playing tennis." **(Present Progressive)**	My sister answered that they were playing tennis. **(Past Progressive)**
She told me, "I've written three e-mails." **(Present Perfect Simple)**	She told me she had written three e-mails. **(Past Perfect Simple)**
He replied, "I've been waiting for two hours." **(Present Perfect Progressive)**	He replied that he had been waiting for two hours. **(Past Perfect Progressive)**

Ein **that** (ohne Komma) zwischen Haupt- und Nebensatz ist nach den Verben **say, tell sb., think** nicht notwendig. Bei den Verben **answer, reply, explain** und **remark** wird es meistens hinzugefügt.

Die indirekte Rede

Wenn das **Verb der direkten Rede** bereits in einer Zeit der **Vergangenheit** steht (Jessica said, "I was so tired last night."), ist es nicht unbedingt notwendig, es in der indirekten Rede noch weiter in die Vergangenheit zu schieben.

direkte Rede	indirekte Rede
Jessica said, "I was so tired last night." (Past Tense Simple)	Jessica said she had been tired last night. (Past Perfect Simple) Jessica said she was tired last night. (Past Tense Simple)
She reported, "The car was driving slowly." (Past Tense Progressive)	She reported that the car had been driving slowly. (Past Perfect Progressive) She reported that the car was driving slowly. (Past Tense Progressive)

Genau genommen ist bei beiden Beispielen die Veränderung des Verbs vom **Past Tense** zum **Past Perfect** richtig. Da aber bei längeren Berichten die Häufung von **Past-Perfect-Formen** schwerfällig klingt, bleibt man vor allem im gesprochenen Englisch im **Past Tense**, solange die zeitlichen Verhältnisse klar sind.

Steht das **Verb der direkten Rede** bereits in einer der beiden Formen des **Past Perfect** (simple oder progressive), dann wird es nicht verändert.

3.1 Indirekte Rede im Futur

Indirect Speech (future)

Natürlich lassen sich auch direkte Äußerungen, die sich auf zukünftige Ereignisse beziehen, in die indirekte Rede setzen. Hier ändert sich das **will** der direkten Rede zu **would**, **is going to** wird zu **was going to**. Auch **shall** wird zu **would**, wenn es als Futurform benutzt wird. Wird **shall** im Sinne von **sollen** verwendet (vor allem in Fragen), dann wird es zu **should**.

Konjunktiv, Imperativ und indirekte Rede

direkte Rede	indirekte Rede
He said, "I think I'll be back soon." (Will-Future)	He said he thought he would be back soon. (would + Infinitiv)
She told me, "I'm going to move to Boston." (Going-to-Future Present)	She told me she was going to move to Boston. (Going-to-Future Past)
I replied, "I'll be living in New York." (Future Progressive)	I replied that I would be living in New York. (would be + Infinitiv)
Jessica remarked, "I will have passed my exam by then." (Future Perfect Simple)	Jessica remarked that she would have passed her exam by then. (would + have + 3. Form)

Indirect Speech
(auxiliary verbs)

3.2 Indirekte Rede bei Hilfsverben

Auch bei den unvollständigen Hilfsverben ist die Zeitenfolge zu beachten. Diese betrifft jedoch nur die Hilfsverben **can, may, will** (s. oben), **shall** (sollen) und **must**. Steht das Hilfsverb bereits in der Vergangenheit, so wird es nicht verändert, z. B. **could, might, should, would, used to**. Aber auch **needn't** und **ought to** bleiben gleich.

direkte Rede	indirekte Rede
He said, "I can't swim." (can)	He said he couldn't swim. (could)
Jessica asked, "Shall I open the window?" (shall)	Jessica asked if she should open the window. (should)
He said, "I must go home." (must – etw. jetzt tun müssen)	He said he must/had to go home. (must oder had to)
She added, "We must buy some flour for the cake." (must – Notwendigkeit in der Zukunft)	Mother added that we must/would have to buy some flour for the cake. (must oder would have to)

Die indirekte Rede

3.3 Indirekte Rede bei Fragen

Auch bei der Bildung von Fragen in der indirekten Rede muss auf die Zeitenfolge geachtet werden.

Indirect Speech (questions)

direkte Frage	indirekte Frage
My sister asked the man, "Are you married?"	My sister asked the man if he was married.
Jessica asked me, "What did you do last Friday?"	Jessica asked me what I had done last Friday.

Wenn in der direkten Frage **kein Fragewort** wie **when, where, what, how** etc. steht, dann wird in der indirekten Frage ein **if** oder **whether** eingefügt. Beide Wörter entsprechen dem deutschen **ob**.

He asked me, "Do you like playing computer games?"	He asked me if I liked playing computer games.

3.4 Indirekte Rede bei Aufforderungen

Steht in der direkten Rede ein Befehl oder eine Aufforderung, so wird die indirekte Rede meistens mit den Verben **tell** oder **ask** eingeleitet. **Tell sb. to do sth.** heißt: jemandem sagen, dass er/sie etwas tun soll; **ask sb. to do sth.** heißt: jemanden bitten/auffordern, etwas zu tun. Bei dieser Art der indirekten Rede ist die Zeitenfolge *nicht* zu beachten. Hinter **told** bzw. **asked** folgt ein Objekt (normalerweise eine Person) und danach die Grundform des Verbs.

Indirect Speech (orders)

direkte Aufforderung	indirekte Aufforderung
Father shouted, "Stop making so much noise!"	Father told me to stop making so much noise.
She asked, "Could you close the window, please?"	She asked me to close the window.

3.5 Änderung der Orts- und Zeitangaben

Je nachdem, wo und wann der zitierte Satz geäußert wurde, müssen in der indirekten Rede mitunter die Orts- und Zeitangaben verändert werden. Wenn Mr. Brown einen Satz

Indirect Speech (time and place)

Konjunktiv, Imperativ und indirekte Rede

wiederholt, den Jessica am Vortag gesagt hat (Jessica said, "I want to read a book today."), würde er statt **today yesterday** einfügen (Jessica said she wanted to read a book yesterday.).

Entsprechend können sich alle anderen **Orts- und Zeitangaben** ändern. Z. B.:

today → that day
yesterday → the day before/the previous day
tomorrow → the next day/the following day
now → then, at that time
here → there, in that place (oder der genaue Ort)

Ausnahmen:
Manchmal kommt es vor, dass das Verb der indirekten Rede **nicht** in die **Vergangenheit** gesetzt wird, auch wenn das Verb des Hauptsatzes in einer Zeit der Vergangenheit steht. Dies ist vor allem dann der Fall, wenn über **allgemein gültige Aussagen** oder **Tatsachen** berichtet wird.

direkte Rede	indirekte Rede
He said, "The moon goes round the earth."	He said the moon goes round the earth.
Jessica answered, "I like ice cream."	Jessica answered that she likes ice cream.

Die Verwendung des **Past Tense** in diesen Sätzen (vor allem im letzten) wäre nicht falsch, kann aber auch zu **Missverständnissen** führen. Würde Jessica antworten, that she **liked** ice cream, wird der Satz zweideutig, weil man nicht genau weiß, ob sie nur in der Vergangenheit Eiscreme mochte oder es auch heute noch tut.

Auf einen Blick: Konjunktiv, Imperativ und indirekte Rede

Konjunktiv (Möglichkeitsform)

Konjunktiv der Gegenwart
- Grundform des Verbs (auch bei der 3. Person Singular)
- für Irreales, Mögliches, Wünsche und Forderungen

Bless you!
I recommend the meeting take place at 8 o'clock.
I wish you were here.

Konjunktiv der Vergangenheit
- Identisch mit der Form des Past Tense
- für Wünsche, Bedingungssätze und Vergleiche

He wished the weather would get better.
He looked as if he was tired.

Imperativ (Befehlsform)

- Grundform des Verbs für alle Personen im Singular oder Plural
- für Befehle, Bitten und Wünsche
- Ausrufezeichen nur bei besonderem Nachdruck
- Verbot/Verneinung: *don't* und Grundform des Verbs

Come here!
Let's stay home tomorrow.
Don't smoke, please.

Zeitenfolge in der indirekten Rede

- Present Tense → Past Tense
- Present Perfect → Past Perfect
- Past Tense → Past Perfect oder Past Tense
- Past Perfect → Past Perfect

Konjunktiv, Imperativ und indirekte Rede

- can $\rightarrow$ could
- may $\rightarrow$ might
- must $\rightarrow$ must, had to
- shall $\rightarrow$ should (sollen)
- will/shall $\rightarrow$ would (werden)
- is going to $\rightarrow$ was going to

- Verschiebung der Personalpronomen sowie der Orts- und Zeitangaben

- Fragen $\rightarrow$ Fragewort oder *if* bzw. *whether*
- Aufforderung $\rightarrow$ *tell sb. to do sth.* oder *ask sb. to do sth.*
- Zeichensetzung: Meist kein Komma nach dem Hauptsatz

If-Sätze, Wünsche und Fragen

Konditionalsätze – die gefürchteten If-Clauses – sind Bedingungssätze, die aus zwei Teilen bestehen: einem Nebensatz mit einer Bedingung (wenn, falls) und einem Hauptsatz, in dem die Folge der Bedingung zum Ausdruck kommt. Damit eng verwandt sind Sätze, die Wünsche ausdrücken.

Fragen werden im Englischen auf zwei verschiedene Arten gebildet: entweder mit einem Hilfsverb bzw. einer Form von be, oder aber mit do, does oder did.

If-Sätze, Wünsche und Fragen

If-Clauses/ Conditional Clauses

1 If-Sätze/Konditionalsätze/ Bedingungssätze

Bedingungssätze (If-clauses) bestehen in der Regel aus zwei Teilen: einem bedingenden **Nebensatz**, in dem das **if** (wenn, falls) steht, und einem **Hauptsatz (HS)**, in dem die Folge der Bedingung ausgedrückt wird (dann). Im Englischen unterscheidet man wie im Deutschen drei Grundtypen von Konditionalsätzen.

If-Clauses (type I)

1.1 Bedingungssätze: Typ I

> If-Satz: Present Tense   HS: Will-Future
> If I am rich I will travel around the world.
> If I live in San Diego I will go to the beach every day.

Mit dem ersten Typ werden **tatsächliche** und **mögliche Ereignisse** und **Situationen** in der **Zukunft** ausgedrückt. Der **If-Satz** steht im **Present Tense**, der Hauptsatz im **Will-Future**. Der If-Satz muss nicht an den Anfang gestellt werden; er kann auch hinter dem Hauptsatz stehen. Fängt der Satz mit dem If-Satz an, dann wird er *nicht* durch ein Komma vom Hauptsatz getrennt, es sei denn, der If-Satz ist sehr lang. Steht der Hauptsatz am Anfang, wird er nur dann vom If-Satz durch ein Komma getrennt, wenn zwischen beiden Satzteilen eine deutliche Sprechpause gemacht werden soll.

Neben dem **Will-Future** kann jede **andere Zukunftsform** verwendet werden.

> I shall write back if you write first.
> Father decided he is going to drive to Brighton if the weather is fine on Sunday.

Ebenso kann im **If-Satz** neben dem **Present Simple** auch das **Present Progressive** (-ing-Form) stehen.

> If the sun is shining on Friday Jessica and I will go to an open air concert.

If-Sätze/Konditionalsätze

Sogar ein **Present Perfect** ist im **If-Satz** denkbar.

> If you have cleaned the bathroom how come it is still dirty?
> If Mr Brown has bought a new bicycle we'll all go for a bike ride tomorrow.

Desgleichen lassen sich in Hauptsatz und If-Satz je nach Sinnzusammenhang und Aussageabsicht unvollständige Hilfsverben wie **can, could, may, might, must, should, ought to** verwenden.

> If the show starts at 4 pm we should go out afterwards.
> We could spend the weekend by the sea if father doesn't have to work on Saturday.

Verneint werden **If-Sätze**, indem man entweder das **Hilfsverb** mit **not** oder das **Vollverb** mit **don't** verneint.

<u>If-Clauses</u>
(negative)

> If I don't earn a lot of money I will move to a small village.
> If we aren't living in San Diego we won't be able to go to the beach.

Darüber hinaus ist es vor allem bei If-Sätzen des **Typs I** möglich, die Konjunktion **unless** zu verwenden. Übersetzen lässt sich **unless** mit **wenn nicht, falls nicht** (if not) und außer wenn (except if). Aber auch **es sei denn, dass** bzw. **erst dann, wenn** können je nach Zusammenhang zutreffend sein. Oftmals drückt **unless** eine Forderung oder ein Ultimatum aus.

> I'll never lend you another CD unless you return the ones I gave you.
> Unless you drive more slowly I'll never go out with you again.

Neben dem Wort **if** kann bei den **If-Sätzen** des ersten Typs auch die Konjunktion **when** benutzt werden. Die Übersetzung **if = falls** und **when = wenn** trifft jedoch nicht immer zu. **When** wird nur dann gebraucht, wenn es sicher ist, dass bestimmte Zustände tatsächlich eintreffen.

> I'm spending the weekend in Brighton. When I'm there I'll send you a postcard.

If-Sätze, Wünsche und Fragen

> Father will be out of town for a few days. When he's back he'll show me how to use the new program.

If-Clauses (type II)

1.2 Bedingungssätze: Typ II

> If-Satz: Past Tense   HS: would + Infinitiv
> If I were rich I would travel around the world.
> If I lived in San Diego I would go to the beach every day.

Mit dem zweiten Typ werden **Annahmen, irreale Situationen** oder **Ereignisse** beschrieben, die wahrscheinlich nicht eintreten werden, aber dennoch möglich sind. Außerdem braucht man diesen Typ, um **Wünsche** und **Träume** (wenn ich reich wäre, dann...) auszudrücken.

Im **If-Satz** steht hier das **Past Tense** (eigentlich der Subjunctive, der mit der Form des Past Tense identisch ist). Im Hauptsatz erscheint **Conditional I** (**would + Infinitiv**). Der Gebrauch unvollständiger Hilfsverben wie **could, might, should, ought to** ist ebenfalls möglich.

> I could spend the evening with Jessica if I didn't have so much homework to do.
> If father gave me £ 1,000 I might have enough money to buy a fast notebook.
> I wouldn't waste my money on clothes if I were/was you.

Im **If-Satz** steht normalerweise **kein would**. Im Hauptsatz wird **would** häufig mit **'d** abgekürzt (**I'd, you'd, she'd** etc.).

> If I were/was you I'd go home now.
> She'd forward my e-mail if her computer wasn't broken.
> I'd read the book if I only had more time.

Unvollständige Hilfsverben können sowohl mit dem **Infinitiv** als auch mit der **–ing-Form** (**be doing**) verbunden werden.

> If I told you where I saw that cheap notebook, you might be hurrying to that computer store now.

1.3 Bedingungssätze: Typ III

If-Clauses (type III)

> If-Satz: Past Perfect   HS: would have + 3. Form
> If I had been rich I would have travelled around the world.
> If I had lived in San Diego I would have gone to the beach every day.

Mit dem dritten Typ werden **Annahmen** und **irreale Situationen** in der **Vergangenheit** ausgedrückt, die sich **nicht verwirklicht** haben.

Im **If-Satz** steht hier das **Past Perfect** und im **Hauptsatz** das **Conditional II (would have + 3. Form)**. Auch bei diesem Typ kann – wie bei den anderen beiden – entweder der Haupt- oder der If-Satz am Anfang stehen.

> Jessica would have seen a great show if she had gone to the concert last night.
> If I had returned the video in time, I wouldn't have had to pay a fine.
> If Mr Brown had lived in the 19th century, he would have been a scrivener.

Und auch bei diesem Typ sind die meisten unvollständigen **Hilfsverben** sowie die **–ing-Form** möglich.

> If I had lived a hundred years ago, I might have become a police officer.
> Mother could have seen the article about my school, if she had read the newspaper.

Ähnlich wie im Deutschen ist es bei den **If-Sätzen** des dritten Typs möglich, das if wegzulassen und den Satzteil mit **had** zu beginnen.

> Had father earned more money he would have bought a bigger car.
> It would have been a nice evening had she not brought Richard to the party.
> Had I asked her to go out with me, we might have had a romantic dinner.

If-Sätze, Wünsche und Fragen

If-Clauses (mixed types)

1.4 Mischung von Typ II und Typ III

Je nach Inhalt und Aussageabsicht ist es natürlich möglich, die Sätze von Typ II und Typ III zu mischen. Hier gilt es, genau auf die zeitliche Abfolge der Ereignisse zu achten.

> If I were thirty years old I would have finished my studies at university.
> I would be living in California now if we had moved into my aunt's house in San Francisco.

Would in If-Clause

1.5 Would im If-Satz und andere Sonderfälle

Es gibt zwei Ausnahmen von der oben genannten Regel, dass im **If-Satz** kein **would** steht: bei der **indirekten Rede** bzw. Frage und bei der Verwendung von **would als Hilfsverb**.

Would in Indirect Speech

Would bei indirekter Rede

Wenn in einer indirekten Rede oder Frage das Wörtchen **if** dieselbe Bedeutung wie **whether** (ob) hat, dann kann **would** problemlos folgen.

> She asked me if I would like to go skating with her.
> Can you tell me if it would be faster to take the train or the bus?
> Jessica wanted to know if I would be free that night.

Would as a Modal Auxiliary

Would als Hilfsverb

Etwas schwieriger anzuwenden ist der Gebrauch von **would** als Hilfsverb. Im If-Satz ist **would** nur im Zusammenhang mit einem **Wunsch** oder einer **Bereitwilligkeit** möglich.

> I'd like to open the window, if you wouldn't mind.
> Pass me the salt, if you would.
> I'd be very happy if you would show me how to use the machine.

If-only-Sentences

1.6 If-only-Sätze

Häufig wird **if** zusammen mit **only** benutzt, wobei ein Wunsch oder ein Bedauern zum Ausdruck gebracht wird. Meistens steht nach **if only** das Verb in einer Form der Vergangenheit (Past Tense oder Past Perfect).

Wünsche

> If only he had studied harder, he wouldn't have failed the exam.
> If only father earned more money, we would be able to spend our holidays in California. (**US**: vacation)
> If only I hadn't told her about my plans!

Im **gesprochenen Englisch** ist es auch möglich, das Subjekt zwischen if und only zu setzen.

> If I only had more time, I could read more.
> If he only knew the solution to the problem!

1.7 If it weren't/wasn't for – if it hadn't been for   If it wasn't for ...

Zum Abschluss noch zwei Konstruktionen, die häufig verwendet werden. Man benutzt diese beiden Phrasen, um auszudrücken, dass eine Situation unter anderen Voraussetzungen ganz anders aussehen würde bzw. ausgesehen hätte. Im Deutschen lassen sich diese Konstruktionen am besten mit **Wenn nicht ... wäre/hätte** bzw. **Wenn nicht ... gewesen wäre/gehabt hätte** wiedergeben.

> If it weren't/wasn't for his arrogance he'd be a nice fellow.
> If it weren't/wasn't for the warning sign everybody would step into the hole.
> If it hadn't been for the jogger, nobody would have seen the burglary.
> If it hadn't been for the teacher's patience, the students would never have passed the exam.

2 Wünsche   Wishes

Zwischen Bedingungssätzen des zweiten und dritten Typs (wenn ich reich wäre, würde ich.../wenn ich reich gewesen wäre, hätte ich...) und Wünschen (ich wünschte, ich wäre reich/ich wünschte, ich wäre reich gewesen) besteht eine inhaltliche Verwandtschaft. Diese Wünsche werden im Englischen mit dem Verb **wish** ausgedrückt.

If-Sätze, Wünsche und Fragen

Wish + Past Tense

2.1 Wish + Past Tense

Bezieht sich der **Wunsch** auf die **Gegenwart**, folgt dem **wish** in der Regel **Past Tense**. Wichtig ist, dass sich der Wunsch auf dieselbe Person bezieht, die ihn ausspricht, oder dass der Wunsch im Zusammenhang mit Zuständen und Situationen geäußert wird.

> Jessica wishes she had more time for her hobbies.
> Sometimes I wish I could fly like a bird.
> The students wish they didn't have so much homework.
> I wish the weather was nicer.

Wünscht man jedoch, dass eine **andere Person** etwas tut, so folgt dem **wish** ein **would + Infinitiv**.

> I wish he would return the book.
> I wish Jessica would spend more time with me.
> We often wish our teacher would forget to write vocabulary tests.

Wish + Past Perfect

2.2 Wish + Past Perfect

Wünscht man, dass man in der **Vergangenheit** etwas getan oder gewusst hätte oder dass eine Situation anders verlaufen wäre, so folgt **Past Perfect**.

> I wish I had known about Mr Brown's birthday. I would have bought him a present.
> We went to Brighton. The weather was lousy. I wish it had been nicer.

Questions

3 Fragen

Questions

3.1 Fragen mit Hilfsverben

Fragen mit **be** und solche, bei denen **unvollständige Hilfsverben** wie **can/could, may/might, shall/should, will/would, must, ought to, need** und **have/has got** verwendet werden, bildet man genau wie im Deutschen durch Umstellung von Subjekt und Hilfsverb.

Fragen

Present Tense	Past Tense
Am I ... ?	Was I ... ?
Are you ... ?	Were you ... ?
Is he/she/it ... ?	Was he/she/it ... ?
Is Marc ... ?	Was Marc ... ?
Are we ... ?	Were we ... ?
Are they ... ?	Were they ... ?

Are you from Canada?
Is Mr Brown working in a travel agency?
Are we driving in the right direction?
Was I right or wrong?
Were you sleeping when I knocked at the door?

Nach demselben Schema funktionieren Fragen mit **unvoll-** Questions
ständigen Hilfsverben. Das bei Hilfsverben *immer* dazu- (modal auxiliaries)
gehörige Vollverb steht dabei aber nicht wie im Deutschen
am Satzende, sondern folgt in der Regel dem Subjekt.

Can you speak English?
May I borrow your pen, please?
Shall I open the window?
Has she got blue or brown eyes?
Will she come to the party?

Verneint werden diese Fragen, indem man die Form von **be** Questions
bzw. das **Hilfsverb** mit **not** verneint. (negative)

Aren't you from Australia?
Isn't Jessica going to school today?
Weren't you talking on the phone when I rang the bell?
Haven't we done this exercise before?
Can't you be quiet for a minute?
Needn't you go to the dentist?

3.2 Fragen mit do/does und did

Questions
(do/does and did)

Fragen, bei denen keine Form von **be** oder ein unvollstän-
diges Hilfsverb vorhanden ist, also solche, bei denen ein
Vollverb verwendet wird, *müssen* mit **do/does** (**Present
Tense**) oder **did** (**Past Tense**) gebildet werden. Subjekt und
Verb werden dabei *nicht* vertauscht. Vor allem bei Fragen im

If-Sätze, Wünsche und Fragen

Past Tense ist es wichtig zu beachten, dass das **Vollverb** in der **Grundform** (Infinitiv) steht.

> Do you play tennis often?
> Did you live in Northampton ten years ago?

In der **3. Person Singular** wird statt **do** das Fragepronomen **does** verwendet. Da dieses bereits ein –s enthält, darf es nicht noch einmal an das Vollverb angehängt werden.

> Does Mr Brown work in Brighton?
> Does he live in a flat? (**US:** an apartment)

Question Pronouns

3.3 Interrogativpronomen/Fragepronomen

Ähnlich wie im Deutschen gibt es im Englischen eine Reihe von **Fragepronomen**, die mit dem Buchstaben w beginnen. Diese Fragen werden ebenfalls mit **do/does** und **did** gebildet, solange ein Vollverb benutzt wird. Eine **Ausnahme** besteht nur dann, wenn man nach dem Subjekt des Satzes fragt (s. unten).

```
who     → wer (ohne do/does/did)
who(m)  → wem, wen *
what    → was
why     → warum, weshalb, weswegen
where   → wo, wohin
when    → wann
whose   → wessen
whence  → woher
which   → welcher/welche/welches
how     → wie
```

* Im gesprochenen Englisch wird who (wer) auch für die Objektform whom (wem, wen) verwendet.

> Why didn't you stop the car?
> Which book do we have to read?
> How did you find your key again?

Auch bei Fragen mit **Fragepronomen** fällt die Umschreibung mit **do/does** und **did** weg, wenn man eine Form von **be** oder ein **unvollständiges Hilfsverb** verwendet.

What are you reading?
What can I do about it?
Whose book is this?

3.4 Fragen nach dem Subjekt

Subject Questions

Eine wichtige Ausnahme von der Regel, dass man bei Vollverben die Fragen mit **do/does** oder **did** bildet, sind Fragen nach dem Subjekt. Wenn **who, what** oder **which** das Subjekt des Satzes sind, dann fällt die Umschreibung mit **do/does/did** weg. Vergleiche:

> Jessica talked to Richard.
> **Objektfrage (do/did)** → Who did Jessica talk to? (Mit wem redete Jessica?)
> **Antwort** → Jessica talked to Richard.
>
> **Subjektfrage (ohne do/did)** → Who talked to Richard? (Wer redete mit Richard?)
> **Antwort** → Jessica talked to Richard.
>
> Last night I saw a car accident.
> **Objektfrage (do/did)** → What did you see last night? (Was hast du letzte Nacht gesehen?)
> **Antwort** → I saw a car accident.
>
> **Subjektfrage (ohne do/did)** → What happened last night? (Was ist letzte Nacht passiert?)
> **Antwort** → There was a car accident.

3.5 Zusammengesetzte Fragewörter

Compound Questions

Die Fragepronomen **what, which, whose** lassen sich mit Hauptwörtern, **how** mit Adjektiven und Adverbien kombinieren. Auch hier gilt wie bei den anderen Fragen die Regel: **Vollverben** mit **do/does** und **did**; **Hilfsverben** bzw. eine Form von **be** mit **Umstellung**.

> What time did she arrive at the station?
> Which sweatshirt did you lose?
> How many bicycles have you got?
> Whose mother did you meet?

If-Sätze, Wünsche und Fragen

what/which + Noun — *what/which + Substantiv*

Ob man bei einer Frage **what** oder **which** vor das **Substantiv** stellt, hängt davon ab, ob man nach etwas Allgemeinem (what = was für ein) oder nach etwas Konkretem fragt, nach einer Person oder Sache aus einer bestimmten Gruppe oder Menge (which = welcher/welchen etc.).

> What coat was she wearing? → Was für einen Mantel trug sie?
> Which coat was she wearing? → Welchen Mantel trug sie?

whose — *whose*

Das Fragepronomen **whose** entspricht dem deutschen **wessen** und wird auch genauso gebraucht. Normalerweise tritt es vor einem **Substantiv** auf, selten steht es allein.

> Whose uncle did you meet?
> On whose computer did he write this e-mail?
> Whose are these books?

Question + Preposition — **3.6 Fragewörter mit Präposition**

Viele **Fragewörter** lassen sich mit **Präpositionen** zu neuen Fragen zusammensetzen. Anders als im Deutschen steht die Präposition vor allem im gesprochenen Englisch **am Ende des Satzes**. Welche Präposition gewählt wird und wie man sie übersetzt, hängt von dem verwendeten Verb oder Adjektiv ab. Zum Beispiel:

> Where does she come from?
> What are you laughing about?
> Who did you talk to?
> Which job did Mr Brown apply for?

Short Answers — **3.7 Kurzantworten**

Im Deutschen lassen sich viele Fragen mit einem schlichten Ja oder Nein beantworten. Im Englischen klingt das jedoch ein wenig kurz angebunden, fast unhöflich. Bei den **Fragen mit Hilfsverben** bzw. einer **Form von be** ist es üblich, die Verbform in der Antwort zu wiederholen.

> Can you drive me to school? – Yes, I can.
> Is Jessica coming back tonight? – Yes, she is.

Bei einer **negativen Antwort** wird das Hilfsverb entsprechend mit **not** (meist in der Kurzform **–n't**) verneint.

> Can I go out tonight? – No, you can't.
> Have you got two computers? – No, I haven't.

Bei Fragen mit **do/does/did** (also mit **Vollverben**) wiederholt man **do/does** oder **did**, bejaht oder verneint.

> Do you like Stephen King? – Yes, I do.
> Does your sister play tennis? – No, she doesn't
> Did father go to the pub last night? – No, he didn't.

3.8 Frageanhängsel

Questions Tags

Eine weitere Besonderheit der englischen Sprache sind die so genannten Frageanhängsel (question tags). Hier wird nach der Zustimmung desjenigen gefragt, mit dem man spricht. Im Deutschen setzen wir einfach ein **nicht wahr?** (oder je nach Region **ne?, na?, gell?, wa?, woll?** etc.) an das Ende eines Aussagesatzes. Im Englischen ist dies genauer geregelt, was das Ganze leider auch etwas komplizierter erscheinen lässt.

Bei **Aussagen mit Hilfsverben** bzw. einer **Form von be** werden das Hilfsverb und das Subjekt des Satzes wiederholt. Zu beachten ist jedoch, dass bei einer bejahten Aussage das Frageanhängsel verneint, bei einer verneinten Aussage das Frageanhängsel bejaht wird.

> She can speak Russian, can't she?
> Your uncle is living in Bath, isn't he?
> You aren't meeting Jessica tonight, are you?
> She has written a letter to her aunt, hasn't she?

Auch wenn in einer Aussage ein **Vollverb** benutzt wird, ist es möglich, eine Kurzantwort am Ende des Satzes anzuhängen. Diese wird dann auch mit **do/does** oder **did** gebildet.

> You don't live in London, do you?
> Richard spent last weekend in Scotland, didn't he?
> They enjoyed the film, didn't they?

Auf einen Blick: If-Sätze, Wünsche und Fragen

If-Sätze (Konditionalsätze): Typ I

- If-Satz: Present Tense – Hauptsatz: Will-Future
If I am rich I will travel around the world.

Typ II

- If-Satz: Past Tense – Hauptsatz: would + Infinitiv (Conditional I)
If I were rich I would travel around the world.

Typ III

- If-Satz: Past Perfect – Hauptsatz: would have + 3. Form (Conditional II)
If I had been rich I would have travelled around the world.

Mischtyp (II und III)

- If-Satz: Past Perfect – Hauptsatz: would + Infinitiv (Conditional I)
If I had won £ 1,000 yesterday I would buy a new computer tomorrow.
- If Satz: Past Tense – Hauptsatz: would have + 3. Form (Conditional II)
If I lived in the US, I wouldn't have gone to a state school but to a public school.

Wünsche

- wish + Past Tense (Gegenwart, eigene Person)
- wish + would + Infinitiv (Gegenwart, andere Person)
- wish + Past Perfect (Vergangenheit)

Fragen

- bei unvollständigen Hilfsverben, dem Verb be und have, wenn als Hilfsverb verwendet, **ohne do/does/did** (Umstellung von Subjekt und Verb)
Can you speak Italian?
Has Mr Brown ever been to Australia?
Was he reading the newspaper when the phone rang?

- bei Fragen nach dem Subjekt des Satzes **ohne do/does/did**
Who saw the accident?
What happened at the party?

- bei Vollverben **mit do/does/did** (mit und ohne Fragewort)
Does Jessica go out with Richard?
Where does his aunt live?

Adjektive und Adverbien

Adjektive (Eigenschaftswörter) beschreiben Eigenschaften, Merkmale und Beschaffenheit von Personen und Dingen. Sie beziehen sich meist auf das Subjekt oder Objekt eines Satzes.

Mit einem Adverb (Umstandswort) wird das Verb näher bestimmt, d. h. die Art und Weise einer Tätigkeit wird erläutert.

Adjektive und Adverbien

Adjectives — 1 Adjektive/Eigenschaftswörter

Adjektive werden entweder einem Substantiv beigefügt (**das rote Auto**) oder treten allein stehend auf (**das Auto ist rot**). Sie antworten auf die Frage, wie etwas ist (was für ein?). Im Gegensatz zum Deutschen sind Eigenschaftswörter im Englischen unveränderlich.

Single Adjectives (with noun) — 1.1 Beim Substantiv stehendes Adjektiv (attributiver Gebrauch)

Da die Form der Adjektive immer unverändert bleibt – ganz gleich, ob das Substantiv im Singular oder Plural steht, ob es männlich, weiblich oder sächlich ist und in welchem Fall es auftritt –, ist es einfach, sie anzuwenden. Bis auf wenige Ausnahmen stehen Adjektive immer vor dem Substantiv.

> Jessica has long black hair.
> My sister gave me some boring books.

Single Adjectives (with be etc.) — 1.2 Allein stehendes Adjektiv (prädikativer Gebrauch)

Allein stehende Adjektive treten vor allem in Verbindung mit Verben wie **be, become, get, grow, remain, seem, stay** und **turn** auf. Sie beziehen sich auf das **Subjekt** des Satzes.

> Our school building is old.
> Despite the fire, all the students remained calm.
> Our teacher's face turned white when he saw the damage.

Auch nach Verben, die eine Sinneswahrnehmung ausdrücken (**look, feel, smell, sound, taste**), stehen Adjektive, sofern man statt ihrer auch eine Form von **be** einsetzen könnte.

> This soup smells good. (The soup is good.)
> But the cake tasted horrible. (The cake was horrible.)

Auf ein **Objekt** bezogen, können allein stehende Adjektive auch mit anderen Verben verbunden werden.

> They arrested a man, but later found him innocent.
> Father painted the door red.

Adjektive/Eigenschaftswörter

Einige Adjektive, die **Zeit-** oder **Ortsangaben** ausdrücken, können nur in Verbindung mit einem Substantiv gebraucht werden: **daily, weekly, monthly, yearly** oder **upper, lower, inner, outer** etc.

The daily newspaper is delivered at 5.30 in the morning.
Mr Brown has his weekly meeting on Fridays.
My room is on the second floor.

Zahlenangaben, z. B. bei Alter, Entfernung und Mengen, ändern ihre Schreibweise, je nachdem, ob man sie allein stehend oder vor einem Substantiv gebraucht. Vergleiche:

Jessica is 16 years old.
Jessica is a 16-year-old girl.

1.3 Stellung der Adjektive

Adjectives (order)

Manchmal ist es notwendig, ein Substantiv mit zwei oder mehreren Adjektiven zu beschreiben (ein schönes neues rotes Auto). Für die **Reihenfolge**, in der sie im Englischen stehen, gibt es eine Faustregel:

> Größe → Alter → Farbe → Herkunft → Material
> (oder abgekürzt: Gr-Al-Fa-He-Ma)

I've got a small wooden chair in my room.
Jessica was wearing a short black leather skirt.

Adjektive, die die **Größe** angeben (**big, small, tall** etc.), stehen zudem meist vor solchen, die die **Form** beschreiben (**fat, round, thin** etc.).

We live in a long narrow street.
Yesterday I saw a big fat cat crossing the street.

Häufigkeitsangaben wie **first, second, next, last** stehen vor einer Mengen- bzw. Zahlenangabe.

The first two hours every morning are interesting.
We went to Brighton for the last two weeks in August.
The sun was shining only for the first three days. The next few days were horrible.

Adjektive und Adverbien

Treten **zwei** oder **mehrere Farben** hintereinander auf, dann werden sie mit **and** verbunden.

> Richard came to the party wearing a green and blue T-shirt.
> Mr Brown took some black and white pictures.

Adjectives as Nouns

1.4 Substantivierte Adjektive

Anders als im Deutschen, wo fast jedes Adjektiv auch als Substantiv verwendet werden kann (der Große, die Schöne, das Schreckliche etc.), ist dies im Englischen nur eingeschränkt möglich. **Substantivierte Adjektive** stehen meist im **Plural** (aber **ohne –s**) und mit dem bestimmten Artikel: **the poor, the rich, the well-to-do, the unemployed, the brave** etc.

> Mr Brown recommended *The Naked and the Dead*, a book written by Norman Mailer.
> Shouldn't the unemployed stop complaining and start looking for a job themselves?

Auch die auf –sh und –ch endenden **Nationalitäten** gehören hierzu, z. B. **the English, the Irish, the British, the French**, sowie die, bei denen ein –se oder –ss am Ende steht: **the Chinese, the Portuguese, the Swiss**.

Die anderen, aus Adjektiven gebildeten **Nationalitätennamen** (z. B. auf –an und –on endende) sind zu vollen Substantiven geworden und erhalten ein –s im Plural: **the Germans, the Americans, the Italians** etc.

Adjectives (comparison)

1.5 Steigerung

Adjektive treten in mehreren **Steigerungsformen** auf:

Positiv	→ Grundform (groß)
Komparativ	→ Vergleichsstufe (größer als)
Superlativ	→ Höchststufe bei Vergleichen (der größte/am größten)
Elativ	→ absolute Stufe (ohne Vergleich; größte Maschinen, mit besten Maschinen)

Adjektive/Eigenschaftswörter

Im Englischen werden die meisten Adjektive regelmäßig gesteigert; einige wenige haben unregelmäßige Formen.

Die Steigerung einsilbiger Adjektive

Einsilbige Adjektive werden stets mit den Endungen –er und –est gesteigert. Steht ein **stummes –e** am Ende des Adjektivs, braucht man nur noch die Endung –r bzw. –st anzufügen.

Adjectives (comparison – one syllable)

Positiv	Komparativ	Superlativ/Elativ
fast	faster	fastest
great	greater	greatest
green	greener	greenest
large	larger	largest
late	later	latest
low	lower	lowest
smart	smarter	smartest
tall	taller	tallest
warm	warmer	warmest

Folgt ein **Konsonant** (d, g, t etc.) am Ende des Adjektivs auf einen **kurzen Vokal** (a, e, i etc.), dann verdoppelt sich der Konsonant.

big	bigger	biggest
fat	fatter	fattest
hot	hotter	hottest
sad	sadder	saddest

Unregelmäßig steigert man folgende Adjektive:

Adjectives (comparison – irregular)

bad	worse	worst
good	better	best
far (Entfernungen)	farther	farthest
far (Entfernungen und übertragen = mehr)	further	furthest
little (klein)	smaller	smallest
little (wenig)	less	least

Adjektive und Adverbien

many	more	most
much	more	most
next (Entfernungen)	nearer	nearest
old	older (alte Form: elder)	oldest (eldest)

Adjectives (comparison – two syllables)

Die Steigerung zweisilbiger Adjektive

Auch zweisilbige Adjektive werden auf –er und –est gesteigert. Dazu gehören die meisten, die auf –y, –le, –er und –ow enden. Die Endung –y wird dabei zu –i.

clever	cleverer	cleverest
easy	easier	easiest
happy	happier	happiest
lovely	lovelier	loveliest
narrow	narrower	narrowest
polite	politer	politest
quiet	quieter	quietest
simple	simpler	simplest

Zweisilbige Adjektive können auch mit **more** und **most** gesteigert werden. Bei einigen ist die Steigerung zudem *nur* mit **more** und **most** möglich. Dabei handelt es sich vor allem um Wörter, die auf der ersten Silbe betont werden und konsonantisch auslauten.

boring	more boring	most boring
distant	more distant	most distant
eager	more eager	most eager
famous	more famous	most famous
frequent	more frequent	most frequent
painful	more painful	most painful
useful	more useful	most useful

Wenn man sich nicht sicher ist, ob ein zweisilbiges Adjektiv auf die eine oder die andere Art gesteigert wird, ist es ratsam, sich für **more** und **most** zu entscheiden. Es klingt auf alle Fälle richtig.

Adjektive/Eigenschaftswörter

Die Steigerung drei- und mehrsilbiger Adjektive

Alle drei- und mehrsilbigen Adjektive können *nur* mit **more** und **most** gesteigert werden.

Adjectives (comparison – three or more syllables)

expensive	more expensive	most expensive
interesting	more interesting	most interesting
melancholy	more melancholy	most melancholy
tolerant	more tolerant	most tolerant
unusual	more unusual	most unusual

1.6 Vergleiche

Comparisons

Werden zwei Personen oder Dinge miteinander verglichen, so sind sie entweder gleich oder unterschiedlich. Sind sie unterschiedlich, sagen wir im Deutschen z. B., **etwas ist kleiner/größer als etwas anderes**. Auch im Englischen wird der Komparativ verwendet. Dem **als** entspricht **than**.

> I am older than my sister.
> Richard is much taller than Jessica.
> Jessica has got more books than him. (oder: he has)

Ebenfalls gebräuchlich ist im Deutschen die Formulierung: **etwas ist nicht so groß/klein wie etwas anderes**. Dies wird im Englischen mit **not as/so ... as** wiedergegeben.

> Our German teacher is not as old as our English teacher.
> The US is not as far away as Australia.
> Richard cannot run as fast as I can.
> Last year father didn't earn as much as Mr Brown.

Sind beide Personen oder Dinge gleich, dann wird die Formulierung **so groß/klein wie**, das heißt **as ... as**, angewendet.

> The girl with the dark red hair is as good-looking as Jessica.
> Next year father will earn as much as Mr Brown.
> I'm sure I'm as smart as him. (oder: as he is)

Natürlich können diese Formulierungen auch noch näher beschrieben werden, z. B. mit Adjektiven.

> My sister is almost as intelligent as me. (oder: as I am)
> A horse can run at least twice as fast as a human being.
> A notebook is certainly not as expensive as you think.

Adjektive und Adverbien

Adjective + one

1.7 Adjektiv + one

Das so genannte **Stützwort** (prop word) **one** kommt zum Einsatz, wenn sich ein Adjektiv in einem Satz auf ein vorangegangenes Substantiv bezieht, das nicht wiederholt werden soll. Steht dieses Substantiv im Plural, verwendet man **ones**.

> Which blouse shall I buy? The black one or the green one?
> You've got so many dark blouses. Don't you have any colourful ones? (**US**: colorful)

One bzw. **ones** steht auch nach **Komparativen**.

> This shirt looks awful. Don't you have a nicer one?
> This book is boring. I'd like to read a more interesting one.

Wenn das **Substantiv nicht zählbar** ist, kann das Stützwort nicht eingesetzt werden. Notfalls muss man dann das Substantiv wiederholen.

> Mr Brown prefers green tea to black.
> There isn't much difference in taste between coffee with caffeine and decaffeinated (coffee).

Adverbs

2 Adverbien/Umstandswörter

Adverbien bestimmen die Art und Weise einer Tätigkeit. Anders als im Deutschen, wo sich Adverbien formal von den Adjektiven nur dadurch unterscheiden, dass sie nicht dekliniert werden, sind sie im Englischen leicht zu erkennen. Bis auf einige Ausnahmen sieht ein Adverb wie ein Adjektiv aus, an das die Endung –ly angehängt ist: **beautifully, carefully, fluently, quickly, smoothly**.

> The man walks slowly.
> Mr Brown speaks French fluently.
> Jessica smiled at me reservedly and quickly walked away.

Endet ein Adjektiv auf –y, wird dieses –y zu einem –i.

angry	→ angrily	easy	→ easily
happy	→ happily	weary	→ wearily

Adverbien/Umstandswörter

Endet ein Adjektiv auf –le, dann wird das –e weggelassen.

incredible	→ incredibly	probable	→ probably
simple	→ simply	terrible	→ terribly

Ein einfaches –e am Ende eines Adjektivs bleibt jedoch erhalten. Ausnahmen: **true** und **whole**.

dissolute	→ dissolutely	extreme	→ extremely
fortunate	→ fortunately	polite	→ politely

Aber:

true	→ truly	whole	→ wholly

Adjektive auf –ic oder –ical enden als Adverb auf –ically.

economic (wirtschaftlich) → economically
economical (sparsam) → economically

fantastic	→ fantastically	identical	→ identically
political	→ politically	realistic	→ realistically

Aber:

publical → publicly

Man sollte die **Adverbien** auf –ly nicht mit den wenigen **Adjektiven** verwechseln, die ebenfalls auf –ly enden: **friendly, lively, lonely, lovely, silly**. Diese Adjektive lassen sich *nicht* mit der Endung –ly in ein Adverb umwandeln. Man muss sie entweder umständlich mit **in a ... way** umschreiben oder, noch besser, den Satz gleich so bauen, dass ein Adjektiv statt eines Adverbs zu verwenden ist. Vergleiche:

> Sie lächelte freundlich. – She smiled in a friendly way.
> Oder besser: She gave me a friendly smile.

2.1 Good → well

Das Adverb von **good** heißt **well**.

> My English is good. (Adjektiv)
> I speak English well. (Adverb)

Adverbs (good/well)

Auch wenn **good** in Verbindung mit dem **Partizip Perfekt** (3. Form) eines anderen Verbs zu einem „zusammengesetzten" Adjektiv verschmilzt (gut bezahlt, wohlerzogen), nimmt es meist die Adverbform **well** an. Im Englischen wird in diesem Fall ein Bindestrich (hyphen) eingefügt.

(compound adjective)

Adjektive und Adverbien

> Ten years from now I'd like to have a well-paid job.
> I don't like children that are not well-behaved.
> St. Paul's Cathedral is a very well-known church building.
> Your homework is excellent. Well-done.

Ausnahmen sind bereits aus zwei Teilen bestehende Adjektive wie z. B: **good-looking, good-hearted, good-humoured** (US: good-humored) und **good-natured**.

> Mr Brown is such a good-hearted fellow.
> Last year we visited our always good-natured aunt.

Adjective = Adverb
(same meaning)

2.2 Adjektive, die als Adverbien dieselbe Form und Bedeutung haben

Einige Adjektive behalten ihre Form, auch wenn sie als Adverbien gebraucht werden: **deep, early, far, fast, hard, high, late, long, low, near, straight**.

> Father is a fast walker. (Adjektiv)
> He walks very fast. (Adverb)
> Mr Brown is a hard worker. (Adjektiv)
> He works very hard. (Adverb)

Dazu gehören auch **Zeitangaben** wie **daily, weekly, monthly, yearly**.

> Father reads the daily newspaper. (Adjektiv)
> Father reads the newspaper daily. (Adverb)
> The magazine appears monthly. (Adverb)

Adjectives with two Adverbs

2.3 Adjektive mit doppelten Adverbien

Einige Adjektive, die als Adverbien **dieselbe Form** haben, bilden dennoch ein Adverb mit –ly aus. Dieses **zweite Adverb** hat eine andere Bedeutung. Sie ist zum Teil sogar entgegengesetzt zu der des Adjektivs.

Adjektiv	Adverb I	Adverb II
deep (tief)	deep (tief)	deeply (zutiefst)
hard (hart, schwer)	hard (hart, schwer, intensiv)	hardly (kaum)

Adverbien/Umstandswörter

high (hoch)	high (hoch)	highly (höchst)
late (spät)	late (spät)	lately (in letzter Zeit)
near (nah)	near (nah)	nearly (fast, beinahe)
ready (fertig)	ready (fertig)	readily (bereitwillig)

The team exercised hard for the game.
The team exercised hardly for the game.

Nun noch eine kleine Liste mit Adjektiven, die **ein** oder **zwei** Adverbien ausbilden, die in ihrer **Bedeutung** variieren.

Adjektiv	Adverb I	Adverb II
bare (nackt, bloß)	–	barely (kaum)
fair (gerecht, fair)	–	fairly (ziemlich, fair)
just (gerecht)	just (gerade, eben)	justly (gerecht)
most (am meisten)	most (höchst, äußerst)	mostly (meistens, größtenteils)
pretty (hübsch, schön)	pretty (ziemlich)	prettily (hübsch, schön, recht nett)
scarce (rar)	–	scarcely (kaum)
sharp (scharf, spitz)	sharp (genau, scharf)	sharply (scharf, spitz)
short (klein, kurz, knapp)	short (kurz, knapp)	shortly (gleich, bald)
thick (dick)	thick (dick, schwer)	thickly (dick beschichtet)
wrong (falsch)	wrong (falsch)	wrongly (irrtümlich)

Jessica is a pretty girl. (Adjektiv)
Jessica is pretty good-looking. (Adverb I)
Jessica sings prettily. (Adverb II)

Adjektive und Adverbien

> Careful, the knife is sharp. (Adjektiv)
> You've got to turn sharp left at the corner. (Adverb I)
> The student who caused the fire was criticized sharply. (Adverb II)
>
> Richard is tall. I'm rather short. (Adjektiv)
> She wanted to say something, but he cut her short. (Adverb I)
> Shortly after I left the classroom the fire broke out. (Adverb II)

Adverbs not referring to a Verb

2.4 Adverbien, die sich nicht auf ein Verb beziehen

Wie an einigen der zuletzt genannten Beispiele bereits zu erkennen ist, kann sich ein **Adverb** auch auf ein **Adjektiv** oder auf ein weiteres **Adverb** beziehen. Zu diesen gehören vor allem solche Adverbien, die den **Grad** einer Sache oder Tätigkeit angeben: **absolutely, completely, extremely, entirely, fairly, hardly, moderately, perfectly, pretty, really, very** etc.

> I think he is absolutely arrogant. (Adverb + Adjektiv)
> Mother speaks French really fluently. (Adverb + Adverb)
> But she often spells it completely wrong. (Adverb + Adverb)

Manche **Adverbien** werden zu eigenen Satzgliedern (**adverbiale Bestimmungen**) und können Satzteile bestimmen. Unbestimmte **Zeit- und Häufigkeitsangaben** wie **always, frequently, generally, hardly ever, immediately, never, occasionally, often, sometimes, usually** gehören zu dieser Gruppe. Sie stehen normalerweise vor dem Vollverb bzw. nach dem ersten Hilfsverb, es sei denn, man will ihnen eine besondere Betonung verleihen.

> Mr Brown and I often play chess.
> Usually I get up at 6 am, but tomorrow I want to sleep in.

Zu den **allgemeinen Zeitadverbien**, die sich häufig auf einen ganzen Satz beziehen, zählen auch die kurzen Adverbien **here, just, now, soon, still, today, yesterday** etc. sowie die längeren adverbialen Bestimmungen **on Monday, next year,** in 1998, this afternoon, December 11th, at Chistmas, last Friday at 6 pm etc.

Und auch **Ortsangaben** wie **in my room, on Boyle Street, in London, on the third floor** sind Mitglieder der großen Gruppe der adverbialen Bestimmungen.

2.5 Stellung der Adverbien und adverbialen Bestimmungen im Satz

<u>Adverbial Phrases</u>
(place in sentence)

Die Stellung der Adverbien und adverbialen Bestimmungen im Satz ist ein etwas schwieriges Kapitel. Wie die deutsche Sprache lässt die englische dem Sprecher hier viele Freiheiten. Manchmal verlangt die Betonung eines Wortes oder Satzgliedes eine bestimmte Stellung des Adverbs, manchmal liegt es einfach am Sprachgefühl des Sprechenden, ob ein Adverb an der einen oder anderen Stelle steht. Es gibt jedoch ein paar Faustregeln, die zu beachten sind:

→ Adverbien, die sich auf ein Verb beziehen, stehen meistens vor dem Vollverb, nach dem ersten Hilfsverb oder nach dem Objekt (Verb und Objekt sollten nicht voneinander getrennt werden).

> I carefully dusted the vase and put it back on the shelf.
> Father studied the instructions carefully before he turned on his new computer.

→ Hat das Verb kein Objekt, dann folgt das Adverb dem Verb.

> Last Sunday it snowed heavily.
> Jessica dropped by unexpectedly.

→ Bei Passivsätzen steht das Adverb meistens nach dem Verb.

> The windows should have been cleaned properly.
> I'm sure it will be done immediately.

→ Bezieht sich ein Adverb auf ein Adjektiv oder ein zweites Adverb, dann steht das Adverb vor dem Adjektiv bzw. das Adverb des Grades vor dem Bezugsadverb.

Adjektive und Adverbien

> The soup tastes quite good.
> Mr Brown speaks Italian fairly well.

→ Unbestimmte Zeitangaben (always, never etc.) stehen vor dem Vollverb oder nach dem ersten Hilfsverb bzw. nach einer Form von be.

> Mr Brown always works in the evening.
> Father has never been ill.

→ Bestimmte Zeitangaben (at 6 o'clock, yesterday, June 14th) stehen entweder am Anfang oder am Ende des Satzes (genaue Zeitangaben vor allgemeinen).

> Mr Brown got back from work at 7 o'clock yesterday evening.
> My sister was born at 10 o'clock on September 2nd, 14 years ago.

→ Ortsadverbien bzw. adverbiale Bestimmungen des Ortes stehen in der Regel am Ende des Satzes.

> I would like to live with my aunt in San Francisco.
> Sometimes I wonder how long I'll be living on Boyle Street.

→ Treten Orts- und Zeitangaben gemeinsam auf, dann lautet die Regel: Ort vor Zeit.

> Let's meet in front of the church at 6 o'clock.
> Our teacher wants to make a study trip to the British Museum on Wednesday.

→ Kommt neben Orts- und Zeitangaben noch ein Adverb der Art und Weise hinzu, dann steht Art vor Ort vor Zeit (A-O-Z).

> I've been doing my homework carefully in my room for two hours.
> I waited patiently in front of the church for 30 minutes, but nobody came.

Adverbien/Umstandswörter

2.6 Steigerung des Adverbs

Adverbs (comparison)

Die Steigerung der Adverbien verläuft ähnlich wie die der Adjektive. Die wenigen **einsilbigen** Adverbien wie **fast, hard, late** etc. werden mit den Endungen –er und –est gesteigert (ebenso **early**).

> The harder you work, the better you'll be.
> Last week we wrote the hardest test ever.

Mehrsilbige Adverbien (außer **early**) werden mit **more** und **most** gesteigert.

> The actor played his role very realistically. To play it more realistically would have been impossible.
> I don't go to concerts very often. I'd be happy if I could go more often.

Einige Adverbien haben **unregelmäßige Steigerungsformen**.

badly	worse	worst
far	farther/further	farthest/furthest
little	less	least
much	more	most
well	better	best

2.7 Adjektiv statt Adverb

Adjective instead of Adverb

Als **Ausnahmen** anzusehen sind solche Verben, die statt eines Adverbs ein Adjektiv nach sich ziehen. Hierbei handelt es sich entweder um feststehende Ausdrücke oder um Verben, die weniger eine Tätigkeit als einen Zustand beschreiben. Zu diesen Verben zählen die im Kapitel Adjektive erwähnten Verben der **Sinneswahrnehmung**. Nur wenn diese Verben als **Tätigkeitsverben** verstanden werden, folgt ihnen ein Adverb.

- look → ansehen
- feel → anfassen, berühren
- smell → an etw. riechen, beschnuppern
- sound → Glocke läuten, Hupe betätigen
- taste → abschmecken, kosten, probieren

> Our cat looked at the dog angrily but the dog only snarled.
> I tasted the soup carefully because my sister had made it.

Auf einen Blick: Adjektive und Adverbien

Adjektive

beschreiben Eigenschaften und Beschaffenheit von Personen und Dingen, beziehen sich also auf das Subjekt oder Objekt des Satzes

- attributiver Gebrauch (Beifügung zum Hauptwort)

We live under a blue sky.
She was wearing a dirty dress.

- prädikativer Gebrauch (nach einer Form von **be** und einigen weiteren Verben)

The sky is blue.
The tiger seemed hungry.

- Steigerung: Positiv/Komparativ/Superlativ (Elativ)

einsilbige: –er, –est *(fast/faster/fastest)*
zweisilbige: –er, –est oder **more, most**
mehrsilbige: **more, most** *(intelligent/more intelligent/most intelligent)*

- Stellung (Reihenfolge):

Größe → Alter → Farbe → Herkunft → Material

Adverbien

beschreiben die Art und Weise von Tätigkeiten, beziehen sich also auf ein Verb oder Adjektiv, als adverbiale Bestimmung auch auf einen Satzteil

- Adjektiv + Endung –ly

- Ausnahmen: Adverbien, die die gleiche Form wie das Adjektiv und/oder eine andere Bedeutung als das Adjektiv haben, z. B. *deep, fast, hard, high, late, near*

- Steigerung: Positiv/Komparativ/Superlativ (Elativ)

einsilbige: –er, –est *(hard/harder/hardest)*
zweisilbige: –er, –est oder **more, most**
mehrsilbige: **more, most** *(carefully/more carefully/most carefully)*

- Verben der Sinneswahrnehmung sowie *be, become, get, grow, remain, seem, stay* und *turn* stehen meistens mit einem Adjektiv statt einem Adverb

Artikel

Die englische Sprache kennt – wie die meisten westeuropäischen Sprachen und das alte Griechisch – den Gebrauch des bestimmten (the) und des unbestimmten Artikels (a/an). Artikel stehen immer vor einem Hauptwort (Substantiv), sind für alle Geschlechter gleich und werden nicht dekliniert.

Artikel

The Indefinite Article

1 Der unbestimmte Artikel

Ein Substantiv kann nie zwei Artikel gleichzeitig haben. Obwohl die englischen Artikel the und a/an *nicht* wie im Deutschen mit dem Substantiv durch alle Fälle dekliniert werden (des Mannes, dem Mann, den Mann usw.) und sie damit leicht anzuwenden scheinen, sind sie nicht selten eine Fehlerquelle. Das liegt daran, dass ihr Gebrauch in vielen Fällen von der deutschen Sprache abweicht.

Indefinite Article (forms)

1.1 Form, Aussprache und Stellung im Satz

Ob man a oder an benutzen muss, hängt von der Aussprache des folgenden Wortes ab. Der Artikel a [ə] (betont [eɪ]) steht vor konsonantisch anlautenden Wörtern, beginnend mit den Buchstaben b, d, f, g, j, k etc., der Artikel an [ən] vor Wörtern, die vokalisch (a, e, i, o, u) oder mit einem Doppellaut (Diphthong) beginnen ([aɪ] [eɪ] [əʊ] etc.). Wichtig ist, wie das Wort ausgesprochen wird, nicht seine geschriebene Form. Es gibt Wörter, die vokalisch ausgesprochen werden, obwohl sie mit einem Konsonant beginnen, und andere, die man mit einem Vokal schreibt, der als Konsonant ausgesprochen wird (z. B. das lange u [juː]).

a	an
a ball	an article
a hotel	an insect
a journalist	an egg
a rat	an idea
a school	an optimist
a waterfall	an umbrella
a year	an urge

Aber:

a uniform	an FBI agent
a unit	an MG (car name)
a U-turn	an heir
a user	an honour (**US:** honor)
a U-boat	an hour

Der unbestimmte Artikel

Normalerweise steht der Artikel vor dem Substantiv. Wird dieses jedoch durch ein oder mehrere **Adjektive** (mit oder ohne Adverbien) genauer beschrieben, dann rücken diese – wie im Deutschen – zwischen Artikel und Substantiv.

I met a very nice and intelligent woman.
Richard is a completely ignorant and selfish person.

Vor dem unbestimmten Artikel können genauere Bestimmungen wie **half, such, quite, many** oder **too small** stehen.

The show will take only half an hour.
She's such a pretty girl.

(US:) Im amerikanischen Englisch steht **half** vor allem bei Zeitangaben auch hinter dem Artikel.

It took me only a half hour to do the homework.

Das Wörtchen **rather** (ziemlich) kann vor oder nach dem unbestimmten Artikel stehen.

She's a rather intelligent student.
But he's rather a lazy guy.
It's rather a shame.

1.2 Gebrauch des unbestimmten Artikels

Indefinite Article (use)

Wo der Gebrauch des Artikels im Englischen und Deutschen übereinstimmt, gibt es für Deutschsprechende wenig Probleme. So sind vor allem jene Fälle genauer zu betrachten, bei denen im Englischen der Artikel anders als im Deutschen verwendet wird.

Im Englischen wird ein Artikel bei den Angaben zu einzelnen **Personen**, ihrer **Herkunft**, ihrem **Beruf**, ihrer **Konfession** und ihrer **Gruppenzugehörigkeit** gebraucht. Ist die Herkunft oder Konfession ein Adjektiv, dann ist kein Artikel notwendig.

My aunt is an American, but her husband is English (oder: an Englishman).
Mr Brown's brother used to work as a policeman.
When I was young I always wanted to be a doctor.
My uncle is a member of our local hockey team.

Auch bei **Titeln** und **Ämtern** wird dann ein Artikel gesetzt, wenn es möglich und denkbar ist, dass **mehrere Personen** dieses Amt bzw. den Titel innehaben.

> She's a mayor. (eine Bürgermeisterin von vielen)
> **Aber:** She was appointed mayor of the city of Bath. (es gibt nur eine Bürgermeisterin)
>
> He is a teacher. (ein Lehrer von vielen)
> **Aber:** He is head teacher of our school. (der einzige Schulleiter)

Ebenso steht nach **as** der unbestimmte Artikel – außer wenn die Tätigkeit **nur von einer Person** ausgeführt wird.

> I was dressed as a vampire for Halloween.
> As head teacher he is responsible for our school.

Indefinite Article (some/any)

1.3 Der unbestimmte Artikel im Plural (some/any)

Im Englischen verwendet man den unbestimmten Artikel für **zählbare Dinge** (Menschen, Tiere, Sachen) in der **Einzahl**. Zählbar sind alle Dinge, für die es eine Einzahl (Singular) und eine Mehrzahl (Plural) gibt.

> I saw a mouse in the park.
> There is a CD lying under the couch.

Stehen diese in der **Mehrzahl**, fällt der Artikel weg.

> I saw mice in the park.
> There are CDs lying under the couch.

Anders als im Deutschen ist es im Englischen möglich, im Plural die artikelähnlichen Wörter **some** für **positive** bzw. **any** für **negative Aussagen** und **Fragen** zu verwenden.

> I saw some mice in the park.
> Are there any CDs lying under the couch?

Indefinite Article (a/an/one)

1.4 Der unbestimmte Artikel als Zahlwort

In bestimmten Ausdrücken erkennt man, dass die **ursprüngliche Bedeutung** des unbestimmten Artikels ein Zahlwort ist (**a = one**). Man findet sie im Zusammenhang mit **Häufigkeit, Geschwindigkeit** und bei **Preisen** ...

Der unbestimmte Artikel

> I go to the gym twice a week.
> Father's new car is going 120 miles an hour.
> In our supermarket bananas are £ 1,48 a kilo.

... sowie bei **Maß-, Mengen-, Gewichts-** und **Zeitangaben**.

> Father says that gold is over $ 300 an ounce.
> I check my e-mails three times a day.

Vor **hundred** (100) und **thousand** (1000) kann **a** oder **one** verwendet werden.

> I've got more than a/one hundred books on my bookshelf.

1.5 Krankheiten

Indefinite Article (illnesses)

Die Namen von **Krankheiten** werden in der Regel wie im Deutschen **ohne Artikel** verwendet. Es gibt jedoch einige Ausnahmen: **a cold, a fever, the flu, a headache.**

> My sister had chickenpox, mother caught a cold.
> She was running a fever of 38.5 degrees.

Andere Schmerzen (**toothache, earache** etc.) werden im britischen Englisch meist als **unzählbare Wörter** angesehen und benötigen somit keinen Artikel.

1.6 Feststehende Ausdrücke mit unbestimmtem Artikel

Indefinite Article (phrases)

Bei manchen **feststehenden Ausdrücken** wird im Englischen der **unbestimmte Artikel** verwendet, im Deutschen nicht:

as a rule	→ in der Regel
as a whole	→ als Ganzes
be in a hurry	→ in Eile sein
come to an end	→ zu Ende kommen
for a long time	→ für lange Zeit
for a change	→ zur Abwechslung
from a distance	→ aus der Ferne
take an interest in sth.	→ an etw. Interesse haben
two at a time	→ (beide) gleichzeitig
What a pity!	→ Wie schade!
without a break	→ ohne Unterbrechung

Artikel

no Article

1.7 Kein Artikel im Englischen, wo im Deutschen ein unbestimmter Artikel steht

Im Deutschen gibt es einige Ausdrücke, die meist als Ausrufe gebraucht werden, bei denen ein unzählbares Wort mit einem unbestimmten Artikel kombiniert wird: Was für ein scheußliches Wetter! Hier steht im Englischen *kein* Artikel:

> What dreadful weather! What awful food they serve!

The Definite Article

2 Der bestimmte Artikel

(forms)

2.1 Form, Aussprache und Stellung

Ebenso wie der unbestimmte Artikel (**a/an**) gilt der bestimmte (**the**) für alle drei Geschlechter und Fälle der Einzahl (the man, the woman, the child) sowie der Mehrzahl (the men, the women, the children).

Für die **Aussprache** vor Konsonanten und Vokalen gelten für den bestimmten Artikel dieselben Regeln wie für den unbestimmten: Vor Wörtern, die am Anfang konsonantisch ausgesprochen werden, spricht man **the** als [ðə] aus. Vor Wörtern, die am Anfang vokalisch ausgesprochen werden, sagt man [ði:], (**US:**) im Amerikanischen auch oft nur [ðə].

the [ðə]	the [ði:]
the ball	the article
the hotel	the insect
the journalist	the egg
the rat	the idea
the school	the optimist
the waterfall	the umbrella
the year	the urge

Aber:

the uniform	the FBI agent
the unit	the MG (car name)
the U-turn	the heir
the user	the honour (**US:** honor)
the U-boat	the hour

Der bestimmte Artikel

Die Aussprache [ðiː] wird auch verwendet, wenn man dem folgenden Wort eine besondere Betonung geben möchte.

Zwischen Artikel und Hauptwort können eine Reihe von genaueren Bestimmungen (meist **Adjektive** – mit und ohne Adverbien – und **Zahlwörter**) stehen.

> Can I try the green dress on?
> Have you seen *The 12 Monkeys*?

Der direkte Artikel steht *hinter* den Wörtern **half** und **double**.

> You put too much sugar in the cake. You need only half the amount.
> Mother bought a computer game for double the price.

2.2 Gebrauch des bestimmten Artikels

Zwei Dinge sind zunächst festzustellen: Erstens wird im Englischen der bestimmte Artikel weit weniger häufig eingesetzt als im Deutschen, und zweitens richtet sich der Gebrauch oft danach, ob man etwas **Allgemeines** oder etwas **Spezielles** bezeichnen möchte. Das Allgemeine steht ohne, das Spezielle mit dem bestimmten Artikel.

Definite Article (use)

2.3 Unzählbare und abstrakte Begriffe

Unzählbare Mengenbegriffe, wozu ganz alltägliche Sachen wie **air, sand, space, water** etc. gehören, und fast alle **abstrakten Begriffe** wie **love, fear, hate** und **happiness** stehen ohne Artikel.

Definite Article (uncountable terms)

> In 1957 the Russians shot the first Sputnik into space.
> The pursuit of happiness is mentioned in the American Declaration of Independence.

Zu diesen allgemeinen Begriffen gehören auch **art, life, mankind, music, people, religion, society** etc.

> Life is beautiful.
> Jessica pretends to love art and music.
> Teenagers are important members of society.

Ausnahmen: the sky, the ground, the country, the environment.

115

Artikel

Spricht man jedoch von dem Leben einer **bestimmten Person** oder der Musik einer **speziellen Gruppe**, dann wird der Artikel hinzugefügt.

> The life of a pop star must be interesting.
> Mr Brown often listens to the music of Pink Floyd.
> I didn't like the people hanging out at the train station.

Auch **Dinge, Menschen** und **Tiere** können **allgemein gültig** oder **speziell** aufgefasst werden.

> Children often make a lot of noise.
> **Aber:** The children of the kindergarten next door are well-behaved.
> DVDs are still expensive.
> **Aber:** Please return the DVDs I lent you the other day.

Einige, zumeist **zusammengesetzte Begriffe** stehen zwischen **allgemein** und **speziell: American society, 20th century music, modern art, true love** etc. Hier steht normalerweise **kein Artikel**, wenn der allgemeine Charakter überwiegt.

> Pop music is an important part of 20th century music.
> Grandma said true love was hard to find and impossible to keep.

Aber: Wird durch die Hinzunahme weiterer Adjektive oder nachfolgender Beschreibungen der allgemeine Charakter eingeschränkt, so sollte ein bestimmter Artikel hinzutreten.

> Especially the British pop music had a major influence on 20th century music.
> But the love she found lasted her whole life.

Bei **Konstruktionen mit of** muss **immer** ein **Artikel** gesetzt werden:

> The music of the 20th century, the art of Picasso etc.

Definite Article
(transport)

2.4 Verkehrsmittel/Fortbewegungsarten

Die Art, wie man von einem zum anderen Ort gelangt, steht meistens mit **by + Verkehrsmittel**, z. B.: **by bike, by bus, by car, by plane, by train** etc. (aber: **on foot**). Alle diese Begriffe werden ohne Artikel gebraucht.

Der bestimmte Artikel

> Every morning Mr Brown goes to work by bike.
> Our car broke down, so we had to go by train.

Aber: Wenn man die *by*-Konstruktion *nicht* verwendet oder von einem ganz bestimmten Zug oder Bus spricht, dann wird der Artikel hinzugefügt.

> Yesterday it was raining, so Mr Brown took the bus.
> I'll probably take the 6 o'clock train from Waterloo Station.

2.5 Institutionen und Gebäude

Definite Article (institutions/buildings)

Institutionen und Einrichtungen wie **church, court, hospital, prison, school, university** etc. stehen ohne Artikel, es sei denn, man spricht von dem konkreten Gebäude oder einer ganz bestimmten Einrichtung.

> My aunt goes to church every Sunday.
> Father studied at university.
> My sister had to stay in hospital for a few days.
> **Aber:** Yesterday, my mother went to the school to talk to my German teacher.

Ausnahmen: Theater und **Kinos** werden als Gebäude aufgefasst und stehen meistens mit Artikel, auch wenn kein bestimmter Ort gemeint ist.

> We often go to the cinema. (**US** auch: the movies)
> Father prefers going to the theatre. (**US**: theater)

Feststehende Begriffe wie **bed, class, home, sea, sleep, town, work** werden nach einer Präposition oft ohne Artikel gebraucht.

> Mr Brown usually goes to work at 7 o' clock.
> On Sundays he sleeps in and has breakfast in bed.

2.6 Städte, Straßen, Plätze, Bahnhöfe, Flughäfen etc.

Definite Article (streets, places)

Städte, Straßen, Plätze stehen alle ohne Artikel.

> Westminster Abbey is near the Houses of Parliament.
> The tallest building in the US is Sears Tower in Chicago.
> Times Square is considered the heart of New York.
> JFK is quite far from downtown New York.

Artikel

Ebenso **ohne Artikel** werden **Bahnhöfe, Flughäfen** und auch **Gebäude** verwendet, vor allem dann, wenn vor dem Wort **Station, Airport, Building** etc. ein Personen- oder Ortsname steht.

One of Mr Brown's uncles studied at Harvard University.
Have you ever visited Buckingham Palace?

Ausnahmen gibt es bei einigen bekannten Gebäuden:

The British Museum	The Royal Palace
The Empire State Building	The Tate Gallery
The Festival Hall	The Pentagon
The National History Museum	The White House

Gebäudenamen mit ... of ... stehen immer **mit Artikel**.

| The Houses of Parliament | The Tower of London |
| The Museum of Modern Art | The University of Chicago |

Definite Article
(countries, lakes)

2.7 Länder und Seen

Die Namen von **Ländern** und **Seen** werden **ohne Artikel** gebraucht.

Have you ever been to Sweden?
Chicago is on Lake Michigan.
Last year we spent Easter in Italy.

Bei den **Ländern** gibt es allerdings ein paar **Ausnahmen**:

The Bahamas	The People's Republic of China
The British Isles	The Philippines
The Channel Islands	The United Arab Emirate
The German Democratic Republic	The Soviet Union (the USSR)
The Federal Republic of Germany	The United Kingdom (the UK)
The Netherlands	The United States (the US)

Der bestimmte Artikel

2.8 Flüsse, Ozeane, Kanäle

Im Gegensatz zu Ländern und Seen werden **Flüsse, Ozeane** und **Kanäle** mit Artikel verwendet.

Definite Article (rivers, oceans)

It must be a lot of fun to go rafting on the Colorado River.
Can you imagine crossing the Atlantic by ship?

2.9 Berge und Gebirge

Berge stehen in der Regel **ohne** Artikel (Mount Everest, Mt Shasta), es sei denn, der Berg hat einen nicht-englischen Namen, z. B. the Matterhorn, the Etna. Steht jedoch vor dem ausländischen Namen das französische **Mont** oder das italienische **Monte**, dann wird der Artikel weggelassen. **Gebirge** werden dagegen **mit** Artikel verwendet, da sie meistens im Plural stehen (the Alps, the Andes etc.).

Definite Article (mountains)

The highest mountain of the US is Mt McKinley.
Mont Blanc is the highest mountain in the Alps.

2.10 Tage, Monate, Jahre und Feste

Alle **Wochentage** sowie **Monats-** und **Jahresangaben** werden **ohne** Artikel gebraucht und direkt hinter die Präposition gesetzt. Gleiches gilt für **Feste** wie Christmas und Easter.

Definite Article (days, months)

I think I won't be able to go to class on Monday.
It's always cold and wet in February.

Aber: Auch hier wird der bestimmte Artikel gesetzt, wenn von einem ganz speziellen Jahr oder Tag die Rede ist.

I clearly remember the Easter that my sister was lying in bed with the flu.

2.11 Jahreszeiten

Die **Jahreszeiten** spring, summer, autumn (US: fall), winter werden im britischen Englisch in der Regel ohne, im amerikanischen eher mit Artikel gebraucht (vor allem nach der Präposition **in**). Bei Jahreszeiten irgendeines bestimmten Jahres tritt der Artikel hinzu.

Definite Article (seasons)

Spring is the season I like best.
(US:) Indian summer is always in the fall.

Artikel

Definite Article (meals)

2.12 Mahlzeiten

Bei der Bezeichnung von **Mahlzeiten** wie breakfast, lunch, dinner etc. wird **kein Artikel** verwendet.

> What did you have for breakfast?
> I'd like to invite you for dinner tonight.

Aber: Spricht man von einer bestimmten Mahlzeit, wird der bestimmte Artikel gesetzt.

> The dinner I had with Jessica was magnificent.
> Do you remember how awful the Sunday brunch was?

Definite Article (names and titles)

2.13 Vor- und Nachnamen, Titel

Anders als im deutschsprachigen Raum, wo in manchen Regionen vor den Vornamen der bestimmte Artikel gesetzt wird, benutzt man im Englischen vor einem **Vornamen keinen Artikel**. Der Artikel fehlt auch bei **Verwandtschaftsbezeichnungen** wie aunt und uncle sowie bei **Titeln** wie Captain, Doctor, President, Professor etc.

> Poor Marc always has to clean the windows.
> Father talked to Dr Johnson on the phone.
> **Aber:** Please call the doctor.

Vor dem **Nachnamen** wird allerdings ein **Artikel** verwendet, wenn eine ganze **Familie** gemeint ist.

> My sister told me she saw the Clintons on TV.

Definite Article (instruments)

2.14 Musikinstrumente, Spiele

Normalerweise werden **Musikinstrumente** mit dem **bestimmten Artikel** gebraucht.

> I've played the piano for almost ten years.
> My sister always wanted to learn the violin.

Es gibt jedoch auch hier einige **Ausnahmen**.

> Last night Mr Brown listened to a jazz concert with Louis Armstrong on trumpet.

Definite Article (games)

Bei **Ball-, Brett-** und sonstigen **Spielen** steht, wie im Deutschen, **kein Artikel**: play football, play chess etc.

Der bestimmte Artikel

2.15 Radio und Fernsehen
Auch bei Radio und Fernsehen gilt es zu beachten, ob man allgemein von dem Medium oder dem speziellen Gerät spricht.

> I don't like television.
> Let's turn on the TV. I'd like to watch the news.

Definite Article (radio, TV)

Zum Schluss dieser vielen Punkte sei noch auf eine wichtige **Ausnahme** aufmerksam gemacht: Es ist möglich, **allgemeine Aussagen** zu treffen, indem man den **bestimmten** (oder unbestimmten) **Artikel** mit einem **zählbaren Substantiv** in der **Einzahl** verwendet.

> The crocodile is a very old animal.
> A democratic society must respect the opinion of outsiders.
> Do you know who invented the radio?

Definite Article (generalization)

2.16 most
Anders als im Deutschen steht vor **most kein Artikel**. Bei der Konstruktion **most of** folgt er jedoch.

> Most people like red roses.
> Most girls play with dolls.
> **Aber:** Most of the students in our class wear jeans.

Definite Article (most/most of)

2.17 all
Das Wörtchen **all** kann **mit und ohne Artikel** gebraucht werden, wenn es vor einem Substantiv (bzw. Pronomen + Substantiv) steht. Aber auch hier muss in der Konstruktion **all of** der Artikel gesetzt werden.

> All (the) students in our class passed the vocabulary test.
> All my friends live in the south of London.
> **Aber:** I've eaten all of the muffins you gave me.

Definite Article (all/all of)

Auf einen Blick: Artikel

Ohne Artikel

- zählbare Wörter (Plural): *cats, cars, mice*

- unzählbare Mengen: *air, rice, space, water* (oft mit *some* und *any*)
Aber mit direktem Artikel: *the country, the environment, the sky, the sea*

- allgemeine und abstrakte Begriffe: *society, literature, love, hate*

- halb-allgemeine Begriffe: *American society, 18th century music*
Aber mit direktem Artikel (spezieller): *the music of the 18th century*

- Länder: *Germany, France, Italy, Great Britain, Russia, England*
Aber mit direktem Artikel: *the US, the Philippines, the Netherlands, the GDR*

- Berge: *Mt Everest, Mt Rushmore* (auch Namen mit *Mont* und *Monte*)
Aber mit direktem Artikel: Berge mit nicht-englischen Namen: *the Matterhorn*

- Regionen (mit Richtungsangabe): *northern France, south-eastern Spain*
Aber mit direktem Artikel: Regionen mit Eigennamen: *the Middle East*

- Kontinente, Städte, Straßen, Seen: *Africa, London, Boyle Street, Lake Victoria*

- Planeten: *Mercury, Venus, Mars, Jupiter, Saturn*
Aber mit direktem Artikel: *the earth, the moon, the sun*

- Institutionen: *to/at/in/from school, college, university, church, prison, hospital*
auch: *bed, work, town, home*

- Gebäude einer Stadt: *Salisbury Cathedral, London Tower*
Aber mit direktem Artikel: *the White House, the British Museum*

- Fortbewegungsarten: *by bus, by train, on foot*

- vor Substantiven mit Zahlen: *track, platform, size, page, room, gate, question; go to track 7; she wears size 10*

Auf einen Blick

- Musikinstrumente und Spiele: *on trombone, on drums, play football, play chess*
Aber mit direktem Artikel: *at the piano, play the guitar*

- Radio und Fernsehen: *composed for radio and TV, watch TV, on TV*
Aber mit direktem Artikel (Gerät, Technik): *When was the radio invented?*

- Krankheiten: *She´s got measels.*
Aber mit direktem oder indirektem Artikel: *catch a cold, a headache, the flu*

- Mahlzeiten: *for breakfast, dinner, lunch, supper*

- Jahreszeiten: *in spring, in summer, in winter*
Aber mit direktem Artikel: *in the summer of 1999, in the fall* (US)

- sea: *go to sea, at sea*
Aber mit direktem Artikel: *live near the sea, swim in the sea*

- most: *Most people love Chinese food.*
Aber mit direktem Artikel: *most of the people*

- doppelte Substantive: *with hat and coat, from day to day, day by day, on land and sea, arm in arm, from top to bottom, night and day*

Mit Artikel

- zählbare Wörter (Einzahl): *the cat, a car, a mouse*

- spezielle Dinge: *the books on the bed*
auch: spezielle Dinge als Sammelbegriff im Singular: *I hate the telephone.*

- Berufe, Konfessionen, Nationalitäten: *She´s a doctor, a catholic and a German.*

- Schiffe, Flüsse, Ozeane, Bergketten: *the Titanic, the Mississippi River, the Pacific Ocean, the Coastal Range*

- Gebäude: *go to the bank, the city centre, the post office, the army*
auch: *He´s in the prison (as a visitor). He went to the university (to see his professor).*

- nach with, without: *I saw a man with a dog walking in the park. You can't get there without a car.*
Aber ohne Artikel: *blue with cold, red with anger, without cats and dogs*

Plural

Auf den ersten Blick sieht die Bildung des Plurals im Englischen (im Vergleich zum Deutschen) relativ einfach aus. Man hängt nur ein –s an ein Wort, und schon hat man die Mehrzahl.
Es gibt allerdings einige Rechtschreibregeln und Ausnahmen, die zu beachten sind.

Plural

Plural | 1 Der Plural/Die Mehrzahl

(forms) Im Englischen wird die Mehrzahl eines Hauptworts normalerweise durch das Anhängen eines –s an das betreffende Wort gebildet.

dog	→ dogs		car	→ cars
house	→ houses		CD	→ CDs

Bei Wörtern, die auf –s, –ss, –sh, –ch, oder –x enden, schiebt man wegen der besseren Aussprache ein –e ein.

bus → buses (**US** auch: busses)
class → classes   church → churches

Eine Besonderheit bilden auch die Wörter auf –y. Steht vor dem –y ein Konsonant (b, d, f etc.), so lautet der Plural stets –ies, (auch wenn bei eingedeutschten englischen Wörtern einfach ein –s angehängt wird, z. B. Baby → Babys).

baby → babies   copy → copies
hobby → hobbies   lobby → lobbies

Steht vor dem –y ein Vokal (a, e, i, o, u), dann bleibt das –y erhalten und ein –s wird angehängt.

boy → boys   play → plays
day → days   toy → toys

Substantive, die auf –f oder –fe enden, erhalten im Plural meistens die Endung –ves.

life → lives   half → halves
thief → thieves   wife → wives

Aber: roof → roofs, cliff → cliffs, safe → safes

Bei Wörtern mit der Endung –o ist der Plural uneinheitlich. Viele bilden die Mehrzahl auf –oes.

hero → heroes   potato → potatoes
echo → echoes   tomato → tomatoes

Der Plural/Die Mehrzahl

Andere jedoch hängen nur ein **–s** an. Das gilt vor allem für solche, bei denen ein Vokal vor dem **–o** steht, für solche, die aus anderen Sprachen stammen, und für Kurzformen.

kilo	→ kilos		photo	→ photos
radio	→ radios		video	→ videos

Des Weiteren gibt es noch ein paar häufig vorkommende **Plural** unregelmäßige Pluralformen ... (irregular forms)

child	→ children		die	→ dice
foot	→ feet		goose	→ geese
mouse	→ mice		ox	→ oxen
tooth	→ teeth			
man	→ men (Englishman → Englishmen, businessman → businessmen etc.)			
woman	→ women (Englishwoman → Englishwomen businesswoman → businesswomen etc.)			

Aber: German → Germans, Roman → Romans

... und solche, die im **Singular** und **Plural** die **gleiche Form** **Plural** haben. (singular = plural)

deer	→ deer		salmon	→ salmon
fish	→ fish		sheep	→ sheep

Gleiches gilt für **Nationalitäten**, die auf **–ese** und **–ss** enden.

Chinese	→ Chinese		Portuguese	→ Portuguese
Swiss	→ Swiss		Vietnamese	→ Vietnamese

Einige wenige **Fremdwörter** (lateinischen und griechischen **Plural** Ursprungs) bilden eine **lateinische Mehrzahlform**. (latin plural)

analysis	→ analyses		crisis	→ crises
bacterium	→ bacteria		minimum	→ minima
basis	→ bases		thesis	→ theses

Auch bei **zusammengesetzten Substantiven** ist die Pluralbildung nicht ganz einheitlich. Das **Plural–s** wird hier an das Grundwort angehängt, das meistens das zweite Wort ist.

school bus	→ school buses (**US:** busses)
filling station	→ filling stations (**US:** gas stations)
high-rise building	→ high-rise buildings

Plural

Allerdings gibt es auch ein paar **Ausnahmen**. Wenn das Grundwort an erster Stelle steht, wird dort das –s hinzugefügt bzw. der Plural gebildet.

Commander-in-chief → Commanders-in-chief
mother-in-law → mothers-in-law
man-of-war → men-of-war

Werden **man** und **woman** zur Geschlechtsbezeichnung verwendet, bilden beide Substantive den Plural.

manservant → menservants
man-friend → men-friends
woman officer → women officers

Beim Plural einzelner **Zahlen** und **Buchstaben** wird ein **Apostroph** vor dem Plural-s eingeschoben.

> When I was in school I got only A's.
> Do you spell *travelling* with one or two l's?

Plural
(genitive –s)

Zur Erinnerung: Im **Genitiv** wird das –s bei Wörtern in der Einzahl durch einen Apostroph abgetrennt: Marc's sister. Steht das Wort im Plural, folgt der Apostroph dem –s: the boys' room. Bei unregelmäßigen Pluralformen steht wie im Singular der Apostroph vor dem –s: women's clothing.

Singular or Plural?

2 Singular oder Plural?

Ein etwas schwierigeres Thema sind jene Wörter, die eine **Pluralendung** haben, aber mit einem **Verb im Singular** gebraucht werden: **billiards, data, graffiti, media, news, United States, United Nations** etc.

> The US is a very rich country.
> It's 10 o'clock. The news is next.
> The media has covered the events.

Wenn sie als Unterrichtsfach an Schule oder Universität, d. h. als wissenschaftliche Disziplin angesehen werden, gehören dazu auch solche Wörter, die auf **–cs** enden. Sie werden wie Substantive im **Singular** behandelt:

Singular oder Plural?

athletics, economics, electronics, gymnastics, optics, politics, physics, statistics etc.

Andere Wörter bilden im Gegensatz zur deutschen Entsprechung **keinen Plural** aus und werden entweder mit einem **Verb im Singular** oder **some/any** und ähnlichen Ausdrücken gebraucht. Diese Begriffe werden im Englischen als unzählbar betrachtet: **advice, accommodation, bread, damage, evidence, furniture, hair, homework, information, knowledge, permission, progress, scenery.**

> I was trying to find more information about the show on the Internet.
> Could you give me some advice on how to use this search engine?
> Is there any evidence that he has stolen your bicycle?

Es ist also weder möglich, **an advice** oder **a bread** zu sagen, noch lässt sich ein **-s** anhängen. Möchte man nun doch die Anzahl erwähnen oder betonen, dass man nur **eine** Information oder **eine** Nachricht erhalten hat, so kann bei einigen Wörtern der Ausdruck **a piece of** verwendet werden.

> Father gave me a good piece of advice.
> I found a piece of news on the back of the envelope.
> That's a very nice piece of furniture you've bought.
> **Aber:** My sister has gone to the bakery to buy a loaf of bread.

Allerdings gibt es auch einige Wörter im **Singular**, die oft mit **Verben im Plural** verbunden werden, z. B. **army, audience, cattle, crew, family, government, police, public, staff.** Das **Pluralverb** wird hier verwendet, weil es sich bei allen Beispielen um mehrere Personen handelt. Betrachtet man jedoch die Familie oder die Öffentlichkeit als Einheit, so kann auch ein Verb im **Singular** folgen.
(US:) Amerikaner benutzen für diese Wörter meistens ein Singularverb.

> The police are investigating the murder.
> The public have/has a right to be informed about the case.
> The audience were/was very enthusiastic.

Plural

Zum Abschluss noch eine Liste mit Wörtern, die immer im **Plural** stehen und auch mit **Verben im Plural** verbunden werden. Es handelt sich häufig um Kleidungsstücke und Werkzeuge. Die meisten wurden (und werden z. T. noch heute) im englischen Sprachgebrauch als „Paar" angesehen, im Deutschen jedoch als einteilig. Im Englischen gibt es **keine Einzahlform**.

belongings	→ Besitz, Hab und Gut
binoculars	→ Fernglas
braces	→ Hosenträger (**UK**)
briefs	→ Slip/Unterhose
clothes	→ Kleidung
compasses	→ Zirkel
customs	→ Zoll
jeans	→ Jeans
glasses	→ Brille
goggles	→ Schwimmbrille
goods	→ Fracht/Frachtgut
headphones	→ Kopfhörer
leggings	→ Strumpfhose/Leggings
pants (**US**)	→ Hose
panties	→ Slip
pliers	→ Zange
pyjamas	→ Schlafanzug
scales	→ Waage
scissors	→ Schere
shorts	→ Shorts
slacks	→ lange Freizeithose
stairs	→ Treppe
surroundings	→ Umgebung
tights	→ Strumpfhose
trousers	→ Hose
trunks	→ Badehose (**UK**)
tweezers	→ Pinzette
underpants	→ Unterhose

Auf einen Blick: Plural

Regeln der Pluralbildung:

- normalerweise mit –s oder –es: *dogs, cats, houses, potatoes*

- unregelmäßiger Plural: *children, men, teeth, geese*

- Plural = Singular: *fish, sheep, deer, Chinese, Swiss*

- lateinischer Plural: –es oder –a: *theses, analyses, phenomena*

- Wörter im Plural (mit Verb im Singular):
billiards, data, graffiti, media, news, United States, United Nations – athletics, economics, electronics, gymnastics, optics, politics, physics, statistics

- Wörter ohne Plural (mit Verb im Singular oder *some* und *any*):
advice, accommodation, bread, damage, evidence, furniture, hair, homework, information, knowledge, permission, progress, scenery

- Wörter im Singular (die ein Verb im Plural haben können):
army, audience, cattle, crew, family, government, police, public, staff

- Wörter ohne Singular (mit Verb im Plural):
belongings, binoculars, braces **(UK)**, *briefs, clothes, compasses, customs, jeans, glasses, goggles, goods, headphones, leggings, pants* **(US)**, *panties, pliers, pyjamas, scales, scissors, shorts, slacks, stairs, surroundings, tights, trousers, trunks, tweezers, underpants*

Pronomen

Wie sein lateinischer und deutscher Name (Fürwort) schon sagt, ist ein Pronomen ein Wort, das für ein anderes steht. Meistens ersetzt es ein Hauptwort (Substantiv), es kann aber auch einen ganzen Satz oder Satzinhalt vertreten.

Nicht alle Pronomen stehen für Substantive. Es gibt Pronomen (z. B. die Demonstrativpronomen), die wie Artikel vor ein Substantiv gesetzt werden können.

Pronomen

Personal Pronouns

1 Personalpronomen

Die **persönlichen Fürwörter** sind **Stellvertreter** einer Person oder einer Sache. Mit ihnen wird ausgedrückt, wer oder was in einem Satz die Funktion des Subjekts oder Objekts ausübt, wenn dieses selbst nicht erwähnt wird.

Das **Subjekt** in einem Satz ist die Person oder Sache, die handelt oder über die eine Aussage gemacht wird: *Marc* reinigt das Fenster. *Das Fenster* ist sauber. Um herauszufinden, wer oder was das Subjekt ist, muss man die „Wer-oder-Was-Frage" stellen (*Wer* reinigt das Fenster? *Was* ist sauber?).

Das **Objekt** ist das Ziel einer Handlung: Marc gibt *dem Mann ein Buch*. Objekte stehen entweder im **Dativ** (*Wem* gibt Marc ein Buch?) oder im **Akkusativ** (*Wen* oder *was* gibt Marc dem Mann?). Dativ und Akkusativ werden in der englischen Grammatik oft als **indirektes Objekt** (Dativ) bzw. **direktes Objekt** (Akkusativ) bezeichnet.

Subjekte und **Objekte** treten entweder in der **Einzahl** (**Singular**) oder in der **Mehrzahl** (**Plural**) auf und können in allen Fällen durch **Pronomen** ersetzt werden.

I	→	ich	Singular
you	→	du	
he	→	er	
she	→	sie	
it	→	es	
we	→	wir	Plural
you	→	ihr, Sie (Höflichkeitsform)	
they	→	sie (Mehrzahl)	
me	→	mir/mich	Singular
you	→	dir/dich	
him	→	ihm/ihn	
her	→	ihr/sie	
it	→	ihm/es	
us	→	uns	Plural
you	→	euch; Sie/Ihnen (Höflichkeitsform)	
them	→	ihnen/sie (Mehrzahl)	

Personalpronomen

Die englischen und deutschen Personalpronomen sind nicht immer deckungsgleich. So fällt auf, dass im Englischen die zweite Person Singular (**du**) mit der zweiten Person Plural (**ihr/Sie**) übereinstimmt. Das liegt daran, dass die alte Form des du (thou = Subjekt; thee = Objekt) weggefallen ist und nur noch in alten Texten oder der Bibel auftaucht. Die deutschen Höflichkeitsformen (**Sie/Ihnen**), für die das Deutsche die dritte Person Plural verwendet, existieren im Englischen nicht. Es gibt also nur *eine* Form der Anrede: **you**.

1.1 Dativ und Akkusativ

Personal Pronouns
(dative or accusative)

Ferner fällt auf, dass es keinen Unterschied zwischen dem **Dativobjekt** (mir, dir, ihm etc.) und dem **Akkusativobjekt** (mich, dich, ihn etc.) gibt. Um einen Akkusativ (wen oder was?) auszudrücken, setzt man im Englischen das Pronomen einfach hinter das Verb.

> She saw him on TV.   Father asked me to help him.

Beim Dativ (wem?) gibt es mehrere Möglichkeiten. Bei einigen Verben muss man die Konstruktion **to + personal pronoun** verwenden.

> She returned the CDs to me.   The CDs belong to me.

Bei einer ganzen Reihe anderer Verben ist es jedoch möglich, das to wegfallen zu lassen und das Pronomen direkt hinter das Verb zu stellen. Zu diesen Verben gehören z. B. **bring, give, hand, lend, offer, pass, promise, sell, send, show, teach, tell** und **write**.

> Aunt Jane sent her a postcard from LA. (Oder: Aunt Jane sent a postcard to her.)
> I wanted to write you a letter. (Oder: I wanted to write a letter to you.)

Ferner gibt es noch einige wenige Verben, bei denen im Englischen das Pronomen direkt hinter dem Verb steht und die Konstruktion mit to *nicht* möglich ist, z. B. **believe** oder **trust**.

> I believed him.
> But he did not trust her.

Pronomen

Ähnlich ist es mit der Konstruktion **for + personal pronoun**. Auch hier kann das Pronomen direkt hinter dem Verb stehen oder der Präposition **for** folgen. Zu diesen Verben gehören **buy, cook, cut, fetch, find, get** (holen), **leave** (überlassen) und **make**.

> Father bought me a new jacket. (Oder: Father bought a new jacket for me.)
> Mother made her a paper doll. (Oder: Mother made a paper doll for her.)

Personal Pronoun (double pronoun)

1.2 Doppeltes Personalpronomen

Wie im Deutschen ist es im Englischen grundsätzlich möglich, **zwei Pronomen** hintereinander zu setzen. Im Deutschen steht hier normalerweise der Akkusativ vor dem Dativ (Ich zeigte es ihm). Im Englischen kann man in solchen Fällen theoretisch den Akkusativ hinter den Dativ stellen. Viel häufiger aber benutzt man die Konstruktion mit **to + pronoun** bzw. **for + pronoun**.

> I gave my brother the book.
> → I gave it to him. [I gave him it.]
> (Ich gab es ihm.)
> She bought Jessica the CDs.
> → She bought them for her. [She bought her them.]
> (Sie kaufte sie ihr.)
> Mother cooks a chicken for our tomcat.
> → She cooks it for him. [She cooks him it.]
> (Sie kocht es ihm.)

I or me?

1.3 Deutsch mit Subjektform – Englisch mit Objektform

Eine weitere Auffälligkeit des Englischen (vor allem des gesprochenen) ist, dass Subjektpronomen nur selten alleinstehend gebraucht werden. Wo im Deutschen die Subjektform steht (Hallo, ich bin's.) verwendet man im Englischen oft die Objektform (Hi, it's me.).

> I wish you would clean the bathroom. – Who, me?
> If I were him, I wouldn't do it.

Personalpronomen

Anders als im Deutschen steht bei mehreren Personen vor den Pronomen us und them das it is (it's) im Singular.

> Don't panic, it's only us.
> Look over there, it's them!

(US:) Im amerikanischen Englisch ist es noch gängig, die etwas formalere Subjektform nach it is, it was und vor den Relativpronomen who und that zu benutzen.

> It thought it was he who stole your bicycle.
> Am I talking to Mrs Fuller? – Yes, this is she.

1.4 Abstrakte Begriffe und Dinge
Abstrakte Begriffe wie love, fear, hate etc. sowie **Gegenstände**, die im Deutschen männliches oder weibliches Geschlecht haben, gelten im Englischen als sächlich. Das ersetzende Pronomen ist demnach it.

Personal Pronouns
(abstract terms)

> Love is a beautiful thing. It lends you wings.
> The sugar? – Yes, pass it to me, please.

1.5 Vergleiche mit than oder as
Bei Vergleichen (größer als/so groß wie) wird das Pronomen in der Objektform verwendet. Will man die Subjektform benutzen, muss das **Hilfsverb** (bzw. die Form von be) wiederholt oder eine Form von do verwendet werden.

Personal Pronouns
(comparisons)

> He's taller than me (oder: than I am).
> Mr Brown is as intelligent as him (oder: as he is).
> She runs much faster than them all (oder: than they do).

1.6 man (one)
Vor allem bei allgemeinen Aussagen ist es manchmal am besten, die Pronomen you und they mit dem deutschen Wort **man** wiederzugeben (siehe unter Possessivpronomen).

Personal Pronouns
(„man")

> You must always wash your hands before meals. (Oder: One must always wash one's hands before meals.) (Man muss immer die/seine Hände …)
> They say that the weather in California is always nice. (Man sagt, das …)

Pronomen

Possessive Pronouns

2 Possessivpronomen

Die **besitzanzeigenden Fürwörter** (mein, dein, sein etc.) sind im Englischen für alle Geschlechter, alle Fälle sowie für Singular und Plural gleich. Um Besitz oder Zugehörigkeit einer Person oder Sache anzuzeigen, stehen sie als **Beifügung** (Attribut) vor dem Substantiv.

my	→ mein/meine	our	→ unser/unsere
your	→ dein/deine	your	→ euer, eure,
his	→ sein/seine		Ihr/Ihre (Höf-
her	→ ihr/ihre		lichkeitsform)
its	→ sein/seine	their	→ ihr/ihre (Plural)

This is my bicycle.
Those are his books.
Her clothes are lying on my sofa.

Will man das Substantiv, z. B. mit **Adjektiven**, näher beschreiben, so stehen diese wie im Deutschen zwischen Pronomen und Substantiv.

My red bicycle is in the garage.
Mr Brown sold his old black typewriter last week.
Mother lent me her green French leather handbag.

Possessive Pronouns (own)

2.1 own

Um den Besitz (den eigenen oder den einer anderen Person) hervorzuheben, ist es auch möglich, das Wörtchen **own** (selbst, eigen) mit dem Possessivpronomen zu verbinden (**my own book, your own book, his own book** etc.).

Did you see the Loch Ness monster? – Yes, I saw it with my own eyes.
Everyone should do his/their own homework.

Own benötigt *kein* nachfolgendes Substantiv, kann also nach dem Possessivpronomen auch allein stehen.

When she's eighteen Jessica wants to live on her own.

2.2 one's

Erscheint das Possessivpronomen unpassend, weil die Aussage **allgemein** oder **unpersönlich** ist, verwendet man als Pronomen **one's**. Im gesprochenen Englisch würde man eher **you/they** bzw. die Pronomen **your/their** verwenden (siehe oben unter Personalpronomen).

> One must always wash one's hands before meals.
> One shouldn't waste one's money on unneccesary things.

(US:) Im amerikanischen Englisch wird (wie im Deutschen) statt **one's** oft das männliche Personalpronomen eingesetzt.

> One must always wash his hands before meals.
> One shouldn't waste his time.

2.3 someone, anyone, everyone

Ist **someone/anyone** (jemand) oder **everyone** (jeder) Subjekt eines Satzes, dann gibt es mehrere Möglichkeiten, ein Possessivpronomen anzubinden. Wie im Deutschen benutzt man hier oftmals das männliche Pronomen **his** (es sei denn, es ist klar, dass es sich um eine oder mehrere weibliche Personen handelt). Höflicher ist jedoch die Verwendung beider Pronomen hintereinander (**his or her**). Sie sollten benutzt werden, wenn es sich um mehrere Personen verschiedenen Geschlechts handelt.

> Someone left his or her umbrella in the café.
> Has anyone forgotten to bring his or her book today?

Bei **everybody/everyone** (jeder = alle = Mehrzahl) ist es auch möglich, **their** anzuschließen. Bei **anybody/somebody** (irgend eine/r = Einzahl) geht dies nicht.

> Everybody was wearing their new clothes last night.
> After everyone had finished their meals, we went to the party.

Anders als im Deutschen verwendet man die Possessivpronomen oft, um die Zugehörigkeit z. B. von **Körperteilen** und **Kleidungsstücken** auszudrücken, sowie bei den Wörtern **life** und **mind**. Im Deutschen kann hier entweder das Pronomen oder der bestimmte Artikel stehen.

> I only shook my head. (Ich schüttelte den/meinen Kopf.)

Pronomen

Possessive Pronouns (single pronouns)

2.4 Allein stehendes Possessivpronomen

Das Possessivpronomen kann auch allein stehend, also *nicht* als Beifügung eines Substantivs gebraucht werden (das ist meiner/meine/meines etc.). Mit Ausnahme von **mine** und **his** wird hier an das Pronomen ein **-s** angehängt. Die Form **its** ist unüblich.

mine	→ meiner/meine/mein(e)s
yours	→ deiner/deine/dein(e)s
his	→ seiner/seine/sein(e)s
hers	→ ihrer/ihre/ihr(e)s
[its	→ seiner/seine/sein(e)s]
ours	→ uns(e)rer/uns(e)re/uns(e)res
yours	→ eu(e)rer/eu(e)re/eu(e)res, Ihr(er)/Ihre/Ihr(e)s (Höflichkeitsform)
theirs	→ ihr(er)/ihre/ihr(e)s (Plural)

Is this CD mine or yours?
I saw this great bike in front of our house. Is it yours?
Are these your or your sister's jeans lying on the sofa?
No, they're not mine, they're hers.

Vor einem allein stehenden Possessivpronomen (der meine, das Ihre etc.) steht im Englischen **kein Artikel**.

Possessive Pronouns (of + pronoun)

2.5 of + Possessivpronomen

Verbindet man ein allein stehendes Possessivpronomen mit vorangestelltem **of** (**of mine, of yours, of his** etc.), dann wird damit meistens ein Teil einer Gruppe bezeichnet.

Richard is a fellow student of mine. (Richard is one of my fellow students.)
I would like to invite some friends of hers. (I would like to invite some of her friends.)

Possessive Pronouns (of + own)

2.6 of + own

Verbindet man **own** mit **of** (**of my own, of your own, of his own** etc.), so wird das beigefügte Possessivpronomen verwendet. Man gebraucht diese Konstruktion auch, um einen jeweiligen Besitz zu betonen.

My sister didn't have a room of her own. (My sister didn't have her own room.)

3 Reflexivpronomen

Reflexive Pronouns

Die **rückbezüglichen Fürwörter** (mir/mich (selbst), dir/dich (selbst) etc.) werden benutzt, wenn sich eine Aktivität auf den Handelnden selbst oder rückbezieht (sich vorstellen, sich wundern). Im Englischen werden dazu die Endungen **–self** (Singular) und **–selves** (Plural) an das Personalpronomen angehängt.

myself	→	mir/mich (selbst)
yourself	→	dir/dich (selbst)
himself	→	sich (selbst)
herself	→	sich (selbst)
itself	→	sich (selbst)
oneself	→	sich (selbst) (unpersönlich)
ourselves	→	uns (selbst)
yourselves	→	euch (selbst), sich (selbst) (Höflichkeitsform)
themselves	→	sich (selbst) (Mehrzahl)

I hurt myself when I repaired my bike.
Go wash yourself! You smell like a herd of cows.
They helped themselves from the box of chocolates.

Anders als im Deutschen wird das **Personalpronomen + self (selves)** auch für die **3. Person** (Singular und Plural) und nach Geschlecht getrennt verwendet.

The new student introduced himself to the class.
Mother cut herself on a piece of broken glass.
They washed themselves in cold water.

Leider entsprechen die deutschen reflexiven Verben nicht immer den englischen. Es gibt etliche englische **Verben**, die **nicht reflexiv** sind, im Deutschen aber mit einem Reflexivpronomen übersetzt werden müssen. Hier eine Liste:

Reflexive Verbs

Pronomen

argue	→ sich streiten
be/feel ashamed	→ sich schämen
behave	→ sich benehmen
change/get changed	→ sich umziehen
concentrate (on)	→ sich konzentrieren (auf)
dress/get dressed	→ sich anziehen
get annoyed	→ sich ärgern
be glad	→ sich freuen
happen	→ sich ereignen
hurry up	→ sich beeilen
be interested in	→ sich interessieren für
long for sth.	→ sich nach etw. sehnen
fall in love with	→ sich verlieben in
meet	→ sich treffen
move	→ sich bewegen
quarrel	→ sich streiten
recover	→ sich erholen
remember	→ sich erinnern
turn	→ sich drehen
wash/get washed	→ sich waschen
wish for sth.	→ sich etw. wünschen
wonder	→ sich fragen

Neben dem Gebrauch der Reflexivpronomen bei rückbezüglichen Verben werden diese Pronomen auch mit **Präpositionen** (at, for, of etc.) kombiniert, z.B. um Missverständnisse zu vermeiden.

> Mr Brown cooked a meal for himself only.
> This morning I looked at myself in the mirror and was shocked.

Reflexive Pronouns (self)

selbst/selber

Reflexivpronomen können auch ohne ein dazugehöriges Verb gebraucht werden. Man tut dies z.B., um eine bestimmte Person oder Sache hervorzuheben oder sich selbst („höchstpersönlich") in den Vordergrund zu rücken.

> No, I didn't buy that kite, I made it myself.
> The coach himself spoke to our teacher.

4 Reziproke Pronomen — Reciprocal Pronouns

Im Unterschied zu den Reflexivpronomen, die ein rückbezügliches Verhältnis ausdrücken (er wäscht sich selbst, sie waschen sich selbst), beschreiben die reziproken Pronomen **each other** und **one another** ein **wechselbezügliches Verhältnis** (sie waschen sich gegenseitig). Beide Ausdrücke können für zwei oder mehrere Personen verwendet werden, wobei **each other** eher für konkrete Personen benutzt wird und **one another** für allgemeine Aussagen.

each other/ one another

> Jessica and Richard sat in a café and talked to each other for more than an hour.
> I had the impression they liked each other.
> There isn't much you can do if people love one another.

Im Deutschen wird das **reziproke Pronomen** oft wie das **reflexive** mit **sich** übersetzt, vor allem im Plural. Um beide zu unterscheiden, sollte man prüfen, ob die Wörter **gegenseitig, miteinander, voneinander** oder einfach **einander** hinzugefügt werden können. Dann handelt es sich in der Regel um ein reziprokes Verhältnis. Vergleiche:

> They washed themselves. (Sie wuschen sich = reflexives Verhältnis)
> They washed each other. (Sie wuschen sich gegenseitig = reziprokes Verhältnis)

5 Demonstrativpronomen — Demonstrative Pronouns

Wie ihr lateinischer und deutscher Name bereits sagt, weist man mit den **hinweisenden Fürwörtern this/these** (dieser/diese/dieses) bzw. **that/those** (jener/jene/jenes) auf eine Person oder eine Sache hin. In Verbindung mit einem Substantiv steht **this/these** eher für räumlich oder zeitlich näher liegende Dinge und **that/those** für weiter entfernte, wobei die tatsächliche Distanz allerdings keine Rolle spielt.

Pronomen

this (sgl.)	→ dieser/diese/dieses hier
	(dieses = unseres)
these (pl.)	→ diese hier
that (sgl.)	→ jener/jene/jenes dort
	(jenes = das der anderen)
those (pl.)	→ jene dort

> This is a very nice bouquet of flowers. (She's holding the flowers.)
> This restaurant (where they are just having dinner) is rather expensive.
> I'd like these apples here, not those ones over there.
> Did you see that man?
> Who's that girl standing over there?

Demonstrative Pronouns (days, months, etc.)

Bei **Tages-, Wochen-, Monats-** und **Jahresangaben** treten vor allem **this** und **these** hinzu. Jedoch müssen diese Ausdrücke im Deutschen nicht immer mit *dieser* oder *jener* wiedergegeben werden.

> I haven't bought any DVDs this month. (in diesem Monat)
> Father woke up at 6 o'clock this morning. (heute Morgen)
> Life is easier these days than a hundred years ago. (heutzutage)
> Come here this minute! (sofort)
> Can we go out this weekend? (am nächsten Wochenende)

Bei der **Vorstellung** einer Person verwendet man ausschließlich **this**.

> This is Marc. He's in my class.

Demonstrative Pronouns (telephone)

Am **Telefon** stellt man sich selbst mit **this is ...** vor. Bei der Frage, ob sich am anderen Ende die Person X oder Y befindet, fragt man **is that ...?**

> This is Richard speaking. Is that Jessica?

Auf die **Vergangenheit** bezogen stehen in der Regel **that** und **those**. **This** wird eher für solche Dinge verwendet, die **noch anhalten** oder in der **Zukunft** liegen.

Relativpronomen

> Life was much harder in those days. (damals)
> Do you remember that day when we had our first date? (den/jenen Tag)

Demonstrativpronomen können auch **allein stehend** gebraucht werden. **This** und **that** stehen dann meistens für ein neutrales **dies (da)** bzw. **das (da)**.

> Who is this?
> This is good. I like that.
> What did you do that for?
> Who's that in the photo? – Oh, that's your uncle Harry.

5.1 Demonstrativpronomen + one

This und that werden mit **one** gebraucht, wenn sie sich auf eine vorher genannte Person beziehen. In Bezug auf **Sachen** kann one auch mal wegbleiben.

Demonstrative Pronouns (+ one)

> Which one is uncle Harry? This one or that one? – It's the one next to the door.
> Which of these books do you like best? – I prefer that one.

5.2 Allein stehende Hervorhebung

This und that dienen auch zur Hervorhebung im Sinne eines betonten *das*.

Demonstrative Pronouns (single pronoun)

> That's what I wanted to hear.
> This is where you should go to buy your CDs.

6 Relativpronomen

Relative Pronouns

Mit den **bezüglichen Fürwörtern** (der/die/das; welcher/welche/welches) werden **Nebensätze** eingeleitet (der Mann, der ...; die Frau, welche ... etc.). Das Relativpronomen ist die Schnittstelle der beiden Sätze und bezieht sich in der Regel auf eine Person, eine Sache oder einen Sachverhalt im Hauptsatz.

Im Englischen gibt es vier häufig verwendete Relativpronomen:

Pronomen

who(m)	→ für Personen
which	→ für Sachen
that	→ für Personen und Sachen
whose	→ für Personen

Das **Relativpronomen** steht oft anstelle eines **Substantivs** und wird benutzt, um eine Wiederholung des Substantivs (oder die Verwendung der Personalpronomen he/she/it) zu vermeiden. Mit einem Relativpronomen ist es möglich, zwei Hauptsätze zu einem zu verbinden, indem man einen der Sätze zu einem Nebensatz macht.

> The man drove a red car. The man caused the accident. (zwei Hauptsätze)
> The man who drove a red car caused the accident. (Hauptsatz und Nebensatz)
> **Oder:** The man who caused the accident drove a red car.

Mit der Information im Relativsatz wird das Substantiv im Hauptsatz näher bestimmt. Der Anschluss durch das Relativpronomen muss dabei nicht immer direkt auf das Substantiv folgen.

> Mr Brown forgot to give me the CD by the English rock band Deep Purple which he bought last week.

Relative Pronouns (who/whom)

6.1 who/whom

Das Pronomen **who** wird für **Personen** gebraucht. Es kann aber auch für **Tiere** stehen, wenn man eine persönliche Beziehung zu ihnen hat.

> Richard, who seems to like Jessica, wants to be a professional football player.
> The girl who I met at the party has got dark red hair.

Who steht gleichermaßen für **alle Geschlechter** sowie für **eine** oder **mehrere Personen**. Es ist unerheblich, ob **who** im Deutschen mit einem **Nominativ** (der Mann, der dort geht, ... – Wer geht dort?) übersetzt wird ...

> The boy who is riding the green bicycle is Jessica's little brother.

Relativpronomen

... oder im **Akkusativ** (der Mann, den ich sehe, ... – Wen/Was sehe ich?) bzw. **Dativ** (der Mann, dem ich helfe ... – Wem helfe ich?) steht. Im gesprochenen Englisch wird hier heutzutage immer **who** (statt **whom**) verwendet.

> The tall man who you saw is our English teacher.
> The old man who I helped across the street lives next door.

Gesprochen (und geschrieben) wird die Form **whom** dann, wenn sie **nach einer Präposition** steht. Diese wird durch das im Nebensatz stehende Verb bestimmt.

> The woman to whom Mr Brown was engaged left him after three years.
> I don't know the woman with whom he fell in love.

Im alltäglichen Englisch wird die **Präposition** jedoch ans Ende des Nebensatzes gesetzt. **Whom** wird dann wieder zu **who**.

> The woman who Mr Brown was engaged to left him after three years.
> I don't know the woman who he fell in love with.

Bezieht sich **whom** auf mehrere Personen, so können vor **whom** nähere Mengenangaben stehen. Im Deutschen wird dies mit **..., von denen alle/von denen beide/von denen jeder** etc. wiedergegeben.

all of whom	→ von denen alle/die alle
both of whom	→ von denen beide/die beide
each of whom	→ von denen jeder/die alle
either of whom	→ von denen jeder/die beide
half of whom	→ von denen die Hälfte
few of whom	→ von denen wenige
a few of whom	→ von denen einige (wenige)
most of whom	→ von denen die meisten
many of whom	→ von denen viele
neither of whom	→ von denen keiner (zwei Personen)
none of whom	→ von denen keiner
some of whom	→ von denen einige
two/three of whom	→ von denen zwei, drei etc.

Pronomen

> There are twelve girls in my sister's class, most of whom are still playing with dolls.
> We went to a party with 20 students, none of whom was older than 18 years.
> Richard has three sisters, two of whom have blond hair.

Möchte man statt **whom** das Pronomen **them** verwenden, sollten man die beiden Sätze zu Hauptsätzen machen, indem man sie mit einem Punkt oder Semikolon trennt.

Relative Pronouns (which)

6.2 which

Das Relativpronomen **which** steht für Dinge. Im Englischen ist es dabei gleichgültig, ob diese Dinge im Singular oder Plural stehen.

> We watched a film on TV which had no happy ending.
> Who took the apples which were on the table?

Auch braucht man nicht darauf zu achten, in welchem Fall das Pronomen steht.

> Mother put the apples which I had placed on the table in the fridge.
> The car which parked in front of our garage was towed away.

Relative Pronouns (who/which + preposition)

Ebenso wie **who** lässt sich **which** mit **Präpositionen** verbinden, die dann am Ende des Nebensatzes stehen. Die Präposition richtet sich auch hier nach dem Verb des Nebensatzes.

> What's the name of the group which you told me about?
> Mr Brown got the job which he had applied for.

Die Verknüpfung mit Mengenangaben (**all of which/both of which/each of which** etc.) funktioniert wie bei **whom**.

> I've already had five bicycles in my life, all of which were red.
> Richard read three novels last month, two of which were written by Stephen King.

Which kann zudem als **Anschluss** für einen ganzen Satz benutzt werden. Es bezieht sich dann auf den Inhalt des gesamten vorangehenden Satzes und nicht nur auf ein einzelnes Subjekt (oder Objekt). In dieser Funktion entspricht **which** dem Deutschen **was** und sollte immer mit einem Komma vom Hauptsatz getrennt werden.

> They went dancing together, which makes me mad.
> He said he didn't touch her, which I just can't believe.

6.3 that

Relative Pronouns (that)

Das Relativpronomen **that** kann für **Personen und Dinge** verwendet werden. Ebenso wie **who** und **which** vertritt es ein Bezugswort im Hauptsatz, ganz gleich, ob es im Singular oder Plural steht. Für Personen wird **that** weniger häufig verwendet als **who**, da es etwas unpersönlich klingt.

> The man that (who) repaired our car is called Mr Greenlaw.
> The family that (who) lives across the street has got three children.
> I wonder who took the apples that (which) I put on the table.

Auch **Präpositionen** können mit **that** verbunden werden. Konstruktionen mit Mengenangaben (**all of, both of** etc.) sind jedoch *nicht* möglich.

> Is this the book that (which) you told me about yesterday?
> The name of the woman that (who) Mr Brown was engaged to was Carolyn.

In einigen Fällen ist es jedoch *nicht* möglich, **that** für **who** oder **which** einzusetzen. Wenn die Information im Nebensatz für das Verständnis des Hauptsatzes *nicht* notwendig ist, also nur eine **Zusatzinformation** darstellt, sollte *kein* that verwendet werden.

> Richard, who lives on Beek Street, has got three sisters. (kein that)
> Our classroom, which is on the third floor, is rather small. (kein that)

Um herauszufinden, ob eine **Information** wichtig und **notwendig** ist **oder nicht**, muss man prüfen, ob der Hauptsatz allein stehen kann und ob man sich beim Nebensatz Begriffe wie **übrigens, zufälligerweise** oder **nebenbei bemerkt** hinzudenken kann. Nebensätze, die nur zusätzliche Informationen bieten, sollten mit Kommas vom Hauptsatz abgetrennt werden.

Es gibt jedoch auch Sätze, bei denen **that** stehen *muss* und **which** *nicht* verwendet werden darf. Hierbei handelt es sich um allgemeine Sätze, bei denen sich **that** auf ein vorangehendes **all** oder **everything** bezieht (alles, was = all that).

> This is all that you can do to improve your English. (kein which oder what)
> Everything that happened was fun. (kein which – und auch kein what!)

6.4 Relativsätze ohne who/which/that

Relative Pronouns (without who/which/that)

In manchen Relativsätzen ist es möglich, das **Relativpronomen wegzulassen**. Nur wenn das Subjekt des Hauptsatzes mit dem des Nebensatzes identisch ist, es also nur *ein* Subjekt gibt, braucht man ein Pronomen. Bei zwei Subjekten kann das Pronomen wegfallen. Vergleiche:

> The man who lives next door is from Canada. (identisch)
> The man (who) I met on the train was tall. (nicht identisch)

Würde man das Pronomen im oberen Satz weglassen, dann wäre der Satz grammatisch falsch und unverständlich.

> The man (...) lives next door is from Canada.

6.5 whose

Relative Pronouns (whose)

Das Relativpronomen **whose** entspricht dem deutschen **dessen** bzw. **deren** (der Mann, dessen Frau ... – Wessen Frau? – Genitiv. Entsprechend: die Frau, deren Mann ...; das Kind, dessen Eltern ...). Es wird für eine oder mehrere **Personen** eingesetzt und ist leicht anzuwenden, da es wie im Deutschen gebraucht wird.

> Is this the student whose bicycle was stolen?
> On TV they interviewed children whose parents were killed in the war.

Relativpronomen

Auch für **Dinge** wird **whose** mittlerweile gebraucht (anstelle von **of which**).

> This is the car whose tires are flat.
> Statt: This is the car the tires of which are flat.
> Oder einfacher: This is the car with the flat tires.

Auch bei **whose** kann eine **Präposition** verwendet werden. Sie steht am Ende des Nebensatzes.

> The people whose clothes Mr Brown laughed at live in Kenya.
> The students whose parents our teacher talked to are in my class.

6.6 Relativsätze mit und ohne Kommas

Relative Pronouns (with or without commas)

Wie im Abschnitt „that" bereits erwähnt, wird im Englischen der Relativsatz *nicht* mit Kommas vom Hauptsatz getrennt, wenn es sich um eine **notwendige Information** handelt. (Anders im Deutschen, wo der Nebensatz immer vom Hauptsatz getrennt wird.) Vergleiche:

> My aunt, who lives in California, has got a big house.
> (Meine Tante, die übrigens in Kalifornien lebt, hat ein großes Haus. – Es gibt nur eine Tante.)
> My aunt who lives in California has got a big house.
> (Diejenige Tante, die in Kalifornien lebt, hat ein großes Haus. – Es gibt mehrere Tanten.)

Wenn es möglich ist, vor das Subjekt des Hauptsatzes **der-, die- oder dasjenige** einzusetzen, dann folgt im Nebensatz eine **notwendige Information**, und man sollte **kein Komma** setzen. Der Relativsatz ist in diesem Fall unentbehrlich.

Zusätzliche Informationen kann man weglassen, ohne die Grundaussage des Hauptsatzes zu verändern. **Notwendige Informationen** hingegen sagen etwas über das Subjekt des Satzes aus. Lässt man sie weg, wird die Grundaussage verfälscht oder entstellt.

Pronomen

Relative Pronouns (relative clauses)
6.7 Relativische Anschlüsse
Neben den bisher erwähnten Relativpronomen lassen sich Relativsätze auch mit den Fragepronomen **when, where** und **why** bilden. Mit ihnen werden Zeiten, Plätze oder Gründe näher bestimmt.

> Father doesn't remember when he last saw his sister.
> Recently Mr Brown showed us the house where he was born.
> I don't know why mother bought so many oranges.

Relative Pronouns (what)
6.8 what
Der Anschluss mit **what** entspricht dem deutschen **das, was**.

> Can you tell me what you remember about our last class.
> What Mr Brown said is true. Whales are mammals.

Auch **what** kann mit der Präposition **from** verbunden werden. Sie steht *vor* what. **What** (das, was) sollte nicht mit **which** (was) verwechselt werden. Wie oben erwähnt, bezieht sich **which** immer auf einen gesamten Satz.

> From what I've read in the paper it's true that the president has left the country.

Relative Pronouns (compounds)
6.9 Zusammengesetzte Relativpronomen
Die Relativpronomen **who** und **which** lassen sich mit **ever** verbinden, womit die Aussage verallgemeinert wird. Im Deutschen würde man **wer (auch) immer** oder **was (auch) immer** etc. sagen. **Ever** kann auch auf **what, when** und **where** folgen.

> Whoever says that I don't like her, is wrong.
> Whichever CD-ROM you use, make sure you follow the instructions.
> After the party she finished whatever was left.
> Whatever he said, don't believe it.
> Wherever you look in a desert there is sand.

Interrogativpronomen

(siehe Kapitel **If-Sätze, Wünsche und Fragen**)

Auf einen Blick: Pronomen

Personalpronomen
Persönliche Fürwörter, die stellvertretend für eine Person oder Sache stehen
- Subjekt: *I, you, he, she, it, we, you, they*
- Objekt: *me, you, him, her, it, us, you, them*

Possessivpronomen
Besitzanzeigende Fürwörter, die die Zugehörigkeit einer Person oder Sache anzeigen
my, yours, his, her, its, our, your, their
- allein stehend: *of mine, of yours, of his, of hers, (of its), of ours, of yours, of theirs*

Reflexivpronomen
Rückbezügliche Fürwörter, die sich auf die handelnde Person (selbst) beziehen
myself, yourself, himself, herself, itself, oneself, ourselves, yourselves, themselves

Reziproke Pronomen
Wechselbezügliche Fürwörter für gegen- oder zweiseitige Handlungen oder Verhältnisse
each other, one another

Demonstrativpronomen
Hinweisende Fürwörter, um auf näher oder ferner stehende Personen oder Dinge zu deuten
- Singular: *this, that*
- Plural: *these, those*

Pronomen

Relativpronomen
Bezügliche Fürwörter, die Nebensätze einleiten und sich auf eine Person oder eine Sache im Hauptsatz beziehen
who(m), which, that, whose (und alle Interrogativpronomen)

Interrogativpronomen
Fragefürwörter, am Anfang einer Frage oder als Einleitung von Nebensätzen
who(m), what, why, where, when, whose, whence, which, how

Stolpersteine – häufig verwechselte Wörter

Es gibt im Englischen eine ganze Reihe von Wörtern, Begriffspaaren und Phrasen, über die man in den ersten Lernjahren regelmäßig stolpert. Im Folgenden werden die wichtigsten dieser „kleinen Biester" erläutert. Ferner werden die Unterschiede zwischen britischem und amerikanischem Englisch aufgelistet sowie die Regeln für Großschreibung und Zeichensetzung erklärt.

Stolpersteine – häufig verwechselte Wörter

Quantifiers
1 Mengenangaben

(some/any) **1.1 some/any**

Die Wörter **some** und **any** zählen zu den **unbestimmten Mengenangaben** (indefinite quantifiers). Sie bedeuten so viel wie **etwas, einige** oder **irgendwelche**. Als Mengenangaben stehen sie entweder vor einem Substantiv oder allein als Subjekt oder Objekt eines Satzes.

> some
> → in bejahten Sätzen
> → in Fragen, wenn eine positive Antwort erwartet wird
> → in höflichen Fragen, die mit *could, would* oder *may* beginnen
>
> any
> → in verneinten Sätzen oder Sätzen mit negativer Bedeutung
> → in neutralen Fragen
> → in If-Sätzen mit negativer oder unbestimmter Bedeutung

Steht **some** oder **any** vor einem **Substantiv**, so ist dieses in der Regel **unzählbar** oder im **Plural**. **Some** und **any** entsprechen dann einem **unbestimmten Artikel** (ähnlich dem französischen Teilungsartikel *des*). Zu den unzählbaren Wörtern gehören neben vielen abstrakten Begriffen auch einige, die im Deutschen zählbar sind, z. B. *advice* oder auch *bread*.

> I need some information about play stations.
> I'd like to have some bread, please.
> Is there any coffee left?
> Just ask me if you need any help.

Übersetzt man diese Sätze ins Deutsche, so wird man sehen, dass es oftmals gar nicht nötig ist, **some** und **any** zu übertragen: Gibt es noch Kaffee? Doch auch wenn im Englischen **some** und **any** in einigen Fällen entfallen können, so ist es doch ratsam, die beiden Wörtchen als stilistisch notwendigen Zusatz zu verwenden.

Mengenangaben

In Sätzen mit **negativer Bedeutung** tauchen oft Wörter wie **without, never, scarcely** oder **hardly ever** auf. Obwohl es sich dabei genau genommen *nicht* um verneinte Sätze handelt, wird **any** verwendet.

> I'm sorry, there's hardly any coffee left.
> I'd like to live in a town without any cars.

Some und **any** können auch **allein stehend** gebraucht werden, sofern klar ist, worauf sie sich beziehen. Das Bezugswort steht meistens im Satz zuvor.

> Would you like some more coffee? – No thanks, I've still got some.
> Did you buy any bread? – No, there wasn't any left.

Stehen **some** und **any** vor **Pronomen** oder **Substantiven** (mit Artikel), so lautet die Formulierung **some of** bzw. **any of**.

> I'd like to show you some of the clothes I bought.
> I don't think any of us are interested in seeing that show.

Steht **some** vor einem **Substantiv im Singular**, kann man es mit **irgendein** übersetzen.

> She talked to some man in the cafeteria.
> They went to some holiday resort in Greece.

In Verbindung mit **Zahlenangaben** bedeutet **some** im Deutschen **etwa** oder **ungefähr**.

> Some 10,000 people demonstrated against the war.
> I waited some 20 minutes in front of the station.

Zusammengesetzte Formen

Some und **any** lassen sich mit den Zusätzen **-body, -one** und **-thing** zu Substantiven zusammensetzen, die Subjekt oder Objekt sein können.

Quantifiers
(somebody, -thing
anybody, -thing)

> some-/anybody → (irgend)wer, (irgend)jemand
> some-/anyone → (irgend)wer, (irgend)jemand
> some-/anything → irgendwas, (irgend)etwas

Stolpersteine – häufig verwechselte Wörter

> There's somebody on the phone.
> Did you see anything interesting on your trip?

Mit den Zusätzen **–where**, **–how** und **–time(s)** lassen sich **some** und **any** zu adverbialen Bestimmungen zusammensetzen.

> some-/anywhere   → irgendwo(hin)
> (US:) some-/anyplace → irgendwo(hin)
> some-/anyhow   → irgendwie
> some-/anytime   → irgendwann
> sometimes   → manchmal
> (Aber: any time   → jederzeit)

> I'd like to go somewhere exciting next weekend.
> I'm sure I'll find a solution somehow.
> Yes, let's meet again sometime next week.
> Sometimes I think life isn't boring at all.

Quantifiers
(no/none)

1.2 no/none

No und **none** sind Verneinungen. **No** heißt *kein* oder *keine* und ist gleichbedeutend mit **not any/not a**. **None** heißt *keiner/keine/keines* oder *nichts* und wird meist in Verbindung mit einem folgenden **of** (*keiner von* ...) verwendet.

> **no**
> → vor Substantiven im Singular oder Plural (ohne Artikel)
> → gleichbedeutend mit **not any/not a**
> → vor substantivierten Verben (Gerund)

> I've got no money. (I haven't got any money.)
> I'm sorry, there's no sugar left. (...isn't any sugar ...)
> A large sign in our cafeteria says: No smoking.

Weitere Ausdrücke:
in no time   → im Nu
no less than   → nicht weniger als
There's no knowing. → Man kann nicht wissen.

Mengenangaben

1.3 none (of)/nobody/nowhere

Quantifiers (none of)

none (of)
→ vor Substantiven im Plural (mit Artikel)
→ vor Pronomen
→ als Antwort auch allein stehend (Bezugswort vorher erwähnt)

None of our teachers is/are interested in rap music.
Have you got many black hats? – None at all.

Weitere Ausdrücke:

none of us	→ keiner/niemand von uns
none whatsoever	→ gar nichts, absolut nichts
none better than	→ niemand besser als
to be second to none	→ unvergleichlich sein
This is none of your business.	→ Das geht dich nichts an.

Zusammengesetzte Formen

Quantifiers (nobody/nowhere)

Auch **no** und **none** lassen sich mit **–body**, **-where** etc. zusammensetzen.

nobody = not anyone	→ keiner, niemand
no one = not anyone	→ keiner, niemand
nothing = not anything	→ nichts
nowhere = not anywhere	→ nirgendwo, nirgends

I waited for an hour but nobody came.
She was nowhere to be seen. (She wasn't anywhere to be seen.)

Es ist nicht möglich, **no, nobody, nowhere** etc. nach einem verneinten Verb zu benutzen (doppelte Verneinung). Ein Satz wie *I didn't tell nobody* ist falsch. Nach einem verneinten Verb kann nur **any** oder eine mit any zusammengesetzte Form stehen: I didn't tell anybody.

Bezieht sich **none, nobody** oder **no one** auf mehrere Personen verschiedenen Geschlechts, so steht das anschlie-

Stolpersteine – häufig verwechselte Wörter

ßende **Personalpronomen** entweder im **Plural** (their, them, themselves), oder es werden die Pronomen beider Geschlechter hintereinander aufgezählt (his/him, her, him/herself). (**US:**) Das amerikanische Englisch tendiert eher als das britische dazu, die längere, aber höflichere Form mit beiden Pronomen zu wählen.

> None of the people enjoyed themselves (himself or herself).
> Nobody wanted to lend me their bicycle (his or her bicycle).
> No one in the class did their homework (his or her homework).

Da sich **none** auf zählbare Wörter im Plural bezieht, jedoch die einzelnen Dinge betont werden (keiner von vielen), kann ein **folgendes Verb** sowohl im **Plural** als auch im **Singular** stehen. Anders als im Deutschen, wo eher die Einzahl verwendet wird, steht im Englischen das Verb meistens im Plural.

> None of the restaurants were (was) open.
> None of my schoolmates live (lives) near Victoria Station.

Quantifiers (much/many/a lot of)

1.4 much/many/a lot of

Die Wörtchen **much**, **many** und **a lot of** sind ebenfalls Mengenangaben.

Much bedeutet **viel** und wird im Zusammenhang mit **unzählbaren Dingen** wie Sand, Wasser, Geld etc. sowie den meisten **abstrakten Begriffen** (Glück, Zeit, Macht) verwendet; **many** heißt **viele** und steht vor **zählbaren Dingen**. **Much** und **many** können durch Bezeichnungen wie **too, very, so, extremely** etc. genauer bestimmt werden. Beide Wörter stehen oft in verneinten Sätzen.

A lot of bzw. die verkürzte Form **lots (of)** kann für **zählbare** und **unzählbare Dinge** verwendet werden und heißt demnach sowohl **viel** als auch **viele**. Im Gegensatz zu **much** und **many** kann **a lot of/lots** *nicht* durch Adverbien näher umschrieben werden.

Mengenangaben

> **much**
> → vor unzählbaren Substantiven
> → vor allem in negativen Sätzen und Fragen
> → in Verbindung mit too, very, so etc. auch in bejahten Sätzen
> → in Ausdrücken und Redewendungen mit der Bedeutung: viel

There isn't much water left in the bottle.
He's got so much money.

Weitere Ausdrücke:

too much	→ zu viel
not so much	→ nicht so viel
as much as	→ so viel wie
You didn't miss much.	→ Du hast nicht viel verpasst.
This much is certain.	→ So viel ist sicher.
Do you sleep much?	→ Schläfst du viel?

> **many**
> → vor zählbaren Substantiven im Plural
> → vor allem in negativen Sätzen und Fragen
> → in Verbindung mit too, very, not etc. auch in bejahten Sätzen
> → in Ausdrücken und Redewendungen mit der Bedeutung: viele

Richard hasn't got many friends.
How many times do I have to tell you to brush your teeth?

Weitere Ausdrücke:

as many as	→ so viele wie
many of us	→ viele von uns
too many	→ zu viele
many-sided	→ vielseitig

> **a lot of/lots of/lots**
> → vor zählbaren und unzählbaren Substantiven
> → vor allem in bejahten Sätzen und in Fragen

Stolpersteine – häufig verwechselte Wörter

> Father usually drinks a lot of tea in the morning.
> There were lots of people waiting outside the stadium.

Sofern der Bezug zu einem Substantiv, das in der Regel vorher genannt wurde, klar ist, können **much**, **many** und **lots** auch **allein stehend** vorkommen.

> Have you got many CDs? – Yes, I've got very many.
> My sister hasn't got much money, but I've got lots.

Weitere Mengenangaben, die eine größere Quantität ausdrücken, sind: **a great deal of** (eine Menge), **loads of** (jede Menge), **a great number of** (eine Menge) und **plenty of** (mehr als genug).

Quantifiers
(little/few)

1.5 little/few

Die Wörter **little** und **few** sind die Gegenstücke zu **much** und **many**. Sie bedeuten **wenig** (little) und **wenige** (few).

> **little**
> → vor unzählbaren Substantiven
> → in Ausdrücken und Redewendungen mit der Bedeutung: wenig

> Let's hurry. We've got little time.
> On Sunday mornings there's little traffic in our street.

Weitere Ausdrücke:

little more than	→ wenig mehr als/kaum mehr als
know little about sth.	→ wenig über etw. wissen
it matters little	→ es macht wenig aus
a little while	→ ein bisschen/einen Augenblick
every little detail	→ jede Kleinigkeit

> **few**
> → vor zählbaren Substantiven im Plural
> → in Redewendungen mit der Bedeutung: wenige

> My sister is always happy. She has few problems.
> There are few things about school that I really hate.

Mengenangaben

Weitere Ausdrücke:
as few as → nur
the few people who ... → die wenigen, die ...
few of them → wenige von ihnen
there were too few of us → wir waren nicht genug

Achtung: Setzt man for **little** oder **few** den indirekten Artikel **a**, dann ändert sich die eher negative Bedeutung der beiden Ausdrücke ins Positive (**a little** = ein wenig/**a few** = einige). Vergleiche:

She had little time left.	→ Sie hatte wenig (nicht viel) Zeit übrig.
She had a little time left.	→ Sie hatte ein wenig Zeit übrig.
Father has got few CDs.	→ Vater hat (nur) wenige CDs.
Father has got a few CDs.	→ Vater hat einige CDs.

1.6 each/every

Quantifiers (each/every)

Each und **every** sind zwei Wörter mit ähnlicher Bedeutung. Oftmals ist es unerheblich, ob man **each** oder **every** sagt, und viele englische Muttersprachler setzen beide Wörter hintereinander (each and every day). Es gibt jedoch einen feinen und wichtigen Unterschied: **Each** betont die **Getrenntheit** von Dingen oder Personen einer Gruppe (jeder einzelne/je/jeweils), während **every** die **Gruppenzugehörigkeit** der einzelnen Dinge oder Personen hervorhebt (jeder/alle).

each
→ betont die Einzelheit von Dingen oder Personen einer Gruppe
→ ist trennend
→ für eine kleinere Anzahl
→ kann für zwei Dinge/Personen benutzt werden

Each student has his or her own way of studying for a test.
The students were each given a large envelope.
In a volleyball match each team has six players.
How much are the kiwis today? They are 25 pence each.

Stolpersteine – häufig verwechselte Wörter

> **every**
> → betont eine Gruppenzugehörigkeit (ähnlich wie all)
> → ist verallgemeinernd
> → für eine größere Anzahl
> → kann *nicht* für zwei Dinge/Personen benutzt werden
> → kann *nicht* allein stehen, sondern benötigt das Stützwort **one**

Every morning I get up at 7 o'clock.
There's a train leaving the station every 10 minutes.
It's impossible to read every book in our school library.
I was invited to five parties and I went to every one.

Häufig wird **every** in Verbindung mit Wörtern wie **almost, nearly, practically** und **single** benutzt.

Mother goes shopping almost every day.
Practically every student in our class likes pop music.
In the desert every single drop of water is precious.

Quantifiers
(everybody/everyone)

Zusammengesetzte Formen

Im Gegensatz zu **each** ist es möglich, **every** mit –body, –one oder –thing zu verbinden.

> everybody → jede/r, alle
> everyone → jede/r, alle
> everything → alles
> everywhere → überall, überallhin
> (**US:**) everyplace → überall, überallhin

Everybody in my family is fond of ice-cream.
I believed everything she said.
You'll find interesting people everywhere in the world.

Achtung: Everyone bedeutet dasselbe wie **everybody** (alle, jeder). Auseinander geschrieben (**every one**) bezieht sich **one** auf eine vorher erwähnte Person oder Sache:

Jessica gave me three DVDs and I immediately watched every one (of them).

1.7 every/all

Quantifiers (every/all)

Im Gegensatz zu **every**, das mit Substantiven in der **Einzahl** steht, wird **all** (**alle/s – jede/r/s**) in Verbindung mit Substantiven in der **Mehrzahl** gebraucht, wenn man über Personen oder Dinge spricht.

> All birds are beautiful.
> All my German teachers have been boring.

All lässt sich mit dem direkten Artikel verbinden; bei **every** geht das nicht. Das Wörtchen **of** kann weggelassen werden. Der Artikel darf nicht erscheinen, wenn das Substantiv normalerweise ohne Artikel benutzt wird.

> All (of) the music videos in our library were checked out.
> All children love ice-cream.

All kann jedoch auch in Verbindung mit einem **Substantiv** in der **Einzahl** vorkommen. Es bedeutet dann jedoch nicht **alle**, sondern **alles/ganz** (die Gesamtheit von etwas).

> Did you drink all that wine? (den ganzen Wein)
> She spends all her money on food. (ihr gesamtes Geld)

Bei **Tageszeiten** und einigen weiteren Zeitangaben (z. B. Woche, Jahr, Semester) entfällt der direkte Artikel. Auch das Wort **long** ist **nicht nötig**.

> I waited for her phone call all day. (den ganzen Tag lang)
> Mother was ill all week. (die ganze Woche)

Steht ein **allein stehendes** deutsches **alle** im Sinne von **jeder**, dann benutzt man **everybody** (Verb in der Einzahl).

> Everybody enjoyed the music I played.

Gleichermaßen entspricht einem **allein stehenden** deutschen **alles** im Englischen meistens **everything**.

> Money isn't everything.

Steht **all** als Subjekt oder Objekt eines Satzes, sollte ihm ein Relativsatz folgen (**alles, was = all that**). Das Pronomen **what** wäre hier falsch.

> This is all (that) I know.

Stolpersteine – häufig verwechselte Wörter

Quantifiers
(all/whole)

1.8 all/whole

Whole bedeutet ebenfalls **ganz** oder **gesamt** und wird meistens mit einem Verb in der Einzahl verwendet.

> Did you finish the whole bottle yourself?
> I read the whole book in only two nights.

Im Unterschied zu **all** steht **whole** nach dem direkten Artikel bzw. Pronomen. Bei **whole** darf der Artikel nicht weggelassen werden.

> all day   – the whole day
> all afternoon   – the whole afternoon
> all his life   – his whole life
> all the time   – the whole time
> all the book   – the whole book

Bei **unzählbaren Wörtern** kann man **whole** nicht verwenden. Hier muss daher **all** benutzt werden.

> She finished all the wine. (nicht: the whole wine)
> All the money was spent on unnecessary things. (nicht: the whole money)

Quantifiers
(both/either/neither)

1.9 both/either/neither

Als Mengenangaben beziehen sich die drei Wörter **both**, **either** und **neither** immer auf **zwei** Personen oder Dinge.

> both   → beide
> either   → das eine oder das andere von beiden
> not either → keines von beiden, beide nicht
> neither   → keines von beiden, beide nicht

> I listened to the two CDs you gave me. Both are really excellent.
> My room-mate, however, didn't like either of them.

> Do you want to listen to hip hop or house?
> Either. I don't care.

> Where's Dad? Is he upstairs or in the cellar?
> Neither. He's just left the house to walk the dog.

Mengenangaben

Zu beachten sind vor allem die **verneinten Sätze**. Im Deutschen lässt sich das Wort **beide** einfach mit einem **nicht** verbinden (Er mochte sie beide nicht.). Im Englischen geht das leider nicht. In der Regel muss man hier das Verb mit **don't/ didn't** verneinen und **beide** mit **either** ausdrücken (He didn't like either of them.). Einige Beispiele:

> Two great films were shown on TV. I couldn't see either of them because I was ill.
> She bought two novels at the airport but didn't find the time to read either of them.

Am Anfang eines **negativen Satzes** steht **neither**. Der Rest des Satzes darf dann jedoch nicht noch einmal verneint werden. Das Verb steht in der Einzahl.

> The shop assistant showed me two pairs of jeans. Neither pair was very cool.
> We asked two people but neither of them knew the answer.

Im Englischen steht **both** häufig an der ersten Stelle beim Subjekt. Das folgende Verb steht in der Mehrzahl.

> Both of Richard's sisters have blond hair, and both of them were born on July 4th.
> They both don't like their brother because he's going out with Jessica.

In Verbindung mit **and** verstärkt **both** den Charakter der zwei Dinge, von denen die Rede ist. Anders als im Deutschen versucht das Englische in einem Satz wie **Ich war wütend und traurig, als ich davon erfuhr**, mit **both ... and** eine Balance herzustellen:

> I was both angry and sad when I heard about it.

Wichtig ist, dass die beiden Sachen, die **both** folgen, von derselben grammatischen Art sind, also etwa zwei Verben oder zwei Substantive. Nur dann nämlich kann sich das Gefühl eines ausgewogenen Satzes einstellen.

> I was both hungry and tired when I returned from the trip.
> Our music teacher plays both the trumpet and the trombone.

Stolpersteine – häufig verwechselte Wörter

Both, either und neither können auch direkt vor dem Substantiv stehen. In diesem Fall darf aber kein Pronomen, kein direkter Artikel und auch kein of verwendet werden.

> Both sisters hate their brother.
> Richard has given up to be polite to either girl.
> Neither girl is very tolerant.

Quantifiers (other/another)

1.10 other/another

Other bedeutet **andere** und steht in der Regel **vor einem Substantiv** oder **allein**.

> My German teacher lives around the corner, but where do the other teachers live?
> I saw Jessica walking on the other side of the street.
> Some people like pop music. Others prefer rock 'n roll.

Another heißt so viel wie **noch einen, einen weiteren**.

> Can I have another glas of water, please?
> We'll stay here for another three days.

Quantifiers (most)

1.11 most

Als Mengenangabe bedeutet most soviel wie **die meisten, die Mehrzahl** oder **die Mehrheit** von etwas. Most kann vor Substantiven mit oder ohne Adjektiv benutzt werden, *nicht* jedoch vor einem Pronomen.

> Most animals are afraid of human beings.
> I got most of my CDs from friends.

Ein häufiger Fehler deutschsprachiger Englischschüler ist der Gebrauch des Artikels. Vor most steht im Englischen *kein* bestimmter Artikel.

> Most people love red roses.
> Most of the students don't watch TV.

Der bestimmte Artikel steht nur dann, wenn most eine Steigerung ist und **am meisten** oder **höchstens** bedeutet.

> We were looking for large shells on the beach and father found the most.
> Look at that woman. She's 17 at the most.

1.12 half

Quantifiers
(half)

Half (halb, die Hälfte von) benutzt man wie **most, all** und **both**. Das Wort steht entweder direkt vor einem Substantiv oder in Verbindung mit **half of + the** oder einem **Pronomen**.

> Half of the physics class was absent yesterday.
> She spends more than half (of) her money on make-up.
> Only half of us were interested in seeing the film.

In Verbindung mit **Zeit-, Entfernungs-** oder anderen **Maßangaben** tritt der indirekte Artikel **a/an** zwischen **half** und Angabe.

> I have been waiting for half an hour. (**US** auch: a half hour)
> The station is half a mile from the opera house.
> I drank half a bottle of water.

Noch ein paar Redewendungen:

half-hearted	→	halbherzig
half-baked	→	unausgegoren, unprofessionell
my better half	→	meine bessere Hälfte

2 Zeitliches und Räumliches

Temporal and Spacial Matters

2.1 still/already/yet

Eigentlich dürften die kleinen Wörter **still, yet** und **already** gar nicht verwechselt werden.

(still/already/yet)

> still → noch, immer noch (etwas ist so wie zuvor)
> already → schon, bereits (etwas geschah früher als erwartet)
> yet → bis jetzt/noch nicht, schon (in Fragen und negativen Sätzen)

Still wird in allen Arten von Sätzen verwendet und steht meist vor einem Verb, Adjektiv oder einer adverbialen Bestimmung. Man gebraucht es, wenn eine Tätigkeit oder Situation in der Vergangenheit anfing und noch andauert. Oftmals drückt der Sprecher eine Überraschung aus.

Stolpersteine – häufig verwechselte Wörter

> I still can't decide which shirt to buy.
> Are you still waiting for the bus?

Already steht ebenfalls vor Verben und Adjektiven in der Mitte des Satzes, manchmal zur besonderen Betonung auch am Ende, jedoch nicht vor Zeitadverbien. Ein Ausdruck wie **already on Sunday** geht nicht. **Already** drückt oft die Überraschung darüber aus, dass etwas früher erfolgt ist als erwartet.

> I've already finished my homework.
> Jessica is not at home. She's already gone out.
> Look, he has repaired my bicycle already!

Yet steht am Ende des Satzes und wird ausschließlich in Fragen und negativen Sätzen verwendet.
Mit **yet** fragt man, ob etwas **schon/bereits** geschehen ist.

> Has Mr Brown returned from his trip to Bath yet?
> Has she finished her homework yet?
> You haven't tried the cherries yet, have you?

In negativen Sätzen wird **yet** mit **noch nicht** übersetzt.

> No, Mr Brown hasn't returned yet.
> No, they aren't ripe yet.

Yet und **already** können beide in **Fragen** verwendet werden. Sie haben aber nicht dieselbe Bedeutung. Vergleiche:

> Have you finished your homework yet?
> Have you already finished your homework?

Yet klingt neutraler als **already**. Auf die Frage mit **already** erwartet man eher eine **positive Antwort** als auf die Frage mit **yet**. Oftmals ist eine Frage mit **already** gar nicht als Frage gemeint, sondern als Ausdruck des Erstaunens, vor allem dann, wenn **already** am Ende steht.

> Have you finished your homework already?

Festzustellen ist noch, dass im **britischen Englisch** das **Present Perfect** in Zusammenhang mit **yet** und **already** benutzt wird, während im **amerikanischen Englisch** eher das **Simple Past** steht.

Zeitliches und Räumliches

UK: Have you written your report yet?
US: Did you write your report yet?

2.2 until/till/by

Temporal and Spacial (until/till/by)

Die Wörtchen **until/till** und **by** bedeuten ein zeitliches **bis**. Ob man **until** oder **till** verwendet, ist eine Frage des Stils. Till gehört eher dem mündlichen, until eher dem schriftlichen Englisch an. Im Gebrauch von **until/till** und **by** gibt es jedoch einen kleinen, aber wichtigen Unterschied, der von vielen Englischlernenden nicht wahrgenommen wird.

> **until** → für fortlaufenden Zustand bis zu einem Moment in der Zukunft
> **by** → für fortlaufende Tätigkeit bis zu einem Moment in der Zukunft

Can I stay with you until Saturday? (Zustand)
Can you repair my bicycle by Saturday? (Tätigkeit)

Viele Schüler benutzen **until** für alle **zeitlichen** Zusammenhänge, bei denen man im Deutschen **bis** sagen würde. Handelt es sich jedoch um **aktive Tätigkeiten**, um **Aufgaben** oder **Verpflichtungen**, die bis zu einem bestimmten Moment in der Zukunft und nicht später erledigt sein sollen, dann muss **by** an die Stelle von **until** treten. Man könnte es übersetzen als: **nicht später als**.

I want you to return my CD by next week.
Mother told me to be in bed by ten o'clock.

Dagegen:

Just wait here until/till I call you.
Five more days until/till Christmas.

Bei **Zeitspannen**, die mit **von ... bis** ausgedrückt werden, steht im Englischen in der Regel **from ... to**.

We usually have breakfast from 7 to 7.30 in the morning.
I only work from Monday to Thursday.
Aber: Do you know the movie *From Dusk Till Dawn*?

Stolpersteine – häufig verwechselte Wörter

Noch ein paar Ausnahmen:
up to now/until now	→ bis jetzt
as far as/up to page 11	→ bis Seite 11
I'll count to three.	→ Ich zähle bis drei.
See you later.	→ Bis später.
Is everything OK so far?	→ Alles okay?

Temporal and Spacial (to/up to)

2.3 to/up to

Wird until (bis) bei zeitlichen Zusammenhängen verwendet, so stehen to und up to in der Regel bei **räumlichen** Ausdrücken.

> How far is it to the station?
> He drove his car right to the edge of the cliff.
> Let's walk to the creek and back.

Vor allem bei **Entfernungsangaben** verwendet man auch as far as.

> This train is only going as far as Oxford.

Temporal and Spacial (during/while)

2.4 during/while

During und **while** entsprechen beide dem deutschen Wort **während**. Auf during folgt ein **Substantiv**; nach while steht ein ganzer Satz mit **Subjekt** und **Verb**.

> during + Substantiv
> while + Subjekt + Verb

> I began to feel sick during the lecture.
> I had a great time during my stay in Italy.
>
> I fell asleep in class while our teacher was talking about grammar rules.
> I had a great time while I was on holiday in Italy. (**US:** on vacation)

Temporal and Spacial (farther/further)

2.5 farther/further

Farther und **further** sind Steigerungen von **far** und bedeuten **weiter**. Spricht man von Entfernungen, ist es im britischen Englisch gleich, welche Form man benutzt. Im ame-

Zeitliches und Räumliches

rikanischen geht nur **farther**: San Francisco is farther/further away than New York. (**US:** nur farther)

Further wird zudem im **übertragenen Sinne** verwendet. Also etwa, wenn man von **Weiterbildung** (further education), einer **weiteren Verwendung** (further use) oder **zusätzlichen Problemen** (further problems) spricht. Entsprechend heißen **außerdem** und **ferner furthermore**.

> far → farther → bei Entfernungen (**UK:** auch further)
> far → further → im übertragenen Sinn: extra, darüber hinaus, zusätzlich (**UK:** auch farther)

For further information please call our hot line.
Stay away from the kitchen to avoid further accidents.

2.6 almost/nearly

Temporal and Spacial (almost/nearly)

Almost und **nearly** haben fast dieselbe Bedeutung. Im Zusammenhang mit Zeit- und Raumangaben können beide Wörter benutzt werden, um zu beschreiben, dass man oder etwas **fast** an einem Zielpunkt angekommen ist.

We are almost/nearly at the top.
It's almost/nearly midnight.

Handelt es sich jedoch um Aussagen, bei denen es **nicht** um eine **Richtung** und ein Fortschreiten auf einen Zielpunkt geht, dann darf nur **almost** benutzt werden.

She almost thought I had stolen the bike.
What I told them was almost true.

2.7 in time/on time

Temporal and Spacial (in time/on time)

Der Unterschied zwischen **in time** und **on time** ist einfach: **In time** heißt **rechtzeitig** (innerhalb der Zeit); **on time** bedeutet **pünktlich** („auf" der Zeit).

We arrived at the station in time. (The train had not yet left the station.)
But the train didn't arrived on time (as scheduled). It was an hour late.

Stolpersteine – häufig verwechselte Wörter

Temporal and Spacial (home/at home)

2.8 home/at home

Ob und wann man **home** mit oder ohne Präposition verwendet, ist nicht ganz eindeutig. Zudem bestehen Unterschiede zwischen britischem und amerikanischem Englisch. Die Übersetzung **home = nach Hause** und **at home = zu Hause** ist nicht in allen Fällen korrekt, da vor allem im amerikanischen Englisch die Präposition auch bei **zu Hause** oft weggelassen wird. Am besten, man merkt sich die Verben, bei denen **at** ausbleiben kann: Bei den Verben **go** und **come** etwa fällt die Präposition immer weg.

> After the party I went straight home.
> He came home around midnight.

Durch den Einfluss des amerikanischen wird auch im britischen Englisch nach den Verben **arrive, stay** und den Formen von **be** die Präposition manchmal weggelassen.

> We arrived home late last night.
> Mother waited until I was home.
> Will he be home before midnight, she had asked herself.
> I didn't feel like going out, so I stayed home.
> Is anybody home?

Little Beasts

3 „Kleine Biester"

Im Folgenden werden weitere Wörter verglichen, die vielen Englischanfängern Probleme bereiten.

Little Beasts (also/too/as well)

3.1 also/too/as well

Die Wörtchen **also, too** und **as well** heißen auf Deutsch **auch**. Man benutzt sie nur in positiven Sätzen, wobei **also** vor dem Hauptverb (bzw. nach dem ersten Hilfsverb oder einer Form von **be**) steht, **too** und **as well** aber meistens ans Ende des Satzes gestellt werden.

> I liked the light show, but I also liked the dancers.
> I enjoyed the concert. – I enjoyed it too.
> The clowns were quite funny as well.

„Kleine Biester"

Man muss im Deutschen Acht geben, wer oder was mit **auch** gemeint ist: **Unser Musiklehrer spielt auch Posaune.** Bezieht sich das **auch** auf die Posaune, heißt dies, dass er nicht nur Trompete, sondern auch Posaune spielt. Bezieht man es auf den Lehrer, bedeutet es, dass nicht nur irgendein anderer Lehrer, sondern auch der Musiklehrer Posaune spielt.

Nicht ganz so unklar klingt es im Englischen: **Our music teacher also plays the trombone.** Hier ist klar, dass der Lehrer auch Posaune und nicht nur Trompete spielt. Ist mit **auch** der Lehrer gemeint, der etwas genauso wie jemand anderer tut, sollte **too** verwendet werden, und zwar am besten gleich hinter dem Subjekt: **Our music teacher, too, plays the trombone.**

Das deutsche **auch als/auch wenn** am Anfang eines Satzes oder Nebensatzes heißt im Englischen **even when** oder **even if**.

> Even when he was 90, grandpa used to take cold showers in the morning.
> You should be nice to your little sister even if she is getting on your nerves.

Dennoch ist ein allein stehendes **also** am **Anfang des Satzes** möglich. Es hat dann fast die Bedeutung von **darüber hinaus**. Man beachte das Komma.

> The hotel room was expensive, dirty and noisy. Also, the service was lousy.
> The commuter train arrived an hour late. Also, it was absolutely packed with people.

Der schlichte deutsche Ausspruch **ich auch** ist im Englischen nicht so einfach wiederzugeben. Je nachdem, worauf man antwortet, bestehen mehrere Möglichkeiten.

> He can speak three languages. – So can I.
> She's 15 years old. – So am I.
> I love ice-cream. – So do I.

Die Bedeutung von **auch** wird hier von dem Wort **so** übernommen. Ähnlich wie bei den Frageanhängseln wird entwe-

Stolpersteine – häufig verwechselte Wörter

der das **Hilfsverb** oder die Form von **be** wiederholt oder – wenn ein **Vollverb** benutzt wurde – eine Form von **do** verwendet.

Umgangssprachlicher und einfacher ist es, mit einem schlichten **me too** zu antworten.

> I want something to drink. – Me too.

Little Beasts
(not...either/neither)

3.2 not ... either/neither

Die Verneinung von **auch** (also **auch nicht**) ist im Englischen ebenfalls nicht ganz einfach, da **also, too** oder **as well** in verneinter Form *nicht* verwendet werden können. Stattdessen muss man das Verb in die verneinte Form setzen und **either** am Ende des Satzes anhängen.

> She doesn't like American football, and she doesn't like English soccer either.
> I didn't listen to what our teacher said, but the rest of the class didn't pay attention either.

Eine Übersetzung von **ich auch nicht** als *I also not* ist falsch. Bei kurzen Antworten kommt neben **not ... either** auch **neither** in Frage. Vor allem im britischen Englisch wird zudem **nor** verwendet.

> Father doesn't want anything to drink. – I don't (want anything) either./Neither do I./Nor do I.
> She wasn't at the party. – I wasn't there either./Neither was I./Nor was I.

Auch bei der **Verneinung** von **auch** muss man also auf das vorher benutzte Verb achten. Ein **Hilfsverb** oder eine Form von **be** wird wiederholt, ein Vollverb durch eine Form von **do** ersetzt. Man kann entweder das Verb verneinen und **either** anhängen oder das Verb in der positiven Form belassen und die negativen Wörter **neither** oder **nor** verwenden.

Auch bei der Verneinung ist ein schlichtes **me neither** möglich, aber eher **umgangssprachlich**.

> I didn't get what he said. – Me neither./Neither did I.

„Kleine Biester"

3.3 either ... or/neither ... nor

Little Beasts
(either...or/neither...nor)

Either ... or heißt **entweder ... oder** und wird verwendet, um über zwei oder mehrere Möglichkeiten zu sprechen. Handelt es sich um zwei Substantive, dann steht das folgende Verb in der Einzahl. Vor allem im schriftlichen Englisch sollte darauf geachtet werden, dass hinter **either** und **or** die gleiche grammatische Struktur verwendet wird, also beide Male ein Verb oder ein Substantiv (vgl. **both ... and** weiter oben).

> You can either walk to the station or take a taxi.
> For breakfast you can either have coffee or tea or orange juice.

Neither ... nor bedeutet **weder ... noch** und unterliegt denselben Regeln wie **either ... or**.

> Neither father nor Mr Brown got up to answer the phone.
> Neither was I ready to face the truth, nor was she ready to tell me everything.

Auch die **verneinte Form** von **either ... or** heißt **weder ... noch**.

> I won't be able to come either today or tomorrow.

3.4 too/not ... enough

Little Beasts
(too/not...enough)

Too vor einem Adjektiv oder einer Mengenangabe bedeutet: **zu viel** von etwas.

> too + Adjektiv/Mengenangabe
> too ... for sb./sth.
> too ... to do sth.
> too ... for sb./sth. to do sth.

> The stereo next door is too loud.
> I bought too many apples on the market.
> He was too tired to walk home.
> The Italian girl spoke too quickly for me to understand.

Not ... enough bedeutet das Gegenteil: **nicht genug** von etwas. **Enough** steht *vor* einem Substantiv, aber *nach* einem Adjektiv.

Stolpersteine – häufig verwechselte Wörter

> not ... enough + Substantiv
> not ... Adjektiv + enough
> not ... enough + Substantiv + for sb./sth. to do sth.

She didn't buy enough bananas.
The music wasn't loud enough.
I didn't study hard enough to pass the test.
There isn't enough water for me to drink.

Little Beasts (quite/rather)

3.5 quite/rather

Die beiden Wörter **quite** und **rather** werden benutzt, um Adjektive näher zu beschreiben. Beide entsprechen in etwa dem deutschen Wort **ziemlich**, wobei **rather** das intensivere Wort ist.

She's quite beautiful. (Sie sieht ziemlich gut aus.)
She's rather beautiful. (Sie sieht wirklich ziemlich gut aus.)

In Verbindung mit **Steigerungen** kann nur **rather** (und nicht **quite**) verwendet werden.

It's rather warmer downstairs than under the roof.
The new notebook was rather more expensive than I expected.

Ebenso lässt sich **rather** mit **too** verbinden.

I was rather too sure that she would give me a call.
There were rather too many people at the concert.

Ferner entspricht **rather** in anderen Zusammenhängen etwa dem deutschen Wort **eher**.

I'm not hungry, rather the opposite.
I rather doubt that she'll come.
It's a rather good idea to go out tonight.

Gefolgt von **than** bekommt **rather** die Bedeutung von **eher ... als**.

I'd like to go out tonight rather than stay (at) home.
I'd prefer to walk rather than take a taxi.

3.6 like/as

Die Wörter **like** und **as** werden verwendet, wenn zwei oder mehrere ähnliche Personen oder Dinge verglichen oder als Beispiele aufgezählt werden. Im Deutschen wird dafür meist das Wort **wie** verwendet. Der unterschiedliche Gebrauch von **like** und **as** ergibt sich daraus, dass **like** eine **Präposition** ist und vor einem **Substantiv**, einem **Pronomen** oder einer **–ing-Form** steht, während **as** eine **Konjunktion** ist, auf die ein **Satz** oder **Satzteil** folgt.

> **like** (Präposition) + Substantiv, Pronomen oder –ing-Form
> **as** (Konjunktion) + Sätze (Substantiv + Verb) auch vor Präposition

> I'm interested in pop music like most of my friends.
> In my free time I enjoy things like playing chess and reading books.
>
> Why didn't you come back at 11 as I told you.
> As we all expected, Marc failed the grammar test.

Ebenso sagt man **as always, as usual, as if, as though**.

(**US:**) Im amerikanischen Englisch wird **like** auch als **Konjunktion** verwendet, was zur Folge hat, dass auch in Großbritannien die Unterscheidung allmählich zu verwischen beginnt.

Es sollte nicht vergessen werden, dass **as** zudem die Bedeutung von **als** hat. Es besteht ein großer Unterschied darin, ob man etwas **als jemand** oder **wie jemand** tut, ob man eine Position innehat (als Deutschlehrer) oder ob man nur verglichen wird (wie ein Deutschlehrer). Vergleiche:

> As our German teacher, Mr Jones is responsible for our learning German.
> Like our German teacher, Mrs Dodsworth is responsible for our learning, but not for our learning German, because she's teaching Math.

Little Beasts
(like/as)

Stolpersteine – häufig verwechselte Wörter

Werden zwei Personen oder Dinge direkt miteinander verglichen (**so ... wie**), dann steht im Englischen meist die Wendung **as ... as**.

Father doesn't earn as much as Mr Brown.
Math isn't as interesting as Geography.

Little Beasts
(so/such)

3.7 so/such

So und **such** sind beides Wörter, die benutzt werden, um nachfolgenden Begriffen besonderen Nachdruck zu verleihen. **So** steht vor **Adjektiven** (ohne Substantiv); **such** steht vor **Substantiven** (mit oder ohne **Adjektiv**). Auf Deutsch würde man dafür Ausdrücke wie **so** oder **solch** verwenden.

> **so** + Adjektiv, Adverb (ohne Substantiv)
> **such** + indirekter Artikel + Substantiv (mit oder ohne Adjektiv)
> **such** + Substantiv

He works so carefully.
I was so excited when I had my first date with her.
I'm so cold. Why don't you turn on the heat?

Mr Brown is such a good cook.
He prepared such a great meal.
We had such fun eating together.
(**US** auch:) We had so much fun.

Such kann nicht vor allen Substantiven direkt verwendet werden. Bis auf einige Ausnahmen geht es nur bei Wörtern, bei denen eine inhaltliche Steigerung (viel oder wenig Spaß) denkbar ist, also meistens bei abstrakten Begriffen wie **beauty, excitement, fun, patience** etc.

Such beauty!
How is it possible your mother has such patience?

Vor Wörtern, die im **Plural** stehen, ist **such**, vor allem nach **many**, auch bei anderen Substantiven möglich. Auf Deutsch heißt es dann jedoch **solcher/dieser Art**.

> He's solved many such cases.
> When she was still a policewoman she saw many such accidents.
> I've always wondered about such things.

Eine Kombination von **such** bzw. **so** mit einem **Artikel** oder **Pronomen** ist nicht möglich. Ausdrücke wie *his such fast car* oder *the so beautiful sunshine* sind falsch.

So und **such** können auch als Einleitung für Nebensätze stehen (**so ..., dass**).

> The show was so boring that I went home during the intermission.
> She's so smart that I'm sure she'll win the first prize.
> He's such an intelligent person that he will pass the test without any problems.

3.8 unless/if ... not

Unless hat mehrere Bedeutungen: als negative Form von **if** heißt es **wenn nicht** oder **falls nicht**. In anderen Zusammenhängen kann es auch als **außer wenn** (except if/only if) oder **es sei denn, dass** übersetzt werden.

> We'll miss the beginning of the concert unless we take a taxi.
> I'll be celebrating tonight unless I fail the exam.
> Unless it rains, we'll spend the weekend in Brighton.

In allen diesen Sätzen ist eine Wendung mit **if ... not** ebenfalls möglich.

> We'll miss the beginning of the concert if we don't take a taxi.

Unless kann jedoch *nicht* in Sätzen benutzt werden, die ausdrücken, dass etwas in der Zukunft geschehen wird, wenn etwas anderes *nicht* eintritt. In dem Satz **Ich werde froh sein, wenn sie nicht kommt** sollte statt **unless** folglich eher **if ... not** verwendet werden: **I'll be happy if she doesn't come.**

Little Beasts
(unless/if...not)

Stolpersteine – häufig verwechselte Wörter

Little Beasts (one/ones)

3.9 one/ones

One bzw. die Mehrzahl ones ist ein Stützwort (propword). Man benutzt es, um die Wiederholung eines vorangegangenen **zählbaren Substantivs** zu vermeiden.

> Can I have some of those grapes? – Which ones? The green ones or the red ones?
> Do you remember that song? I mean the one we heard on the radio last night.

Begriffe, die eine unzählbare Menge angeben wie **sand, water, love** können nicht durch **one/s** ersetzt werden. Hier muss das Wort wiederholt werden.

> The sand on this beach is not as white as the sand on the other one.

Ebenso wenig benutzt man **one/s** nach **Pronomen** wie **my, your, his, her** etc., es sei denn, es folgt ein Adjektiv. Hier steht das Pronomen allein: mine/yours/his/hers/ours/theirs.

> Richard's laptop is not as fast as mine.
> I don't want to take my car: Let's take yours.

Nach **Superlativen** wie **fastest, richest, highest** etc. kann das Stützwort ebenfalls weggelassen werden.

> Who's taller: Richard, Marc or Jessica? – I think Marc is the tallest.
> He asked me about fast animals. I think cheetahs are the fastest.

Little Beasts (own)

3.10 own

Das Wort **own** bedeutet **eigene/m/n/r/s**. Es steht meist zwischen einem **Possessivpronomen** (my, your, his, her, its, our, their) und einem **Substantiv**, oder es folgt in der Wendung **of my/his/her own** dem Substantiv.

> When I'm 18 I'll have my own car.
> The city of Manchester has got its own zoo.
> He's got many problems of his own.
> They've got enough money of their own.

Ebenso kann **own** in Verbindung mit dem unpersönlichen **one's** verwendet werden.

> Everybody should be able to do one's own thing.
> Everybody needs a room of one's own.

Nach dem **indirekten Artikel a/an** darf **own** *nicht* stehen. Für **ein eigener/eine eigene** muss man stattdessen entweder das Possessivpronomen (**my/his/her own**) verwenden oder **of my/his/her own** sagen.

> My sister has got a computer of her own.
> She's got her own CD-player too.

3.11 my/of mine

Little Beasts
(my/of mine)

Im Deutschen macht es einen großen Unterschied, ob man **mein Freund** oder **ein Freund (von mir)** sagt. Im Englischen ist der Unterschied zwar nicht ganz so groß (der Freund, mit dem man zusammen ist, heißt **boy friend**; **my friend** wäre lediglich eine gute Freundin bzw. ein guter Freund), aber dennoch besteht ein gradueller Unterschied zwischen **my friend** und **a friend of mine**.

> I want you to meet Ms Jackson. She's a collegue of mine.
> An old schoolfriend of mine now lives in Glasgow.

Entsprechend der Wendung ... **of mine** heißt es: **of yours, of his, of hers, of ours, of theirs**.

> Are Richard and Jessica good friends of yours?
> Mother saw Jessica sitting in a café with a neighbour of ours. (**US:** neighbor)

Ebenso benutzt man bei Personen das Genitiv-s: **of Richard's, of my brother's** etc. Auf Deutsch heißt es dann **von Richard** oder **von meinem Bruder**.

> I ran into Betty earlier today. She's a friend of Jessica's.
> It was an excellent idea of my teacher's to go and see *Hamlet*.

Stolpersteine – häufig verwechselte Wörter

Little Beasts (beside/besides)

3.12 beside/besides

Beside heißt **neben** oder **an der Seite von**. Besides bedeutet **außer**, **außerdem** oder **überdies**.

> Who's the person standing beside you?
> Right beside the school there's a bakery.
> Who else is coming to the party besides Richard?
> Do you read any other books besides detective stories?

Gelegentlich kommt **beside** auch in den Bedeutungen **außer** und **abgesehen von** vor. Ferner steht es in einigen festen Redewendungen.

> What else do you play beside hockey and basketball?
> This is beside the point.
> She was totally beside herself.

Wenn **besides** allein stehend auftritt, dann heißt es so viel wie **abgesehen davon** oder **außerdem**.

> I don't want to go to the concert. Besides, it's too late anyway.
> We can't afford to buy a new car; besides, the old one is still in good condition.

Little Beasts (by/with)

3.13 by/with

In Passivsätzen werden die Wörter **by** und **with** benutzt, um auszudrücken, **wie** bzw. **womit** etwas geschehen ist. **By** verwendet man, um von einer **Person** oder einer **Sache** zu sprechen (**by-agent**); mit **with** drückt man aus, **womit** oder **mit welchem Ding** etwas durchgeführt wurde.

> Father was hit by a baseball. (Wovon wurde er getroffen?)
> Mr Brown was hit with a baseball bat (by a stranger). (Womit wurde er geschlagen?)

Ebenso kann **with** auch einfach für **gemeinsam mit** stehen.

> She was fired by her boss. (Sie wurde von ihrer Chefin/ihrem Chef gefeuert.)
> She was fired with her boss. (Sie wurde gemeinsam mit ihrer Chefin/ihrem Chef gefeuert.)

4 Einige problematische englische und deutsche Verben

Problematic Verbs

4.1 make/do/take

(make/do/take)

Für Englischlernende ist der Gebrauch der Verben **make**, **do** und **take** nicht immer auf Anhieb einsichtig. Die meisten gängigen Ausdrücke werden mit **make** gebildet. Es gibt jedoch einige wichtige Unterschiede zum deutschen Gebrauch. Verallgemeinernd lässt sich sagen, dass man **make** benutzt, wenn etwas **hergestellt** oder **konstruiert** wird. **Do** steht eher in Zusammenhang mit **Aktivitäten**. Dazu kommen eine Reihe von **feststehenden Ausdrücken**, die einfach gelernt werden müssen.

make	do	take
an attempt	business with sb.	sb.'s advice
a copy of sth.	the cooking	criticism
a deal with sb.	a course	credit cards
a decision	a crossword (puzzle)	an exam
a donation	the dishes	first prize
an effort	an exercise	sb. by the hand
an excuse	sb. a favour (**US:** favor)	sb. home
a film	(sb.'s) homework	an obstacle
a fortune	sb. good/sb. harm	sb. to hospital
a mistake	housework	a picture/pictures
a speech	the laundry	a trip
a noise	nothing	prisoners
an offer	right/the right thing	a rest
a plan	one's shoes	sb. to the station
a phone call	the shopping	a shower, a bath
a promise	the talking	a test
a scene	100 miles per hour	a course
a reservation	the washing up	a walk

Stolpersteine – häufig verwechselte Wörter

Auffallend ist, dass nach **make** meistens der indirekte Artikel folgt, es sei denn das folgende Wort steht im Plural oder ist ein unzählbarer Begriff. Nach **do** kann in einigen feststehenden Ausdrücken auch der direkte Artikel folgen: **do the cooking, do the shopping, do the talking.** Hier noch einige oft gebrauchte Ausdrücke mit **make** ohne Artikel:

make arrangements	make peace
make coffee/tea	make profits/losses
make enemies	make trouble
make love	make smalltalk
make money	make war

Abgesehen davon wird vor allem für Reisen und Ausflüge (eine Radtour machen) die Wendung mit **go** benutzt.

go for a walk
go on a bike trip
go on holiday (**US:** vacation)
go for/have a picnic

Problematic Verbs (bring/take)

4.2 bring/take

Auch die beiden Verben **bring** und **take** werden häufig durcheinander gebracht. **Bring** benutzt man, um eine Bewegung zum Sprechenden hin auszudrücken. **Take** drückt eine Bewegung vom Sprechenden weg aus.

> If my aunt comes to my birthday she'll bring a present.
> What brings you here to our beautiful town?
>
> Father is taking my aunt to the airport tomorrow.
> I took my bicycle to the repair shop.

Bring kann jedoch auch soviel wie **mitbringen** heißen. Das Ziel des Bringens muss dann nicht unbedingt der Sprechende sein.

> Do you mind if I bring a friend to the party?
> I brought you a present from Scotland.
> Sorry, I didn't bring my books. I left them at home.

Einige problematische englische und deutsche Verben

4.3 lie/lay/lie

Es ist fast unvermeidlich, dass Anfänger die Verben **lie** (liegen) und **lay** (legen) verwechseln und darüber hinaus mit **lie** (lügen) vertauschen. **Lie–lay–lain** bedeutet, dass etwas oder jemand in einer ruhenden Position liegt. **Lay–laid–laid** drückt hingegen die Tätigkeit aus, dass jemand etwas irgendwohin legt. **Lie–lied–lied** ist ein ganz regelmäßiges Verb.

Problematic Verbs
(lie/lay/lie)

> **lie** → lying → lay → lain
> = liegen, ruhen (ohne Objekt)
>
> **lay** → laying → laid → laid
> = etw. (hin)legen, über etw. legen (mit Objekt)
>
> **lie** → lying → lied → lied
> = lügen (Lügner = liar)

> I lay awake all night because I couldn't sleep.
> In the morning mother told me not to lie in bed all day.
> So I got up after lying in bed for ten hours.
>
> Father laid a blanket over the couch.
> Look, the chicken is just laying an egg.
> Mother wants me to lay the table. (**US:** set the table)
>
> When I was young I used to lie a lot.
> She lied about her plans.
> Don't tell me lies, don't be a liar.

4.4 use/used to/be used to

Use/used/used ist ein regelmäßig gebildetes Verb und bedeutet **gebrauchen, (be)nutzen, verwenden, anwenden**.

Problematic Verbs
(use/used to/
be used to)

> What program do you use to send e-mails?
> I used a knife to open the bottle.
> Use your imagination!

Used to + Infinitiv bedeutet **früher** und wird benutzt, um auszudrücken, dass jemand in der Vergangenheit etwas regelmäßig getan hat. Der Ausdruck kann auch für vergangene Zustände benutzt werden. Wichtig ist festzuhalten, dass diese Tätigkeit bzw. dieser Zustand in der Gegenwart nicht mehr andauert.

> When I was young I used to play with dolls.
> My aunt used to live in Canada.

Be used to doing sth. heißt **daran gewöhnt sein, etwas zu tun.** Dieser Ausdruck kann sowohl für Tätigkeiten in der Gegenwart als auch für Gewohnheiten in der Vergangenheit benutzt werden. Im Gegensatz zu **used to** liegt die Betonung darauf, dass man nichts dagegen hat oder hatte, etwas regelmäßig zu tun.

> Father is used to getting up at 5.30 in the morning.
> When I was young I was used to eating dinner very early.

Problematic Verbs
(get/go)

4.5 get/go

Allein stehend bedeutet das Verb **get** so viel wie **erhalten/bekommen, holen/besorgen** und auch **verstehen/hören/kapieren.**

> Yesterday I got a letter from Jessica.
> Let's go get something to eat.
> Mother asked me if I could get potatoes from the market.
> She didn't get what I said, so I repeated my question.

Darüber hinaus kommt **get** in sehr vielen Kombinationen vor. Es kann mit einem **Adjektiv, Infinitiv, Partizip Perfekt**, dem **Gerund**, einer **Präposition** oder einem **adverbialen Partikel** verbunden werden. Oftmals wird in diesen Kombinationen eine Veränderung ausgedrückt. Menschen und Dinge ändern ihren Zustand, sie bewegen sich oder beginnen neue Tätigkeiten.

> When you get old, your memory gets worse. (get + Adjektiv)
> Mother says Richard is a nice boy when you get to know him. (get + Infinitiv)
> Let's get going. We're late. (get + –ing-Form)
> How did the window get broken? (get + Partizip Perfekt)
> Would you mind getting off my foot? (get + Präposition)

Häufig wird **get** im Zusammenhang mit **Aufforderungen** an andere Personen verwendet.

Einige problematische englische und deutsche Verben

Get out!/Get lost!/Get back!/Get in!/Get up! etc. (get + adverbiales Partikel)
Get your hair cut! Get out of here, fast!

Steht **get** in Verbindung mit einem **Partizip Perfekt**, dann hat der Satz meist eine passive Bedeutung: **get hit, get invited, get attacked, get caught** etc. **Get** wird hier vor allem dann benutzt, wenn es sich um plötzliche, unerwartete oder zufällige Handlungen handelt.

Our car got damaged in an accident. (was damaged)
How did your bicycle get broken? (How was ... broken?)
Did you get invited to the party? (Were you invited ...)
Aber: Our house was built in 1908. (got wäre hier nicht richtig)

Get lässt sich mit fast jeder Präposition verbinden. Hier eine kleine Auswahl:

get across sth.	→ etw. verständlich machen
get after sb.	→ jem. verfolgen
get ahead	→ vorwärts kommen
get at sth.	→ auf etw. hinauswollen
get at sb.	→ jem. kritisieren
get back	→ zurück(be)kommen
get behind	→ jem./etw. unterstützen
get beyond sth.	→ etw. überwinden
get down	→ etw. niederschreiben/sich bücken
get in	→ hineingeben/dazwischenschieben
get in/out	→ ein-/aussteigen (Auto)
get off sth.	→ etw. entfernen/Arbeit beenden
get off with sth.	→ mit etw. davonkommen
get on	→ vorankommen/weitermachen
get on/off	→ ein-/aussteigen (Bus, Zug etc.)
get on with sb.	→ mit jem. gut auskommen
get over sb./sth.	→ über jem./etw. hinwegkommen
get through	→ durchdringen/durchkommen
get to sb.	→ jem. erreichen
get together	→ sich treffen/zusammenkommen
get up	aufstehen/hinaufsteigen

Stolpersteine – häufig verwechselte Wörter

Es gibt jedoch auch **Adjektive**, die lieber mit dem Verb **go** verbunden werden, vor allem, wenn es sich um **farbliche Veränderungen** handelt (s. auch unter **werden**).

go red	→ erröten
go pale	→ blass werden
go white with anger	→ weiß werden vor Wut
go blue with cold	→ blau anlaufen vor Kälte

Weitere Kombinationen mit go:

go bald	→ eine Glatze bekommen
go lame	→ lahm werden
go wrong	→ etw. falsch machen
beer goes stale	→ Bier steht ab
milk goes sour	→ Milch wird sauer
iron goes rusty	→ Eisen verrostet, wird rostig

Problematic Verbs
("lassen")

4.6 lassen

Eine englische Entsprechung für das Verb **lassen** zu finden, ist nicht immer einfach. Neben dem Verb **let** treten in vielen Kombinationen die Verben **leave** und **have** auf. Vor allem die Verwendung der Ausdrücke mit **have** wie in **have sb. do sth.** sollte man sich einprägen. Ferner gibt es eine Reihe von englischen Verben, die im Deutschen mit oder ohne **lassen** übersetzt werden können.

(let)

let

Das Verb **let** wird oft im Sinne von **jemand etwas tun lassen, jemand gewähren lassen** oder **etwas erlauben** verwendet.

hinein-/hinauslassen	→ let sb. in/let sb. out
jem. etw. haben lassen	→ let sb. have sth.
etw. zulassen (erlauben)	→ let sb. do sth.
jem. gehen lassen	→ let sb. go
jem. ausreden lassen	→ let sb. finish speaking
etw. geschehen lassen	→ let sth. happen
lass/lasst uns etw. tun	→ let us do sth.
Lass mich das machen!	→ Let me do that!
Lass mich dir helfen!	→ Let me help you!

Einige problematische englische und deutsche Verben

leave (leave)

Dagegen schwingt im Verb **leave** eher ein Ton von **etwas so lassen, wie es ist**, oder **etwas unangetastet lassen** mit.

etw. lassen, wie es ist	→ leave sth. as it is
jem./etw. zurücklassen	→ leave sb./sth. behind
jem. in Ruhe lassen	→ leave sb. alone
Lass das Licht brennen!	→ Leave the light on.

have (have)

Die Kombination mit **have** wird oftmals in dem Sinne gebraucht, dass man **jemand anderen damit beauftragt, etwas zu tun**.

jem. etw. tun lassen → have sb. do sth.
(I'll have Mr Brown mow the lawn.)

etw. machen lassen → have sth. done
(I want him to have it done by 5 o'clock.)

etw. reparieren lassen → have sth. repaired
(I'll have my bike repaired tomorrow.)

sich fotografieren lassen → to have sb.'s picture taken
(We'll have our picture taken later today.)

Andere Verben (other verbs)

In nicht wenigen Fällen benutzt man im Englischen ein **Verb** oder **Adjektiv**, wo im Deutschen eine Kombination von **Verb + lassen** steht.

jem. warten lassen	→ keep sb. waiting
etw. unterlassen	→ refrain from doing sth.
etw. sein lassen	→ stop doing sth.
sich scheiden lassen	→ get a divorce
von etw. lassen (aufgeben)	→ give up sth.
die Tür lässt sich leicht öffnen	→ the door opens easily
das Buch lässt sich verkaufen	→ the book sells well
einen Bart wachsen lassen	→ to grow a beard
sich mal wieder sehen lassen	→ drop in/by sometime
etw. lässt sich machen	→ sth. can be done

Stolpersteine – häufig verwechselte Wörter

Problematic Verbs ("werden")

4.7 werden

Bei der Bildung der beiden Futurformen **Future Tense** und **Future Perfect** wird eine Form von **will** und in bestimmten Fällen auch **going to** verwendet. Hier ist **will** (wie auch **werden** in deutschen Sätzen) ein Hilfsverb. Im Deutschen kann man **werden** aber auch als **Vollverb** gebrauchen, wie in dem Satz: **Ich werde Lehrer**. Das englische **will** lässt sich nicht in derselben Weise verwenden, sodass andere Verben gefunden werden müssen, z. B. **become** und **turn**. Ferner kommt **werden** in Konstruktionen vor, die eine Zustandsänderung beschreiben und sich eher auf die Gegenwart als die Zukunft beziehen, z.B. **Ich werde müde** oder **Es wird dunkel**. Hier kommen vor allem die Verben **get** und **go** zum Einsatz. Darüber hinaus gibt es einige Ausdrücke mit **grow** und **feel**.

(become)

become

Das Verb **become** wird vor allem in **beruflichen Zusammenhängen** verwendet. **Become** darf nicht mit dem deutschen **bekommen** verwechselt werden. Das wird meistens mit **get** gebildet.

Lehrer werden	→ become a teacher
Was willst du werden?	→ What do you want to be?
Was ist aus ihr geworden?	→ What has become of her?

(turn)

turn

Soll **werden** eine mehr oder weniger schnelle **Veränderung eines Zustandes** oder **Verwandlungen** beschreiben, dann steht im Englischen oftmals **turn**. In deutschen Sätzen wird hier natürlich auch das Verb **(sich) verwandeln** gebraucht.

zu etw. werden	→ turn into sth.
zum Alptraum werden	→ turn into a nightmare
17 Jahre alt werden	→ turn 17 (years old)
zum Verräter werden	→ turn traitor/betray sb.
die Milch wurde sauer	→ the milk turned sour
ihr Gesicht wurde rot	→ her face turned red
er wurde zum Tier	→ he turned into an animal

Einige problematische englische und deutsche Verben

go (go)

Handelt es sich um eine eher **langsam voranschreitende Veränderung**, dann wird auch die Kombination **go + Adjektiv** verwendet. Spielen bei diesen Verwandlungen **Farben** eine Rolle, dann wird meistens **go** verwendet. Go steht jedoch in der Regel *nicht* in Verbindung mit den Adjektiven **old, tired** und **ill**.

verrückt werden	→ go mad
erblinden	→ go blind
taub werden	→ go deaf
grau werden (Haare)	→ go grey
schlecht werden (Lebensmittel)	→ go bad
schimmelig werden (Käse)	→ go mouldy (**US**: moldy)

get (get)

Kombinationen mit **get + Adjektiv** werden sehr häufig gebraucht. Einige dieser Ausdrücke gibt man im Deutschen mit **werden** wieder. Bei **Passivsätzen** setzt man Formen von **get** ein, um einen **Zustand** auszudrücken (im Gegensatz zu der Verwendung der Formen von **be**, wenn es um eine passive **Handlung** geht).

spät werden	→ get late
dunkel werden	→ get dark
kalt werden	→ get cold
nass werden	→ get wet
betrunken werden	→ get drunk (nicht: drunken)
wütend werden	→ get angry/become angry
schwanger werden	→ get pregnant/become pregnant

Andere Verb-Adjektiv-Kombinationen — Verb + Adjective

jemandem ist heiß	→ sb. feels hot
sich krank fühlen	→ feel sick
größer werden	→ grow taller
alt werden	→ grow old
entlassen werden	→ be dismissed
es wird Sommer	→ summer is coming

Stolpersteine – häufig verwechselte Wörter

Problematic Verbs ("sollen")

4.8 sollen

Das englische Hilfsverb **shall** (sollen/werden) stimmt nur in **Fragen** und altmodisch klingenden **Verboten** mit dem deutschen **sollen** überein.

> Shall I open the window? – No, you shall not!

Die Vergangenheitsform von **shall**, nämlich **should**, drückt eine **Möglichkeit** aus und bedeutet **sollte** oder **müsste**.

> You should open the window. The air is very stale.
> But you shouldn't leave it open all day.

(be supposed to)

be supposed to

In Sätzen, in denen das deutsche **sollen** einer **Aufgabe** oder **Vereinbarung** entspricht (Ich soll hier etwas abholen.), ist **shall** nicht möglich. Hier muss man auf die Ersatzform **be supposed to** zurückgreifen.

> I'm supposed to pick up a computer manual here.
> Mother is supposed to write an article for the *Observer*.

Ebenso ist **be supposed to** zu verwenden, wenn **sollen** ein **Gerücht** oder eine **Behauptung** ausdrückt (Sie soll sehr schön sein.). Auch die Form **be said to** (man sagt, dass ...) ist hier möglich.

> She's supposed to be very beautiful. (She is said to be ...)
> He's supposed to have three dogs. (He is said to have ...)

(want sb. to do sth.)

want sb. to do sth.

Wenn man möchte, dass eine andere Person etwas tut (Du sollst das Fenster öffnen.), wird vor allem im gesprochenen Englisch die Wendung **want sb. to do sth.** verwendet.

> I want you to open the window.
> Do you want me to close the door?

be intended to

Schließlich wird **sollen** im Deutschen auch für **Absichten** verwendet. Auch hier muss mit einer Ersatzform gearbeitet werden: **be meant to** oder **be intended to**.

> The bridge is meant to reduce the distance by 20 miles.
> What I said was intended as a compliment.

5 Britisches und amerikanisches Englisch

UK and US

> *We have really everything in common with America nowadays except, of course, language.*
> Oscar Wilde

5.1 Begriffe

UK and US (words)

Obwohl Briten und Amerikaner dieselbe Sprache sprechen, gibt es in allen Bereichen des täglichen Lebens eine ganze Reihe unterschiedlicher Wörter für gleiche Handlungen oder Dinge. Die folgenden Tabellen präsentieren einen Ausschnitt der jeweils bevorzugten Begriffe. Der besseren Übersicht wegen wurden die Wörter zu einzelnen Themenfeldern zusammengefasst.

Die strikte Teilung in zwei Spalten soll jedoch nicht den Eindruck erwecken, dass die hier vorgestellten Wörter ausschließlich in dem einen oder anderen Land Verwendung finden. Sie zeigt lediglich Tendenzen und Vorlieben auf. In der Regel verstehen die Briten die Amerikaner besser als umgekehrt, was wohl daran liegt, dass in Großbritannien mehr amerikanische Filme und Fernsehserien gesehen werden als britische in den USA.

Neben dem Gebrauch unterschiedlicher Wörter wird am Ende noch kurz auf die Unterschiede in Grammatik und Rechtschreibung eingegangen.

Schule und Universität

School and University

Britisch	Amerikanisch	Deutsch
bin	waste basket	Papierkorb
biro/pen	pen	Kugelschreiber
blackboard	chalkboard	Tafel
caretaker	janitor/superintendent	Hausmeister
christian name	first name	Vorname
drawing pin	thumbtack	Reißzwecke
form	grade	Schuljahr/Klasse
headmaster/headmistress	principal	Schulleiter/Rektor

Stolpersteine – häufig verwechselte Wörter

mark	grade	Note
maths	math	Mathe
penfriend	penpal	Brieffreund/in
primary/ elementary school	grade school	Grundschule
pupil	student	Schüler
rubber	eraser	Radiergummi
set squares	triangle	Geodreieck
staff	faculty	Lehrerkollegium
state school	public school	staatliche Schule
surname	last name	Nachname
timetable	schedule	Stundenplan
term	semester/term	Semester

Babies and Children — *Babys und Kinder*

Britisch	Amerikanisch	Deutsch
antenatal	prenatal	vor der Geburt
bring up	raise	aufziehen
cot	crib	Kinderbett
crèche	day-care center	Kinderkrippe
dummy	pacifier	Schnuller
milk tooth	baby tooth	Milchzahn
mum	mom	Mama/Mami
nursery school	kindergarten	Kindergarten
pram	baby carriage/ buggy	Kinderwagen
pushchair	stroller	Buggy

In and around the House — *Im und ums Haus*

Britisch	Amerikanisch	Deutsch
aerial	antenna	Antenne
bath	bathtub	Badewanne
bedside table	nightstand	Nachttisch
block of flats	apartment house	Wohnblock
bread bin	bread box	Brotkasten
cooker	stove	Herd
curtains	drapes	Vorhänge

Britisches und amerikanisches Englisch

drainpipe	drain	Abfluss
dustcart	garbage truck	Müllabfuhr
duster	dust cloth	Staubtuch
dustman	garbage collector	Müllmann
first floor	second floor	erster Stock
flannel	washcloth	Waschlappen
flat	apartment	Wohnung
frying pan	skillet	Bratpfanne
garden	yard/lawn	(Vor)Garten
ground floor	first floor	Erdgeschoss
hoover	vacuum cleaner	Staubsauger
lift	elevator	Aufzug
(linen) cupboard	(linen) closet	(Wäsche)Schrank
rubbish	garbage/trash	Müll
tap	faucet	Wasserhahn
telly	TV/television	Fernseher
toilet/loo	bathroom	Toilette/Klo (Badezimmer)
torch	flashlight	Taschenlampe
washbasin	sink/washbowl	Waschbecken

Auf der Straße — In the Street

Britisch	Amerikanisch	Deutsch
accelerator	gas pedal	Gaspedal
bonnet	hood	Motorhaube
boot	trunk	Kofferraum
break-down lorry	tow truck	Abschleppwagen
car	car/auto	Auto
car park	parking lot	Parkplatz
caravan	trailer	Wohnwagen
coach	long distance bus	Überlandbus
constable	policeman/ policewoman	Polizist/in
crossroads	intersection	Kreuzung
diversion	detour	Umleitung
double-decker	two-level bus	Doppeldeckerbus

Stolpersteine – häufig verwechselte Wörter

driving licence	driver's license	Führerschein
estate car	station wagon	Kombi
fire brigade	fire department	Feuerwehr
flyover	overpass	Überführung
gear lever	gearshift/shift (stick)	Schaltknüppel
give sb. a lift	give sb. a ride	jem. (im Auto) mitnehmen
give way	yield	Vorfahrt gewähren
goods train	freight train	Güterzug
handbreak	emergency brake	Handbremse
high street	main street	Hauptstraße
hire a car	rent a car	ein Auto mieten
indicator	turn signal/blinker	Blinker
lorry	truck	Lkw
loudhailer	bullhorn	Megaphon
motorway	highway/freeway/interstate/turnpike	Autobahn
multi-storey car park	parking garage	Parkhaus
number plate	license plate	Nummernschild/Kennzeichen
overtake	pass	überholen
pavement	sidewalk	Bürgersteig/Trottoir
pedestrian crossing	crosswalk	Zebrastreifen
petrol	gas	Benzin
petrol/filling station	gas station	Tankstelle
puncture	flat tire	platter Reifen
rear light	tail light	Rücklicht
ringroad	beltway	Ringstraße
roundabout	traffic circle	Kreisverkehr
saloon car	sedan	Limousine
silencer	muffler	Schalldämpfer
station house	police station	Polizeiwache

Britisches und amerikanisches Englisch

town centre	downtown	Innenstadt
transport café	truck stop	Raststätte
truncheon	nightstick	Gummiknüppel/ Schlagstock
tyre	tire	Reifen
underground	subway	U-Bahn
windscreen	windshield	Windschutzscheibe
wing	fender	Kotflügel
wing mirrow	side mirror	Außenspiegel

Essen und Einkaufen

Eating and Shopping

Britisch	Amerikanisch	Deutsch
aubergine	eggplant	Aubergine
beetroot	beet	Rote Beete
biscuit	cookie	Plätzchen
chips	French fries	Pommes Frites
cornflour	cornstarch	Maismehl
courgette	zucchini	Zucchini
crisps	potato chips	Kartoffelchips
fairy cake	cupcake	kl. runder Kuchen
go to the shops	go to the store	einkaufen gehen
haberdashery	notions	Kurzwaren
handbag	purse	Handtasche
jug	pitcher	Karaffe, Krug
maize	sweet corn	Mais
mouldy	moldy	schimmelig
packet of cigarettes	pack of cigarettes	eine Schachtel Zigaretten
pocketbook	wallet	Brieftasche
queue up	stand/wait in line	anstehen, Schlange stehen
salt cellar	salt shaker	Salzstreuer
shop	store	Laden
shopping centre	shopping mall	Einkaufszentrum
stone	pit	Obstkern/stein
sweets	candy	Bonbons
tin	can	Dose
trolley	cart	Einkaufswagen

Stolpersteine – häufig verwechselte Wörter

Clothing *Kleidung*

Britisch	Amerikanisch	Deutsch
anorak	parka	Anorak
bowler (hat)	derby	Melone
braces	suspenders	Hosenträger
cloakroom	checkroom	Garderobe
dinner jacket	tuxedo	Smoking
dressing gown	bathrobe	Bademantel
flip-flops	thongs	Badelatschen
grey	gray	grau
mackintosh	raincoat	Regenmantel
nightie/ nightdress	nightgown	Nachthemd
polo neck	turtleneck	Rollkragenpullover
pyjamas	pajamas	Schlafanzug
tartan	plaid	Schottenkaro
tights	pantyhose	Strumpfhose
trousers	pants/slacks	Hose
(under)pants	(under)shorts	Unterhose
vest	undershirt	Unterhemd
waistcoat	vest	Weste
windchester	windbreaker	Windjacke
zip	zipper	Reißverschluss

Sports, Leisure and Holidays (Vacation) *Sport, Freizeit, Urlaub*

Britisch	Amerikanisch	Deutsch
American football	football	Football
athletics	track and field	Leichtathletik
autumn	fall	Herbst
barman	bartender	Barkeeper
campsite	campground	Campingplatz
carriage/coach	car	Waggon (Zug)
cinema	movie theater	Kino
cycle path	bikepath	Radweg
draughts	checkers	Dame (Spiel)
draw	tie	unentschieden
film	movie	Film

Britisches und amerikanisches Englisch

football	soccer	Fußball
guard	conductor	Schaffner
hockey	field hockey	Hockey
holiday	vacation	Urlaub, Ferien
ice hockey	hockey	Eishockey
interval	intermission	Pause
level crossing	railroad crossing	Bahnübergang
luggage	baggage	Gepäck
match	game	Spiel
noughts and crosses	tic tac toe	Strategiezeichen-spiel
one-armed bandit	slot machine	Spielautomat
pack of cards	deck of cards	Kartenspiel
patience	solitaire	Patience
press-up	push-up	Liegestütze
return ticket	round-trip ticket	Hin- und Rückfahrt
rucksack	backpack	Rucksack
sailing boat	sailboat	Segelboot
shooting	hunting	Jagd
single ticket	one-way ticket	einfache Fahrt
sledge	sled	Schlitten
toilet	restroom/bathroom	Toilette
tram	street car	Straßenbahn

Tiere — Animals

Britisch	Amerikanisch	Deutsch
cobweb	spiderweb	Spinnennetz
cock	rooster	Hahn
ladybird	ladybug	Marienkäfer
pig	hog	Schwein

Körper und Gesundheit — Body and Health

Britisch	Amerikanisch	Deutsch
chemist/pharmacist	pharmacist/druggist	Apotheker
chemist's	pharmacy	Apotheke
doctor's surgery	doctor's office	Arztpraxis

Stolpersteine – häufig verwechselte Wörter

fringe	bangs	Pony (Frisur)
hairgrip	bobby pin	Haarklemme
ill	sick	krank
injection	shot	Spritze
long-sighted	far-sighted	weitsichtig
matron	head nurse	Oberschwester
medicine	drugs	Medikamente
nail varnish	nail polish	Nagellack
nappy	diaper	Windel
operating theatre	operating room	Operationssaal/OP
plait/pigtail	braids	Zopf
plaster	band aid	Pflaster
sanitary towel	sanitary napkin	Damenbinde
short-sighted	near-sighted	kurzsichtig
sideboards	sideburns	Koteletten
surgery hours	office hours	Sprechstunde
tissue	Kleenex	Papiertaschentuch

Job and Economy — *Beruf und Wirtschaft*

Britisch	Amerikanisch	Deutsch
barrister/solicitor	lawyer/attorney	Rechtsanwalt
curriculum vitae	résumé	Lebenslauf
managing director	president	Geschäftsführer
personnel department	human resources	Personalabteilung
public prosecutor	district attorney	Staatsanwalt
shareholder	stockholder	Aktionär
trade union	labor union	Gewerkschaft

Money and Banking — *Geld und Bank*

Britisch	Amerikanisch	Deutsch
bill	check	Rechnung
cashier	bank teller	Kassierer
current account	checking account	Girokonto

Britisches und amerikanisches Englisch

deposit account	savings account	Sparbuch
handbag	purse/pocketbook	Handtasche
hire purchase	installment plan	Ratenzahlung
purse	coin purse	Geldbörse/ Portemonnaie
(pound) note	(dollar) bill	Geldschein

Telefon und Post — Telephone and Mail

Britisch	Amerikanisch	Deutsch
dialling code	area code	Vorwahl
engaged	busy	besetzt
ex-directory	unlisted/not listed	nicht im Telefonbuch
free phone (number)	toll-free number	gebührenfreie Rufnummer
mobile (phone)	cell phone	Handy
parcel	package	Paket
phone (give sb. a ring)	call	anrufen
phone box	phone booth	Telefonzelle
post a letter	send/mail a letter	einen Brief (ver)schicken
post box/ letter box	mail box	Briefkasten
post code	zip code	Postleitzahl
postman	mailman	Briefträger

Ministerien und Minister — Ministries and Ministers

Britisch	Amerikanisch	Deutsch
Chancellor of the Exchequer	Secretary of the Treasury	Finanzminister/in
Department of Trade and Industry	Department of Commerce/ Commerce Department	Wirtschafts- ministerium
Foreign Office	Department of State/State Department	Außenministerium

Stolpersteine – häufig verwechselte Wörter

Foreign Secretary	Secretary of State	Außenminister/in
Home Office	Department of the Interior	Innenministerium
Home Secretary	Secretary of the Interior	Innenminister/in
minister/secretary	secretary	Minister/in
Minister of Defence	Secretary of Defense	Verteidigungsminister/in
ministry (department)	department (ministry)	Ministerium
Ministry of Defence	Department of Defense/Defense Department	Verteidigungsministerium
Minister of Justice	Attorney General	Justizminister/in (US: auch Generalstaatsanwalt/in)
Ministry of Justice	Department of Justice/Justice Department	Justizministerium
Trade (and Industry) Secretary	Secretary of Commerce	Wirtschaftsminister/in
Treasury/Tax and Finance Ministry	Department of the Treasury/Treasury Department	Finanzministerium

UK and US (spelling)

5.2 Rechtschreibung

Die amerikanische Rechtschreibung unterscheidet sich von der britischen durch folgende Merkmale:

→ Weglassen des Buchstabens **u** in der Endung **-our**

UK: behaviour, colour, neighbour
US: behavior, color, neighbor

→ Benutzung der Endung **-ter** statt **-tre**

UK: centre, metre, theatre
US: center, meter, theater

Britisches und amerikanisches Englisch

→ Vereinfachung der Endung vor allem bei fremdsprachigen Wörtern

UK: catalogue, dialogue, cheque, programme (Ausnahme: computer program)
US: catalog, dialog, check, program

→ Verdoppelung des Endkonsonanten –l erfolgt nur, wenn der Akzent auf der letzten Silbe liegt

UK: councillor, jewellery, quarrelled, travelling
US: councilor, jewelry, quarreled, traveling

→ häufige Benutzung von –s anstelle von –c in der Endsilbe –ence

UK: defence, licence, offence
US: defense, license, offense

→ stummes –e fällt bei einigen Wörtern weg

UK: abridgement, acknowledgement, judgement
US: abridgment, acknowledgment, judgment

→ Verwendung der Endsilbe –ction statt der im britischen Englisch bei einigen Substantiven vorkommenden Endung –xion

UK: connextion, inflexion, reflexion
US: connection, inflection, reflection

5.3 Grammatik

UK and US (grammar)

Der auffallendste grammatische Unterschied zwischen dem britischen und dem amerikanischen Englisch liegt im Gebrauch des **Present Perfect**. Während in Großbritannien bei einer Frage mit **ever** (jemals) das **Present Perfect** üblich ist, verwendet man in Amerika eher das **Past Tense**.

UK: Have you ever seen *The Matrix*? – It's the best film I've ever seen.
US: Did you ever see *The Matrix*? – It's the best movie I ever saw.

Stolpersteine – häufig verwechselte Wörter

Ebenso gebraucht das **Amerikanische** eher das **Past Tense**, wenn eine Handlung gerade (**just**) oder bereits (**already**) beendet wurde.

> **UK:** He has just returned from a trip to Spain./Marc has already cleaned the window.
> **US:** He just returned from a trip to Spain./Marc already cleaned the window.

Die **3. Form** des Verbs **get** lautet im Amerikanischen **gotten**. Es wird allerdings nur in den **Perfektzeiten** benutzt.

> **UK:** I have never got (a)round to writing her another letter.
> **US:** I have never gotten around to writing her another letter.

Steht **have got** für **haben** oder **besitzen**, so heißt es auch im Amerikanischen **have got**:

> **US:** I've got three sisters. He has got five cars.

Ferner ist vor allem im **gesprochenen Amerikanisch** ein Rückgang bei der Verwendung von **Adverbien** festzustellen.

> **UK:** She sings very nicely.
> **US:** She sings very nice.

Auch die Verwendung der **Präpositionen** ist unterschiedlich. In einigen Fällen benutzt man verschiedene Präpositionen, in anderen Fällen lassen Amerikaner Präpositionen weg, wo Briten sie benutzen würden (und umgekehrt).

> **UK:** at the weekend, in the street, five minutes past ten
> **US:** on the weekend, on the street, five minutes after ten

> **UK:** look out of the window, see you on Monday, I'll be at home, check something
> **US:** look out the window, see you Monday, I'll be home, check something out

Zuletzt sei noch angemerkt, dass Australier und Neuseeländer ebenfalls einen sehr eigenen Sprachgebrauch pflegen.

6 Großschreibung

Capitalization

Die Regeln zur Großschreibung in der englischen Sprache unterscheiden sich von denen der deutschen gar nicht so sehr, wie es den Anschein hat. Wesentlich sind nur zwei Unterschiede: **Hauptwörter** (Substantive) werden **kleingeschrieben**, und die **Adjektivform** der **Länder-** und **Sprachenbezeichnungen** wird **großgeschrieben**. Hier die wichtigsten Regeln. Großgeschrieben wird:

→ das **erste Wort eines Satzes** nach einem Punkt. Nach Doppelpunkt wird nur großgeschrieben, wenn ein ganzer Satz folgt

I had a date with Betty: So I was able to forget Jessica at last.

→ das **erste Wort eines vollständigen Zitats** (**nicht** bei eingeschobenen Bemerkungen)

Ahab said, "All visible objects are but as pasteboard masks." **Aber:** She used the word "obnoxious" to describe his behaviour. (**US:** behavior)

→ der **Name** einer Person

Jessica, Michael Peterson, Betty van Buren (auch Van Buren)

→ der **eingeschobene Großbuchstabe** bei einigen Namen

Arthur McCloud, Philipp MacDermott, Jamie LeRoy

→ jeder **Eigenname**

the Statue of Liberty, the Berlin Wall, the Internet

→ der Name eines **Landes** oder einer **Nationalität** (auch wenn als Adjektiv gebraucht); gehört ein bestimmter Artikel zum Landesnamen, wird auch er großgeschrieben

Great Britain, The United States of America, The Netherlands, El Salvador
Scottish bag pipes, Australian didgeridoos, German lederhosen, the English language

Stolpersteine – häufig verwechselte Wörter

→ der Name von **Bundesstaaten, Territorien, Flüssen, Bergen und Bergketten**

Yorkshire, Massachusetts, Yukon Territory, the Mississippi River, the Rocky Mountains

→ der Name einer **Region** mit Angabe der **Himmelsrichtung** (wenn es ein Eigenname ist)

Southern France, the Middle East, Middle West, the Orient

→ der Name einer **Stadt** (in der Regel **nicht**, wenn er als Adjektiv gebraucht wird)

London, Manchester, Chicago, San Francisco, CA
Aber: hamburger, frankfurter (auch: Frankfort sausage), wieners (auch: Vienna sausage)

→ der Name einer **Straße** oder eines **Viertels**

Boyle Street, 5th Avenue; Soho, Greenwich Village

→ der Name eines öffentlichen **Gebäudes**

the Victoria & Albert Museum, New York Central Station, Cologne Cathedral

→ eine **Epoche** der Weltgeschichte (**nicht** jedoch ein Jahrhundert)

the Middle Ages, the Enlightenment, the Roman World, the New World
Aber: the 20th century

→ ein **historisches Ereignis**

World War I, the Second World War, the French Revolution, the Fall of Constantinople

→ der Name eines **Wochen-** oder **Feiertags** oder eines **Monats** (**nicht** jedoch der Jahreszeiten)

Monday, Wednesday, Sunday; New Year's Eve, Boxing Day; April, June, September
Aber: spring, summer

→ ein (akademischer) **Grad** oder **Beruf**, wenn er als **Titel** verwendet wird

Zeichensetzung

Dr Johnson (**US:** Dr.), Lisa McGuire PhD (**US:** Ph.D.), Lord Battlefield, President Rosenberg

→ ein **Buch-, Film,- Musiktitel** etc. (man kann entweder alle Wörter großschreiben oder die unbetonten Präpositionen ausnehmen)

The Sun Also Rises, The Naked and the Dead, A Hard Day's Night

→ der Name von **Zeitungen, Zeitschriften, Magazinen** etc. (**nicht** jedoch der bestimmte Artikel)

the Times, the Washington Post; the Cosmopolitan, Newsweek

→ ein **religiöser Begriff**, der Name eines **Glaubensbekenntnisses**

the Holy Bible, Christianity, the Divine Father, the Messiah, a Buddhist, a Moslem, a Jew

→ der Name eines **Planeten** (aber nicht sun, moon, earth)

Mars, Jupiter, Neptune

7 Zeichensetzung

Punctuation

Die Regeln der Zeichensetzung sind im Englischen lange nicht so strikt und kompliziert wie im Deutschen. Vor allem die Kommaregeln sind einfacher. Ob ein Komma gesetzt wird oder nicht, liegt oftmals am Sprachgefühl des Schreibenden, je nachdem, ob er (oder sie) eine Sprech- bzw. Lesepause im Satz einlegen möchte oder nicht. Kommas werden oft gesetzt, um Missverständnisse zu vermeiden. Es gibt allerdings einige mehr oder weniger feste Regeln, die zu beachten sind.

7.1 Komma

Punctuation (comma)

→ um mehrere Worte einer **Liste** oder Serie zu trennen (**US:** auch vor **and** oder **or**)

I like grapes, bananas and apples.

Stolpersteine – häufig verwechselte Wörter

→ um **nicht notwendige Informationen** abzutrennen

My teacher, who has an odd sense of humour, has been teaching for 20 years. (US: humor)

→ um **zusätzliche Wörter** oder **Phrasen** nach einem Substantiv abzutrennen (**nicht** bei Namenszusätzen wie William the Conquerer, Charles the Fair etc.)

Herman Melville, the great 19th century novelist, was born in 1819.

→ um **zwei Hauptsätze**, die mit einer **Konjunktion** verbunden sind, zu trennen (kann bei kurzen Sätzen auch wegfallen, vor allem, wenn beide Satzteile dasselbe Subjekt haben)

My aunt lives in San Francisco, and her brother works in London.

→ um **Einschübe** wie **however, moreover, nevertheless, indeed, too, now, no doubt, such as, for example, of course, I think, by the way** etc. abzutrennen, vor allem dann, wenn sie auch weggelassen werden könnten

We knew, of course, that he was lying.

→ um Satzelemente zu trennen, die ohne Komma **doppeldeutig** oder **missverständlich** wären

As he entered, in the room was a dark figure waiting.
To Jessica, Richard was very kind.
Instead of 100, 60 students showed up.

→ um einen **Nebensatz** von einem Hauptsatz zu trennen, aber in der Regel nur, wenn der Nebensatz **vor** dem Hauptsatz steht

If I went to San Francisco next month, I would walk across the Golden Gate Bridge.

→ um **einleitende Phrasen** abzutrennen (kann bei kurzen Phrasen auch wegfallen, wenn sich damit der Sinn des Satzes nicht verändert)

Being tall, she often gets teased.
Yes, I'd like to go home.

Zeichensetzung

→ um eine **direkte Anrede** abzutrennen

How was your trip, Kathy?

→ um eine **Nachfrage** (question tag) abzutrennen

You won't do that again, will you?

→ um ein **direktes Zitat** einzuleiten

The first sentence is, "Call me Ishmael."

→ nach **Anrede** oder abschließendem **Gruß** in einem persönlichen Brief

Dear Mary,
Sincerely, Fred

→ um **Titel** vom Namen zu trennen (**US:** mit Punkten Ph.D., Jr.)

Sarah Little, PhD
Henry Jackson, Jr
Philip Smith, Esq

→ um die **Jahreszahl** von Monat und Datum zu trennen (**UK:** auch ohne Komma.)

The meeting will take place on August 7, 2005.

→ um **längere Zahlen** lesbarer zu machen (wie unser Tausendertrennzeichen; **nicht** bei Jahreszahlen)

8,412
12,090
86,493,400

→ um in einer **Adresse** die Stadt von der Abkürzung für den Stadtbezirk oder Bundesstaat zu trennen

London, SW 1
Boston, MA 02116

→ um die **Hausnummer** vom Namen der Straße zu trennen

12, Boyle Street
1208, West 4th Avenue

Stolpersteine – häufig verwechselte Wörter

Punctuation (period)

7.2 Punkt

→ um das **Ende eines Satzes** anzuzeigen

He went home.

→ bei **Aufzählungen**

a. Homework   1. Vocabulary test
b. Sport   2. Listening comprehension

→ um bei einer **Zeitangabe** die Stunden von den Minuten zu trennen. Hier kann auch ein Doppelpunkt stehen

The concert starts at 8.15 pm.
The train arrives at 9:30 am.

→ um **Dezimalstellen** abzutrennen (deutsch: Komma)

1 mile equals 1.609 kilometers.

→ (**US:**) nach Abkürzungen (**UK:** meistens ohne Punkt), **nicht** nach römischen Zahlen

Mr./Ms./Mrs.
i.e. (id est = d. h. → das heißt)
e. g. (exempli gratia = z. B. → zum Beispiel)
Ph.D. (Doctor of Philosophy)
Aber: King George III/Superbowl XXVIII

Punctuation (colon)

7.3 Doppelpunkt

→ um eine **Liste** oder eine **Erläuterung** und **Erweiterung** des **Vorangegangenen** anzukündigen

Please provide the following: your name, address and phone number.
It's a very important novel: an investigation into the meaning of life.

→ vor einem **langen Zitat** (in der Regel steht vor Zitaten ein Komma)

In 1798 William Wordsworth wrote: "..."

→ um bei einer **Zeitangabe** die Stunden von den Minuten zu trennen. Hier kann auch ein Punkt gesetzt werden

The train arrives at 9:30 am.
The concert starts at 8.15 pm.

→ (**US:**) nach der **Anrede** in einem förmlichen Geschäftsbrief

Dear Sir or Madam:
Dear Mr. Brown:

7.4 Strichpunkt

Punctuation (semicolon)

→ um **zwei Hauptsätze**, die **nicht** mit einer Konjunktion verbunden sind, voneinander zu trennen

Only two seats were left; we needed three.

→ um **zwei Hauptsätze** voneinander zu trennen, wenn der zweite mit **however, consequently, indeed, moreover, nevertheless, therefore, thus, yet** etc. beginnt

We waited an hour; however, we could have waited indefinitely.

→ um **längere Aufzählungen** zu trennen, vor allem, wenn die aufgezählten Punkte bereits Kommas enthalten

Invitations were mailed to x, y, and z; the secretary of the Dept.; and some of the grad students.

7.5 Fragezeichen

Punctuation (question mark)

→ nach **direkten** Fragen

How are you doing?
When did you arrive?
Who arrived first?

→ um einen **Zweifel** auszudrücken, steht das Fragezeichen in Klammern; zwischen der Zahl und der Klammer ist keine Lücke

The Berlin Wall was 10(?) feet high.
He was born in 1740(?) and died in 1826.

Stolpersteine – häufig verwechselte Wörter

→ (**US:**) auch nach **indirekten** Fragen; mehrere Fragezeichen in einem Satz sind möglich

Will the concert take place? is the question.
Will she be there? or the teacher? or maybe both?

Punctuation (dash and hyphen)

7.6 Gedankenstrich und Bindestrich

→ **Gedankenstrich:** um einen plötzlichen (Gedanken-)Bruch, eine Erklärung oder Definition im Satz abzutrennen

It was starting to rain – where were the kids?

→ **Bindestrich:** nur in zusammengesetzten Wörtern

fifty-three
ice-skating rink
college-age students

Punctuation (brackets and parentheses)

7.7 Eckige und runde Klammern

→ **eckige Klammern:** um in einem Zitat Wörter oder Zusätze abzutrennen, die **nicht** im Original stehen, sondern als Erklärung hinzugefügt werden

"She [George Eliot] is certainly a great writer."
"He [the father of the boy] followed the policeman."

→ **runde Klammern:** um zusätzliche oder unwichtige Informationen abzutrennen

We spent an hour (more or less) cleaning up.
The above mentioned plan (see p. 12) comprises fifteen items.

Punctuation (apostrophe)

7.8 Apostroph

→ um das **Genitiv-s** vom Wort abzutrennen; bei Wörtern, die auf einen **s-Laut** enden, und bei **Pluralwörtern** steht der Apostroph nach dem –s

my sister's son
somebody's lunch
Charles's house
one's, each other's
the students' classroom
the Jones's

→ um die **Mehrzahl** von **Buchstaben, Zahlen** und **Symbolen** anzuzeigen

My name is spelled with two e's.
Ten 5's in a row

→ bei **Auslassungen** und **Abkürzungen**

I'm
they've
don't
ma'am
class of '99

7.9 An- und Abführungszeichen

Punctuation
(quotation marks/
inverted commas)

→ um eine **direkte Rede** oder ein **Zitat** anzuzeigen; sowohl An- als auch Abführungszeichen stehen oben; ein Komma nach dem Zitat steht immer *vor* dem Abführungszeichen

She said, "Yes," and he said, "No."
"Russia," she said, "will veto the bill."
The first line of the poem is, "April is the cruellest month."

→ um **Buch-, Zeitschriften-, Song-, Filmtitel** etc. hervorzuheben

"Shining" is the title of a novel by Stephen King.

→ um **wichtige Wörter** oder **Phrasen** hervorzuheben

The word "Rosebud" was written on his sled.

7.10 Ausrufezeichen

Punctuation
(exclamation mark/
exclamation point)

→ um **Überraschung, Bewunderung, Unglauben** oder eine andere **starke Gefühlsäußerung** hervorzuheben

How wonderful!
We all shouted, "Faster! Faster!"

Stolpersteine – häufig verwechselte Wörter

Auf einen Blick: Stolpersteine

Mengenangaben

- **all** (alle, ganz)
All (of the) cars have wheels. All of us/them.
- **another** (ein weiterer, ein anderer, noch einer)
Can you show me another car, please?
- **any** (irgendein/e – Pluralzusatz); **anybody, anything, anywhere**
Any car is fine./Are there any cars left?
- **both** (beide)
Both (of the) cars have wheels. Both of us/them.
- **each** (jede/r/s einzelne einer Gruppe)
Each of the cars has wheels. Each of us/them.
- **either** (der/die/das eine von zweien)
Either car (of the cars) has wheels. Either of us/them.
- **every** (jede/r/s von einer Gruppe); **everybody, everything, everywhere**
Every car has wheels. Every one of us/them.
- **few** (wenige – zählbar); **a few** (ein paar, einige)
(A) Few (of the) cars have wheels. Few of us/them.
- **half** (die Hälfte)
Half (of) the cars have wheels. Half of us/them.
- **little** (wenig – unzählbar); **a little** (ein wenig)
There's (a) little fun in the world of car dealers.
- **lots of/a lot of** (viel/e – positive Sätze)
Lots of cars have wheels. Lots of us/them.
A lot of cars have wheels. A lot of us/them.
- **many** (viele – zählbar)
Many cars have wheels. Many of us/them.
- **most** (die meisten)
Most (of the) cars have wheels. Most of us/them.
- **much** (viel – unzählbar)
There's much fun in the world of car dealers.
- **neither** (keine/r/s von zweien)
Neither car has wheels. Neither of us/them.
- **no/none (of)** (kein/e/r/niemand)
No car has wheels. None of the cars has wheels. None of us/them.
- **nothing** (nichts)
Nothing is wrong with that car.

Auf einen Blick

- **other, others** (andere/r/s)
The other car has wheels. Some cars have wheels; others don't.
- **plenty** (viel/e/s – zählbar und unzählbar)
Plenty of cars have wheels. Plenty of us/them.
- **some** (einige, manche – Pluralzusatz); **somebody, something, somewhere**
Some (of the) cars have wheels. Some of us/them.
- **whole** (ganze)
The whole car is a wreck.

Zeitliches und Räumliches

- **almost** (fast – räumlich und übertragen)
I almost bought the car.
- **already** (schon)
I had already agreed to testdrive the car.
- **by** (von, durch – by-agent; bis – zeitlich für Tätigkeiten)
He wants me to return the car by 5 o'clock.
- **during** (während)
He fell asleep during my test drive.
- **farther** (weiter, ferner)
I went farther than he expected.
- **further** (weiter, weiterhin)
I didn't want to have any further problems with the car.
- **in time** (rechtzeitig)
He arrived in time for my test drive.
- **nearly** (beinahe, fast – Entfernung)
I nearly drove to King's Cross.
- **on time** (pünktlich)
I arrived on time for the test drive.
- **still** (noch, immer noch)
The car is still a wreck.
- **to** (bis – zeitlich und räumlich)
He told me to drive to Oxford Street and back.
- **until/till** (bis – zeitlich für Zustände)
You won't see another car until next week.
- **while** (während)
He fell asleep while I was testdriving the car.
- **yet** (noch, schon, bis jetzt)
Have you ever bought a car yet?

Stolpersteine – häufig verwechselte Wörter

Little Beasts

- **also** (auch)
A car also needs gas.
- **as** (wie)
As I said before, I need a car.
- **as well** (auch)
I'd like to have a new bicycle as well.
- **beside** (neben)
The car dealer is beside the petrol station.
- **besides** (außerdem)
Besides, wouldn't it be nice to have a car?
- **either ... or** (entweder ... oder)
You either buy a car or you lease one.
- **enough** (genug)
Aren't there enough cars in London?
- **if ... not** (wenn/falls nicht)
If I don't get a car I'll have to keep on riding my bike.
- **like** (wie)
A new car is like a new computer.
- **neither ... nor** (weder ... noch)
Neither I have a car nor my sister.
- **not ... either/neither** (auch nicht)
You don't have a car either?
- **own** (eigene/r/s)
I want to have my own car.
- **quite** (ziemlich)
It took me quite some time to find the right car.
- **rather** (ziemlich; verstärkt)
It's rather difficult to decide which car to buy.
- **so** (so, auch)
I told you so.
- **such** (solch, so viel, so)
It's such a beautiful car!
- **too** (auch)
Do you want to buy a car too?
- **unless** (wenn nicht, außer wenn)
I'll have to walk unless I buy a new car.
- **with** (mit)
Would you like to come with me to buy a new car?

Präpositionen, un- regelmäßige Verben und False Friends

In diesem Kapitel mit Übersichten und Tabellen werden zunächst Präpositionen (unveränderliche Funktionswörter wie on, at, with) und Konjunktionen (Bindewörter wie and und but) besprochen.
Es folgen False Friends, worunter man Wörter versteht, die im Deutschen zwar ganz ähnlich klingen wie im Englischen, aber eine teilweise oder völlig andere Bedeutung haben.
Des Weiteren zwei Tabellen mit unregelmäßigen Verben und den so genannten Phrasal Verbs.

Präpositionen, unregelmäßige Verben und False Friends

1 Präpositionen/Verhältniswörter (Prepositions)

Präpositionen wie **an, auf, bei, mit, über, von** werden immer in Verbindung mit einem Substantiv, Verb oder Adjektiv gebraucht. Viele Präpositionen sind aus Adverbien entstanden, die den Ort einer Sache oder das räumliche Verhältnis zweier Dinge angeben. Dazu gehören im Englischen **at, by, down, for, from, in, of, on, over, to, up, under, with** etc. Später entstanden weitere, auch zusammengesetzte Präpositionen wie **amidst, behind, inside, into, outside, without** oder präpositionale Fügungen wie **close to, next to, instead of, by means of** etc. Neben der Anwendung auf die räumlichen Verhältnisse sind es v.a. zeitliche und schließlich abstrakte Ausdrücke, für die Präpositionen gebraucht werden.

1.1 Präpositionen des Ortes

Präpositionen, die bei Ortsangaben gebraucht werden, prägen sich am besten ein, wenn man sie bildlich vor Augen hat.

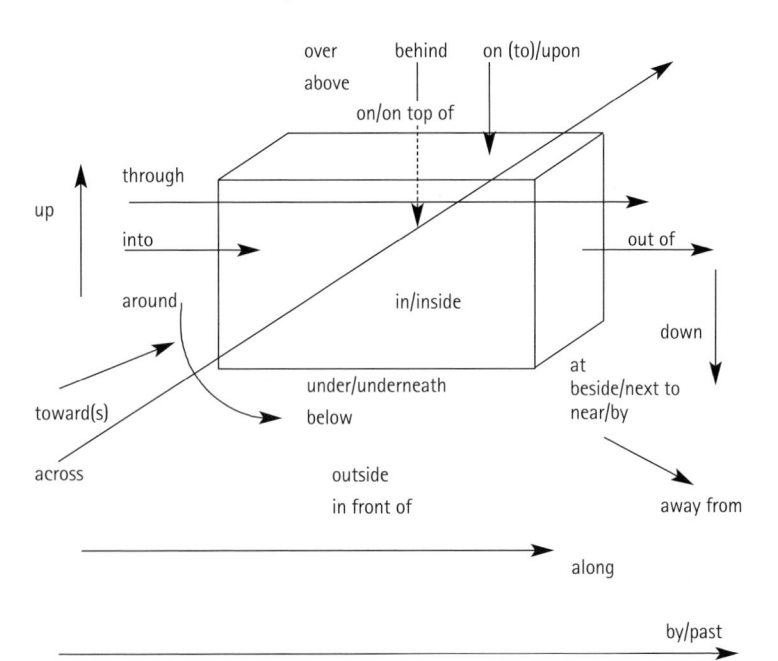

```
                    over      behind     on (to)/upon
                    above
                          on/on top of
                            │
          ┌─────────────────┼──────────────────┐
  up ↑    │  through        │                  │
          │                  ▼                 │──→
          │  into →                            │
          │                                    │    out of →
          │  around                            │
          │  ↗            in/inside            │
          │                                    │    down ↓
          │                                    │
          │              under/underneath      │    at
          │              below                 │    beside/next to
          └────────────────────────────────────┘    near/by
   toward(s) ↗

  across              outside
                      in front of                    ↘ away from

          ─────────────────────────────────→
                                 along

                                         by/past
          ─────────────────────────────────────→
```

Präpositionen/Verhältniswörter

above/over
Above *(oben, über)* wird vor allem für eine Sache verwendet, die sich über einer anderen befindet:

The plane is flying above the clouds.

Das viel häufiger verwendete **over** drückt eher eine Bewegung aus und bedeutet *hinüber* bzw. *herüber* oder auch *über* im abstrakten Sinne:

The plane is flying over the city. I've been sitting over my homework for an hour.

below/under
Ähnlich wie above und over verhalten sich below und under. **Below** heißt *unterhalb* oder *darunter*. Es wird relativ selten benutzt:

She dived ten meters below sea level.
Yesterday the temperature was five degrees below zero.

Mit der häufiger benutzten Präposition **under** *(unter)* wird der Ort einer Sache angegeben. Oft wird **under** mit Verben der Bewegung verwendet:

The cat hid under the bed.

along/past
Along *(entlang, längst)* verwendet man, um auszudrücken, dass sich jemand irgendwo entlang bewegt oder dass sich entlang einer Sache etwas befindet:

Father drove along the highway with 130 kph.

Past *(vorüber)* wird eher benutzt, wenn man an etwas vorbeigeht oder -fährt:

Every morning father drives past the Royal Academy.

at → next to/beside → by → near
Diese Präpositionen bezeichnen alle, dass sich etwas *an*, *neben* oder *in der Nähe* einer Person oder Sache befindet. **At** ist am nächsten, **near** am weitesten vom Objekt entfernt:

Two policemen were standing at the corner.
In the cinema Jessica was sitting beside/next to Richard.
I wanted her to sit by my side so I could be near her.

1.2 Präpositionen der Zeit

in

- in (the year) 1998 → (im Jahr) 1998
- in the Middle Ages → im Mittelalter
- in the 18th century → im 18. Jahrhundert

Präpositionen, unregelmäßige Verben und False Friends

- in June, in July etc. → im Juni, im Juli etc.
- in (the) winter, in spring etc. → im Winter, im Frühling etc.
- in the morning, afternoon → am Morgen (morgens), nachmittags
- in the evening → am Abend (abends)
- in a few minutes → in wenigen Minuten
- in an hour, in four days etc. → in einer Stunde, in vier Tagen etc.
- in two months (time) → in zwei Monaten

at

- at breakfast, at dinner etc. → beim Frühstück, beim Abendessen
- at 3 o'clock → um 3 Uhr
- at Christmas → an/zu Weihnachten
- at Easter → an/zu Ostern
- at dawn, at dusk → bei Sonnenaufgang, bei Sonnenuntergang
- at the weekend (**UK**) → am Wochenende
- at night, at midnight, at noon → nachts, um Mitternacht, am Mittag (mittags)
- at the moment → im Moment
- at present, at once → jetzt, sofort
- at the same time, at times → zur gleichen Zeit, manchmal

on

- on Monday, on Friday etc. → am Montag, am Freitag etc.
- on Tuesday afternoon → Dienstagnachmittag
- on Christmas Day → am Weihnachtsfeiertag
- on Easter Sunday → am Ostersonntag
- on Mother's Day → am Muttertag
- on the weekend (**US**) → am Wochenende
- on June 1st, 1999 → am 1. Juni 1999

by

- by Friday, by Monday etc. → bis Freitag, bis Montag etc.
- by tomorrow → bis morgen
- by the end of the week → bis Ende der Woche
- by day, by night → tagsüber, nachts
- by now → mittlerweile/jetzt
- by then → bis dahin/inzwischen

Zeitangaben lassen sich darüber hinaus natürlich auch ohne die genannten vier Präpositionen ausdrücken: z. B. **this month, next Sunday, last weekend, the following Tuesday, yesterday afternoon, the day after tomorrow** etc.

Präpositionen/Verhältniswörter

1.3 Andere Anwendungen

Die am häufigsten gebrauchten englischen Präpositionen sind: **at, by, for, from, in, of, on, to** und **with**. Leider entsprechen sie nicht immer den Präpositionen, die wir im Deutschen benutzen. So heißt beispielsweise *im Urlaub* **on** holiday (**US: on vacation**). Die folgende Liste präsentiert einige gebräuchliche Verwendungen dieser Präpositionen, die vom Deutschen abweichen.

at

- at home → zu Hause
- at work → bei der Arbeit
- at school → in der Schule
- at university → an/auf der Universität
- at prison → im Gefängnis
- at hospital → im Krankenhaus
- at the post office → auf der Post
- at the airport → am/auf dem Flughafen
- at a party → auf/bei einer Party
- at a wedding → auf/bei einer Hochzeit
- at Jessica's house → bei Jessica
- at the doctor's → beim Arzt
- at the baker's → beim Bäcker
- at chess → beim Schachspiel
- at sports → beim/im Sport
- at peace, at war → im Frieden, im Krieg
- at rest → in Ruhe
- at the front (of the class) → vorne (im Klassenzimmer)
- at the back (of the class) → hinten (im Klassenzimmer)
- at the age of 18, at 18 → im Alter von 18, mit 18
- at 100 degrees → bei 100 Grad

by

- by bus, by car → mit dem Bus, Auto
- by ship, by plane → mit dem Schiff, Flugzeug
- by underground → mit der U-Bahn
- by air mail → mit Luftpost
- by cheque (**US:** check) → mit (einem) Scheck
- by credit card → mit (der) Kreditkarte
- by Marc (in Passivsätzen) → von Marc
- by sight → vom Sehen
- by name → dem Namen nach

Präpositionen, unregelmäßige Verben und False Friends

- by nature → von Natur aus
- 5 metres by 4 (**US:** meters) → 5 mal/auf 4 Meter
- by accident, by chance → zufällig, durch Zufall
- by mistake → aus Versehen
- by heart → auswendig
- by the way → übrigens

for

- for breakfast → zum Frühstück
- for lunch → zum Mittagessen
- for dessert → zum Nachtisch
- for cooking → zum Kochen
- for walking → zum Gehen
- for fun, for fear → zum Spaß, aus Angst
- for a week → eine Woche lang/seit einer Woche
- for example → zum Beispiel
- for a change → zur Abwechslung

from

from San Francisco → aus San Francisco
from Italy → aus Italien
from 10 pounds upwards → ab 10 Pfund
from the south → aus/von Süden
from the 18th century → aus dem 18. Jahrhundert

in

in cash → bar
in pencil → mit Bleistift
in ink → mit Tinte
in good weather → bei gutem Wetter
in the photograph (picture) → auf dem Foto (Bild)
in the street (**US:** on) → auf der Straße
in the country → auf dem Land
in the sky → am Himmel
in German → auf Deutsch
in the army → beim Militär
in my opinion → meiner Meinung nach
in addition → außerdem
in fact → tatsächlich
in love → verliebt

Präpositionen/Verhältniswörter

in vain	→ umsonst/vergeblich
in spite of	→ trotz
in time	→ rechtzeitig

of

of a teacher	→ eines Lehrers
of mine, of yours	→ von mir, von dir
a pint of lager	→ ein Glas Bier
of course	→ natürlich
all of a sudden	→ plötzlich

on

on the bus, plane, train	→ im Bus, Flugzeug, Zug
on holiday (**US:** vacation)	→ im/in Urlaub, in den Ferien
on foot	→ zu Fuß
on the radio, TV	→ im Radio, Fernsehen
on the phone	→ am Telefon
on the wall	→ an der Wand
on examination	→ bei der Untersuchung
on the blackboard	→ an der Tafel
on the coast	→ an der Küste
on the Internet	→ im Internet
on the (river) Thames	→ an der Themse
on the second floor	→ im zweiten Stock (**US:** ersten Stock)
on the right, on the left	→ rechts, links
on purpose	→ mit Absicht/absichtlich
be on strike	→ streiken
on sb.'s arrival	→ bei jem. Ankunft
on time	→ pünktlich

to

to Italy, to Spain	→ nach Italien, nach Spanien
Monday to Friday	→ Montag bis Freitag
9 to 5 (o'clock)	→ 9 bis 5 (Uhr)
(the score is) 3 to 1	→ 3 zu 1 (Sport)
back to back	→ Rücken an Rücken
to your health	→ auf deine Gesundheit
to the skin	→ bis auf die Haut
to my mind	→ meiner Meinung nach
to my surprise	→ zu meinem Erstaunen

Präpositionen, unregelmäßige Verben und False Friends

with

with sb.	→ bei jemandem
with fear, with cold	→ vor Angst, vor Kälte
with regard to	→ hinsichtlich, bezüglich

1.4 Präpositionen nach Substantiven, Verben und Adjektiven

Viele Substantive, Verben und Adjektive verlangen nach einer ganz bestimmten Präposition. Leider gibt es nicht viele Regeln. Welche Präposition zu welchem Wort gehört und was beide zusammen bedeuten, muss gelernt werden. Einige Wörter können mehrere Präpositionen nach sich ziehen. Sie ändern dann in der Regel ihre Bedeutung. Zum Beispiel:

care about	→ etw. für wichtig halten; sich etw. aus jem. machen
care for	→ etw./jem. mögen, sich um etw./jem. kümmern
take care of	→ sich um etw. kümmern; jem. versorgen, auf jem. aufpassen

Einen Extremfall bildet das Verb **look**, dem fast alle Präpositionen folgen können.

look about	→ sich umsehen
look after	→ sich um jem./etw. kümmern
look at	→ etw./jem. ansehen; etw. betrachten
look back	→ sich umsehen, zurückblicken
look down on	→ auf jem. hinunterschauen
look for	→ nach jem./etw. suchen
look forward to	→ sich auf etw. freuen
look in	→ bei jem. vorbeischauen (on sb.)
look into	→ etw. untersuchen; etw. nachprüfen
look on	→ jem./etw. betrachten
look out	→ aufpassen, achtgeben auf (for)
look over	→ etw. überfliegen; etw. durchsehen
look round	→ sich umsehen
look through	→ etw. durchsehen
look to	→ sich um etw. kümmern
look towards	→ etw. anstreben
look up	→ besser werden, aufsehen, nachschlagen
look up to	→ jem. bewundern

Präpositionen/Verhältniswörter

1.5 Präpositionen am Ende des Satzes

Anders als im Deutschen steht vor allem im **gesprochenen Englisch** die Präposition häufig am Ende des Satzes. Bei **Fragen** ist dies fast immer der Fall: What are you looking at? Who are you talking to? Die Präposition bezieht sich dabei zwar auf das Fragewort am Anfang, sollte aber nicht vom Verb getrennt werden. Sie steht also *nicht* am Anfang der Frage, wie es das Deutsche verlangt.

Gleiches gilt für **Relativsätze**. Auch hier bleibt die Präposition in der Regel beim Verb, also am Ende des Relativsatzes:

> The student our teacher is talking to didn't pass the test.
> The book I'll speak about was written by John Steinbeck.

Ferner bei **Infinitivkonstruktionen**:

> I wish I had somebody to play with.
> The old man was difficult to talk to because he was almost deaf.

1.6 Prepositional Verbs/Phrasal Verbs

Sind ein Verb und eine Präposition eine enge, feste Verbindung eingegangen, spricht man von einem **Prepositional Verb: look at, talk to** etc. Besteht eine enge Verbindung zwischen Verb und einem adverbialen Partikel, so handelt es sich um ein **Phrasal Verb: come back, come down, take off, look forward**. Auf den ersten Blick ist ein Unterschied kaum zu erkennen. Die meisten Präpositionen können auch adverbiale Partikel sein. Der Unterschied zwischen einer Präposition und einem adverbialen Partikel wird jedoch deutlich, wenn man sich folgende Beispiele ansieht:

> The ball was rolling down the hill. (Präposition = Prepositional Verb)
> Our car broke down yesterday. (adverbiales Partikel = Phrasal Verb)
> He climbed off his horse. (Präposition = Prepositional Verb)
> He turned me off. (adverbiales Partikel = Phrasal Verb)

Präpositionen brauchen **Objekte**, auf die sie sich beziehen; das **adverbiale Partikel** kann mit dem Verb **allein** stehen. Im unteren Beispiel bezieht sich die Präposition **off** auf das Pferd, wohingegen das zweite **off** zum Verb **turn** gehört und mit diesem zusammen **anekeln** oder **abstoßen** bedeutet. Die enge Zusammengehörigkeit von Verb und adverbialem Partikel wird auch daran deutlich, dass einem **Phrasal Verb** manchmal eine Präposition folgt: z.B. **run away from, look forward to, get away with, keep up with** etc.

Phrasal Verbs gibt es im Englischen sehr viele (ganze Wörterbücher sind erhältlich). Sie zeichnen sich dadurch aus, dass sie oft eine Bedeutung annehmen, die nicht mehr den Bedeutungen der beiden Einzelwörter entspricht. Zum Beispiel:

Präpositionen, unregelmäßige Verben und False Friends

break down	→ kaputtgehen
bring sth. up	→ etw. erwähnen
get up	→ aufstehen
put sth. off	→ etw. verschieben
turn sth./sb. down	→ etw. verweigern, jem. abweisen
turn up	→ erscheinen

Ist ein **Phrasal Verb** mit einem **Objekt** verbunden, so kann das Objekt entweder zwischen Verb und adverbialem Partikel oder am Ende stehen: He turned off the radio. Oder: He turned the radio off. She threw away her old bicycle. Oder: She threw her old bicycle away. Wird jedoch ein **Pronomen** verwendet (him, her, it etc.), dann kann dieses *nur* zwischen Verb und Partikel stehen: He turned it off. She threw it away.

2 Konjunktionen/Bindewörter (Conjunctions)

Konjunktionen wie **und, aber, weil, obwohl** und **nachdem** sind Bindewörter, mit denen Wörter, Sätze und Satzteile zusammengefügt werden. Die **nebenordnenden** Konjunktionen **and, but** und **or** verbinden gleichartige Satzteile, also zwei Haupt- oder zwei Nebensätze. Die **unterordnenden** Konjunktionen **after, although, as, before, because, for, since, so, that, until, when, while** etc. leiten Nebensätze ein.

Konjuktionen werden ferner benötigt, um die logischen Zusammenhänge zwischen den einzelnen Satzteilen zu verdeutlichen. Im Folgenden werden einige Konjunktionen mit Beispielsätzen aufgelistet; gleichzeitig ist die Art des Nebensatzes benannt, den die Konjunktion einleitet.

Kausal (begründend)
Im Nebensatz wird die Ursache für das, was im Hauptsatz gesagt wird, genannt.
- **because** (weil – in der Mitte des Satzes)
- **as** (da – am Anfang des Satzes)
- **since** (da – am Anfang des Satzes)

> Father got up early because he had a meeting at 8 o'clock.
> As the weather is cold today, I'll better not leave the house.
> Since her bicycle got stolen, she has to walk to school.

Konsekutiv (folgend)

Im Nebensatz wird die Folge oder Wirkung des im Hauptsatz Gesagten genannt.
- **that** (dass, sodass)
- **so ... that** (so ..., dass)

> She knew that she would never arrive in time.
> He cranked up the radio so loud that we had to complain.

Konzessiv (einräumend)

Der Nebensatz schränkt das im Hauptsatz Gesagte ein.
- **although** (obwohl, wenngleich)
- **though** (obwohl, wenngleich)
- **even though** (selbst wenn, obwohl)

> My French is quite good, although it would be better if I studied more.
> Jessica is a very nice person, though a bit haughty.
> Even though the present was expensive, I bought it.

Temporal (zeitlich)

Im Nebensatz wird das zeitliche Verhältnis zur Aussage im Hauptsatz ausgedrückt.
- **after** (nachdem)/**before** (bevor, bis)
- **as/when/while** (als, während)
- **as soon as** (sobald)
- **as often as** (so oft wie)
- **since** (seit, seitdem)
- **when** (als, wenn, sobald, nachdem)
- **whenever** (jedes Mal wenn)
- **once** (sobald, wenn erst einmal)

> I think I'll study Philosophy after/when I finish my exam.
> We had to wait for three weeks before we got the results of our final test.
> As/when/while I was standing on the balcony I saw a car accident.
> The telephone rang while/when father was cooking dinner.
> While I was reading a book, my sister was watching TV.
> Richard left the room as soon as I started talking to Jessica.
> I've lived in London since I was a child.
> Mother was 24 when she got her first baby – me!
> My knees are shaking whenever I think of her.
> Once I've learned how to drive, I'll start saving for my own car.

Konditional (bedingend)

Im Nebensatz wird eine Bedingung für das im Hauptsatz Ausgeführte genannt.
- **if** (falls, wenn)
- **unless** (außer wenn, wenn nicht, falls nicht)
- **as/as long as** (solange, vorausgesetzt, dass)

> If I fly to Paris next month, I'll send you a post card.
> Don't tell Dad what I said unless he asks you.
> As long as my aunt still lives in San Francisco she will have to endure the fog.

Final (bezweckend)

Im Nebensatz wird der Zweck, das Motiv oder das Ziel einer Handlung genannt.
- **in order to** (um ... zu)
- **so that** (damit)
- **in order that** (damit – formal)

> Father came home early last night in order to watch an opera on TV.
> I didn't say anything to our teacher so that I wouldn't be forced to betray my friend.
> You have to pass all your exams in order that you get into college.

Modal (Art und Weise)

Der Nebensatz nennt Mittel und Umstände, die das im Hauptsatz Ausgeführte beschreiben. Vergleichende Modalsätze stellen zwei Sachverhalte in Beziehung.
- **as** (so wie)
- **how** (wie)
- **as if** (als ob, als wenn)
- **as though** (als ob – formal)
- **like** (als ob, **US** vor allem gesprochen)
- **by doing sth.** (indem)
- **without** (ohne, ohne dass)

> I am a good student, as father used to be when he was young.
> Mr Brown showed me how he repaired his bike.
> When I told her the truth she made a face as though she didn't know what to say.
> It looks as if it's going to rain. **(US:)** Looks like it's going to rain.
> He solved the problem by asking his teacher but without telling his parents.

Adversativ (entgegensetzend)

Der Nebensatz enthält eine Aussage, die das im Hauptsatz Gesagte einschränkt.
- **while, whereas** (während, wohingegen)

> I went by bicycle while/whereas my sister took the train.

Partizipialsätze

3 Partizipialsätze (Participle Clauses)

Viel öfter als in der deutschen Sprache kommt es im Englischen vor, dass Nebensätze nicht mit einer Konjunktion oder einem Relativpronomen eingeleitet werden, sondern mit einem Partizip (Mittelwort). Die beiden am häufigsten verwendeten Partizipien sind das so genannte **Present Participle** (= –ing-Form: loving, asking, walking, being) und das **Past Participle** (= 3. Form: walked, slept etc.)

3.1 Present Participle
Mit diesen Partizipien lassen sich Nebensätze, die mit **because, while** oder **when** eingeleitet werden, verkürzen. Laufen die Handlung des Haupt- und des Nebensatzes **gleichzeitig** ab, wird das **Present Participle** verwendet.

> Feeling very tired, I went home early. (Because I felt very tired ...)
> Richard hurt his leg playing basketball. (... while he was playing basketball)
> Be careful (when) crossing the road. (... when you are crossing the road)

Because wird immer weggelassen; **while** und **when** können zum Partizip hinzugefügt werden. Beginnt der Satz mit der Partizipialkonstruktion, sollte er mit einem **Komma** vom Hauptsatz abgetrennt werden. Steht das Partizip hinter dem Hauptsatz, braucht man kein Komma zu setzen. – Wichtig ist, dass sich das **Partizip** auf **dasselbe Subjekt** bezieht, das im **Hauptsatz** steht.

> Our teacher talked to three students, explaining them what to do in case of fire. (*our teacher* ist das Subjekt, auf das sich *explaining* bezieht)
> Looking out of the rear window of our car, I noticed a black van. (*looking out* bezieht sich auf *I*)

Ein Satz wie *Reading the newspaper, there were many mistakes*, ist nicht möglich, da sich der unpersönliche Ausdruck *there were* nicht auf *reading* beziehen kann. Es müsste heißen: *Reading the newspaper, I noticed there were many mistakes.*

Im Zusammenhang mit **Verben der Sinneswahrnehmung** und **Beobachtung** wie **feel, hear, notice, see, smell, observe, watch** sowie den Verben **find, get, have, keep** und **leave** klingen Partizipialsätze weitaus eleganter als vollständige Nebensätze. Zwischen Verb und Partizip muss das Objekt des Verbs stehen, wie z. B. in der Konstruktion **feel sb. doing sth.**

> Yesterday I saw Jessica walking across Trafalgar Square.
> This morning I observed Mr Brown reading a French newspaper.

Präpositionen, unregelmäßige Verben und False Friends

Nach **come, go** und **remain** kann das Partizip sogar direkt auf das Verb folgen.

All of a sudden the bull came running towards us.
He went flying down the hill, but we remained standing behind the fence.

Auch nach den Konjunktionen **after, before** und **since** wird anstatt eines vollständigen Nebensatzes häufig das **Present Participle** verwendet.

After washing up, he puts cream on his hands. (After he has washed up ...)
You should wash your hands before touching any food. (... before you touch ...)
Jessica has changed a lot since going out with Richard. (... since she started going out with Richard)

Wenn eine Handlung vor einer anderen geschieht, kann man statt **after doing sth.** auch die Konstruktion mit **having done sth.** (Perfect Participle) verwenden.

Having talked to Jessica, I left the room and went home. (After I talked to ...)

Wie im Kapitel über die Pronomen bereits erwähnt, ist es auch in **Relativsätzen** möglich, das Relativpronomen wegzulassen und einen Partizipialsatz herzustellen. Wichtig für die Verwendung des **Present Participle** ist auch hier, dass **Gleichzeitigkeit** vorliegt. Auch bei diesen Sätzen ist darauf zu achten, dass der Bezug des Partizips (Subjekt oder Objekt des Hauptsatzes) richtig ist.

Who is that red-haired girl (who is) sitting on the fence?
Father picked up a number of CDs (which were) lying around on the floor.

Ebenso wie ein Haupt- und ein Nebensatz lassen sich **zwei Hauptsätze** mit einer Partizipialkonstruktion verbinden. Auch hier ist zu beachten, dass das Subjekt mit dem Partizip übereinstimmt.

She looked out of the window. She saw a large black bird.
Looking out of the window, she saw a large black bird.

3.2 Past Participle

Für das **Past Participle**, das mit der **3. Form** des Verbs identisch ist, gelten dieselben Regeln wie für das **Present Participle**. Übersetzt man diese Sätze, bekommen sie meist einen passiven Sinn. Vor allem nach Verben wie **find, get, have, hear, leave, like, make** und **want** sind Partizipialsätze möglich. Das Objekt steht wieder zwischen Verb und Partizip.

When we came home we found our bathroom window smashed in.

Auch als **verkürzter Relativsatz**:

In the paper I saw a picture of the arsonist (who was) arrested by the police.

4 Unregelmäßige Verben (Irregular Verbs)

Bei den Verben, die eine regelmäßige und eine unregelmäßige Form haben, ist tendenziell im britischen wie im amerikanischen Englisch festzustellen, dass der Gebrauch der regelmäßigen Form (-ed) bevorzugt wird. Bis auf ein paar Ausnahmen wurden solche Verben, die mit einer Vorsilbe zusammengesetzt werden (z. B. **misunderstand** oder **foretell**), nicht in die Liste aufgenommen, wenn das Hauptverb vertreten ist und das zusammengesetzte ebenso gebildet wird.

Infinitiv	Simple Past	Past Participle (3. Form)	Deutsch
abide	abode/abided	abode/abided	verweilen
arise	arose	arisen	sich ergeben (Schwierigkeiten), aufkommen (Sturm)
awake	awoke	awoken	aufwachen
babysit	babysat	babysat	babysitten
be	was (sgl.) were (pl.)	been	sein
bear	bore	borne (**US** auch: born)	(er)tragen
beat	beat	beaten	schlagen
become	became	become	werden
befall	befell	befallen	sich zutragen, widerfahren
beget	begot	begotten	(ein Kind) zeugen
begin	began	begun	beginnen, anfangen
behold	beheld	beheld	erblicken
bend	bent	bent	(sich) bücken, biegen
bereave	bereft/bereaved	bereft/bereaved	(be)rauben, nehmen
beseech	besought	besought	anflehen
beset	beset	beset	bedrängt werden
bet	bet/betted	bet/betted	wetten
bid	bade/bid	bidden/bid	jem. etw. wünschen
bind	bound	bound	fesseln, binden
bite	bit	bit/bitten	beißen
bleed	bled	bled	bluten
blow	blew	blown	blasen, wehen

Präpositionen, unregelmäßige Verben und False Friends

break	broke	broken	brechen, kaputtgehen
breastfeed	breastfed	breastfed	stillen
breed	bred	bred	brüten, züchten
bring	brought	brought	bringen
broadcast	broadcast/ broadcasted	broadcast/ broadcasted	übertragen (Rundfunk)
browbeat	browbeat	browbeaten	einschüchtern
build	built	built	bauen
burn	burnt/burned	burnt/burned	brennen
burst	burst (**US:** bursted)	burst (**US:** bursted)	platzen, bersten
bust	bust (**US:** busted)	bust (**US:** busted)	kaputtmachen, hinter Schloss und Riegel bringen
buy	bought	bought	kaufen
can	could	could	können
cast	cast	cast	werfen
catch	caught	caught	fangen
chide	chid/chided	chided/chidden	tadeln, schelten
choose	chose	chosen	(aus)wählen
cleave	cleft/cleaved (**US:** clove)	cleft/cleaved (**US:** cloven)	schneiden, (sich) spalten
cleave	cleaved/clave	cleaved	beharren, festhalten
cling	clung	clung	klammern
clothe	clad/clothed	clad/clothed	(be)kleiden
come	came	come	kommen
cost	cost	cost	kosten
creep	crept	crept	kriechen
crow	crew/crowed	crowed	krähen
cut	cut	cut	schneiden
deal	dealt	dealt	handeln
dig	dug	dug	graben
dive	dived (**US:** dove)	dived	tauchen
do	did	done	tun, machen
draw	drew	drawn	zeichnen
dream	dreamt/dreamed	dreamt/dreamed	träumen
drink	drank	drunk	trinken
drive	drove	driven	(selbst) fahren
dwell	dwelt/dwelled	dwelt/dwelled	wohnen
eat	ate	eaten	essen

Unregelmäßige Verben

fall	fell	fallen	fallen
feed	fed	fed	füttern
feel	felt	felt	fühlen
fight	fought	fought	kämpfen
find	found	found	finden
fit	fitted (**US** auch: fit)	fitted (**US** auch: fit)	passen
flee	fled	fled	fliehen
fling	flung	flung	schleudern, werfen
fly	flew	flown	fliegen
forbear	forbore	forborne	verzichten
forbid	forbade	forbidden	verbieten
forget	forgot	forgotten	vergessen
forsake	forsook	forsaken	verlassen, aufgeben
freeze	froze	frozen	(ge)frieren
get	got	got (**US:** gotten)	holen, bekommen
gild	gilt/gilded	gilt/gilded	vergolden
gird	girt/girded	girt/girded	sich wappnen
give	gave	given	geben
go	went	gone	gehen
grind	ground	ground	mahlen (Kaffee)
grow	grew	grown	wachsen, (an)bauen
hamstring	hamstrung	hamstrung	jem. lähmen
hang	hung/hanged	hung/hanged	hängen, aufhängen
hang	hanged	hanged	hängen (henken)
have	had	had	haben
hear	heard	heard	hören
heave	hove/heaved	hove/heaved	hieven, ziehen
hew	hewed	hewn/hewed	hacken
hide	hid	hidden/hid	(sich) verstecken
hit	hit	hit	schlagen
hold	held	held	halten
hurt	hurt	hurt	verletzen
interweave	interwove	interwoven	verweben
keep	kept	kept	(be)halten
kneel	knelt (**US:** kneeled)	knelt (**US:** kneeled)	(hin)knien
knit	knit/knitted	knit/knitted	stricken
know	knew	known	kennen, wissen
lade	laded	laden/laded	beladen
lay	laid	laid	legen

Präpositionen, unregelmäßige Verben und False Friends

lead	led	led	führen
lean	leant/leaned	leant/leaned	(sich) lehnen
leap	leapt/leaped	leapt/leaped	springen
learn	learnt/learned	learnt/learned	lernen
leave	left	left	(ver)lassen
lend	lent	lent	(ver)leihen
let	let	let	lassen
lie	lay	lain	liegen
light	lit/lighted	lit/lighted	erleuchten
lose	lost	lost	verlieren
make	made	made	machen
mean	meant	meant	bedeuten
meet	met	met	treffen, begegnen, kennen lernen
mow	mowed	mowed (**US:** mown)	mähen
pay	paid	paid	(be)zahlen
prove	proved	proved (**US:** proven)	beweisen
put	put	put	setzen, stellen, legen
quit	quit/quitted	quit/quitted	kündigen, aufgeben
read	read	read	lesen
rend	rent	rent	mieten
rid	rid/ridded	rid/ridded	befreien, loswerden
ride	rode	ridden	fahren, reiten
ring	rang	rung	klingeln, anrufen
rise	rose	risen	(auf)steigen, aufstehen, aufgehen
run	ran	run	laufen, rennen
saw	sawed	sawn/sawed	(zer)sägen
say	said	said	sagen
see	saw	seen	sehen
seek	sought	sought	suchen, erstreben
sell	sold	sold	verkaufen
send	sent	sent	schicken, senden
set	set	set	(fest)setzen
sew	sewed	sewn/sewed	nähen
shake	shook	shaken	schütteln
shave	shaved	shaven/shaved	rasieren
shear	sheared	shorn/sheared	scheren

Unregelmäßige Verben

shed	shed	shed	abwerfen, abstoßen
shine	shone/shined	shone/shined	strahlen, scheinen
shit	shit/shat/shitted	shit/shat/shitted	(hin)scheißen
shoe	shod (US auch: shoed)	shod (US auch: shoed)	(ein Pferd) beschlagen
shoot	shot	shot	schießen
show	showed	shown/showed	zeigen
shrink	shrank (US: shrunk)	shrunk (US: shrunken)	eingehen, schrumpfen
shut	shut	shut	schließen
sing	sang	sung	singen
sink	sank/sunk	sunk	sinken
sit	sat	sat	sitzen
slay	slew	slain	töten, ermorden
sleep	slept	slept	schlafen
slide	slid	slid	gleiten, rutschen
sling	slung	slung	schleudern
slink	slunk	slunk	schleichen
slit	slit	slit	aufschlitzen
smell	smelt/smelled	smelt/smelled	riechen
smite	smote	smitten	schlagen
sow	sowed	sown/sowed	säen
speak	spoke	spoken	sprechen
speed	sped/speeded	sped/speeded	beschleunigen
spell	spelt/spelled	spelt/spelled	buchstabieren
spend	spent	spent	ausgeben, verbringen
spill	spilt/spilled	spilt/spilled	verschütten
spin	span/spun	spun	drehen, schleudern
spit	spat/spit	spat/spit	spucken
split	split	split	spalten, (sich) trennen
spoil	spoilt/spoiled	spoilt/spoiled	verderben, verwöhnen
spread	spread	spread	ausbreiten
spring	sprang (US: sprung)	sprung	springen, zuschnappen (Falle)
stand	stood	stood	stehen
stave	stove/staved	stove/staved	leckschlagen

Präpositionen, unregelmäßige Verben und False Friends

steal	stole	stolen	stehlen
stick	stuck	stuck	kleben, hängen bleiben
sting	stung	stung	stechen
stink	stank/stunk	stunk	stinken
strew	strewed	strewn/strewed	(ver)streuen
stride	strode	stridden	zielstrebig auf etwas zugehen
strike	struck	struck (US: stricken)	zusammenstoßen, zuschlagen
string	strung	strung	besaiten, bespannen
strive	strove/strived	striven/strived	streben
swear	swore	sworn	schwören
sweep	swept	swept	kehren, fegen
swell	swelled	swollen/swelled	anschwellen
swim	swam	swum	schwimmen
swing	swung	swung	schwingen
take	took	taken	nehmen, bringen
teach	taught	taught	lehren
tear	tore	torn	(zer)reißen
tell	told	told	erzählen
think	thought	thought	denken
thrive	throve/thrived	thriven/thrived	florieren, gedeihen
throw	threw	thrown	werfen
thrust	thrust	thrust	stoßen
tread	trod (US auch: treaded)	trodden (US: trod)	(hin)treten, auftreten, vorgehen
wake	woke/waked	woken/waked	wecken, aufwachen
wear	wore	worn	tragen (Kleidung)
weave	wove (US auch: weaved)	woven (US auch: weaved)	weben, sich durchschlängeln
wed	wedded/wed	wedded/wed	heiraten
weep	wept	wept	weinen
wet	wetted (US: wet)	wetted (US: wet)	anfeuchten, nass machen
win	won	won	gewinnen
wind	wound	wound	schlängeln
wring	wrung	wrung	(aus)wringen
write	wrote	written	schreiben

5 Prepositional und Phrasal Verbs

A

abide by	sich halten an (z. B. Regeln)
abound in/with	reich sein an, voll sein von
account for	Rechenschaft ablegen für, erklären, begründen
act up	(umg.) Theater machen, verrückt spielen
add to	vergrößern, noch hinzukommen zu etw.
add up	addieren, zusammenzählen
add up to	sich belaufen auf, hinauslaufen auf
(not) agree with sth.	etw. bekommt jem. nicht, jem. verträgt etw. nicht
amount to	sich belaufen auf, betragen (z. B. Rechnung)
answer back	freche Antwort geben
answer for sth.	für etw. die Verantwortung übernehmen
answer to	(einer Beschreibung) entsprechen, auf einen Namen hören
arrive at (a decision)	(an)kommen, zu einer Entscheidung gelangen
ask after sb.	sich nach jem. erkundigen
ask around	herumfragen, sich umhören
ask for	bitten um
ask in	hereinbitten
ask out	einladen, jem. ausführen (z. B. in ein Restaurant)

B

back away from sth.	zurückweichen, zurückschrecken (vor etw.)
back down	klein beigeben, nachgeben
back off	(US:) zurückweichen, nachgeben, aufhören
back up	unterstützen, eine Sicherheitskopie erstellen
bail sb. out	jem. durch Kaution freibekommen
bash in	(umg.) einschlagen, z. B. jem. den Kopf einschlagen
bear down on	sich schnell nähern, zusteuern auf
bear up	tapfer durchhalten
bear with sb.	Geduld haben mit jem., tolerieren
beat back	(einen Gegner) zurückschlagen
beat down	(Preis) drücken, herunterhandeln
beat in	einschlagen (z. B. eine Tür)
beat up	zusammenschlagen (bei Personen)

Präpositionen, unregelmäßige Verben und False Friends

belong to sb.	jem. gehören, angehören
bind together	zusammmenbinden
bind up	verbinden (z. B. eine Wunde)
black out	bewusstlos werden, verdunkeln
blaze up	aufflammen, in Wut aufbrausen
blow away	wegblasen
blow down	umwehen
blow out	ausblasen (z. B. eine Kerze)
blow up	explodieren, aufblasen, vergrößern
blurt out	herausplatzen mit (einer Neuigkeit)
boil down to sth.	hinauslaufen auf
boil over	überkochen, überlaufen, sich auswachsen zu (into)
book in at	in einem Hotel absteigen
boss around/about	(umg.) herumkommandieren
bounce off	abprallen (von)
box in/up	einschließen, einsperren
break away	sich losreißen, abbrechen
break away from	sich lossagen, sich trennen von
break down	zusammenbrechen, eine Panne haben (Auto)
break in	einbrechen
break in on	unterbrechen (z.B. ein Gespräch)
break into	einbrechen (z. B. in ein Haus)
break off	abbrechen
break out	ausbrechen
break through	durchbrechen
break up	aufhören, aufbrechen, sich trennen (z. B. Ehepaare)
bring about	verursachen
bring along	mitbringen
bring back	zurückbringen, in Erinnerung rufen
bring down	herunterbringen, stürzen (z. B. eine Regierung)
bring forward	vorverlegen (z. B. ein Meeting), vorstellen (Uhr)
bring off	zustande bringen
bring out	herausbringen (z. B. ein Buch)
bring round	vorbeibringen, eine Person umstimmen
bring through	(einen Kranken) durchbringen
bring up	heraufbringen, Kinder aufziehen, etw. zur Sprache bringen
brush aside	etw. abtun
brush off	Staub, Krümel abbürsten

Prepositional und Phrasal Verbs

brush up	Kenntnisse auffrischen
buckle up	sich anschnallen (z. B. im Auto)
build on sth.	auf etw. bauen
build up	bebauen, aufbauen (Personen, Geschäfte etc.)
bum around	(umg.) herumgammeln
bump into sb.	jem. zufällig treffen, mit dem Auto jem. rammen, auffahren
burn down	abbrennen, niederbrennen
burst out into tears/flames	in Tränen ausbrechen, in Flammen aufgehen
burst open	aufplatzen (z. B. eine Wunde)
burst out laughing/crying etc.	herausplatzen (Gelächter), losheulen
butter sb. up	jem. schmeicheln, jem. Honig ums Maul schmieren
buy in sth.	sich mit etw. eindecken
buy sb. off	jem. bestechen
Buzz off!	Hau ab!

C

call back	zurückrufen (Telefon)
call for help	um Hilfe rufen
call in on sb.	bei jem. kurz vorbeischauen
call off	absagen
call on sb.	jem. besuchen
get carried away	sich mitreißen lassen
carry on	weitermachen, fortführen
carry out	ausführen, durchführen (z. B. Drohungen)
carry through	durchführen (z. B. Pläne, Vorhaben)
catch on to sth.	etw. kapieren
catch up with sth./sb.	aufholen, nachholen, einholen
change into	(sich) verwandeln in
change over to sth.	(sich) auf etw. umstellen
chase after	nachjagen
chase away	verjagen
check in	anmelden (Hotel), einchecken (Flughafen)
check out	abreisen (Hotel), sich erkundigen, informieren
call up	(US:) jem. anrufen
calm down	sich/jem. beruhigen, sich legen (z. B. Sturm, Zorn)
care for	sorgen für, sich kümmern um

241

Präpositionen, unregelmäßige Verben und False Friends

Cheer up!	Kopf hoch!
chicken out	(umg.) kneifen
choke back/down	unterdrücken (z. B. Ärger), zurückhalten (z. B. Tränen)
chop down	(Baum) fällen
clean up	sauber machen, aufräumen
Clear off! Clear out!	Verschwinde!
clear out	ausmisten, ausräumen
clear up	aufklären (Verbrechen), aufklaren (Wetter)
clock in/out	ein-/ausstempeln (Stechuhr am Arbeitsplatz)
close down	schließen, stilllegen (Geschäft, Betrieb)
close up	aufschließen, aufrücken
come about	geschehen, passieren
come across	zufällig treffen, finden, stoßen auf
come along	mitkommen, mitgehen, sich ergeben (Chance)
come apart	auseinanderfallen
come back	zurückkommen
come by	vorbeikommen (Besucher), kriegen (z. B. einen Job)
come for sth.	etw. abholen kommen
come in second/third	den zweiten/dritten Platz belegen (Sport)
come into fashion	in Mode kommen
come into being	entstehen
come off	herunterfallen, sich lösen, abgehen (Knopf)
Come on!	Komm! Los! Na, na!
come out	herauskommen, erscheinen (Buch)
come over	herüberkommen, überkommen, befallen
come round	wieder zu sich kommen (nach einer Bewusstlosigkeit)
when it comes to ...	wenn es um ... geht
come up	heraufkommen, aufkommen (Thema)
come up to	reichen bis/an, heranreichen an
come up with sth.	(umg.) daherkommen mit etw., etw. auftischen
comment on sth.	etw. kommentieren
compensate for	ausgleichen, kompensieren
complain about sth.	sich über etw. beklagen
conjure up	heraufbeschwören (z. B. Erinnerungen), hervorzaubern
consist of	bestehen aus, sich zusammensetzen aus
cool down	(umg.) sich abregen
cool off	abkühlen, sich beruhigen
count on sb.	auf jem. zählen, sich auf jem. verlassen
count out	abzählen, auszählen (z. B. Münzen oder beim Boxen)

Prepositional und Phrasal Verbs

cover up	verheimlichen, vertuschen
crack up	vor Lachen zusammenbrechen, vor Stress durchdrehen
creep in	sich hineinschleichen, sich einschleichen (Fehler)
cross off	ausstreichen, durchstreichen, abhaken (Liste, Idee)
cross out	durchstreichen
cut back	zurückschneiden (z. B. Hecke), kürzen (z. B. Lohn)
cut down	Baum fällen, verringern, einschränken (Ausgaben)
cut in	sich in ein Gespräch einmischen, jem. schneiden (Verkehr)
cut off	abschneiden, abdrehen, absperren
cut up	in Stücke schneiden

D

dawn on sb.	dämmern, zu Bewusstsein kommen
deal in sth.	mit etw. handeln
deal with	sich befassen mit, sich beschäftigen mit
depend on	sich verlassen auf, abhängen von
descend from	abstammen von
die out	aussterben
dig in	eingraben, (umg.) reinhauen (Essen)
dig up	ausgraben
disagree with	nicht bekommen, anderer Meinung sein
discriminate against	diskriminieren, benachteiligen
dispose of	beseitigen (Müll), aus dem Weg schaffen
do away with	abschaffen, wegschaffen, beseitigen
drag down	in den Schmutz ziehen, entmutigen
drag on	sich hinziehen (z. B. Abend, Rede, Film)
drain away	abfließen (Flüssigkeit), schwinden (Kräfte)
drain off	abgießen, abtropfen lassen (z. B. Nudeln)
draw in	einziehen (Atem, Luft)
draw out	hinausziehen, in die Länge ziehen
dress up	sich fein machen, herausputzen
drink to sb.	auf jem. anstoßen
drink up	austrinken
drive sb. home	jem. nach Hause fahren
drop by/in	kurz vorbeischauen, besuchen
drop out	aussteigen, abbrechen (Schule)
dry up	austrocknen (See, Fluss), abtrocknen (Geschirr)

Präpositionen, unregelmäßige Verben und False Friends

E

eat up	aufessen, verbrauchen
be eaten up with	zerfressen werden von (z. B. Eifersucht, Neugier)
end in desaster/tears	mit einem Fiasko enden/am Ende Tränen geben
end up	(umg.) enden, landen
end up doing sth.	schließlich etw. tun
enter into sth.	etw. anfangen, eingehen (Diskussion, Partnerschaft)
even out	(ein)ebnen, ausgleichen, gleichmäßig verteilen

F

fade in/out	ein-/ausblenden (Musik, Fernsehbild)
fall for sb.	(umg.) sich in jem. verknallen
fall on	fallen auf (räumlich, zeitlich)
fall on sb.	auf jem. fallen (z. B. Blick oder Wahl)
fall out	ausfallen (Haar)
fall over	hinfallen (Person), umfallen (Gegenstände)
fend off	abwehren (z. B. Angreifer)
figure out	(umg.) begreifen, kapieren
I can't figure her out.	Ich werde nicht schlau aus ihr.
fill in	(UK:) ausfüllen (z. B. ein Formular)
fill up	voll füllen
find out	herausfinden
fit in	hereinpassen, dazupassen
flare up	aufflammen (Feuer), aufbrausen (Person)
fling open	aufreißen (z. B. eine Tür)
fool about/around (with sth.)	herumalbern, Unsinn machen
freak out	(umg.) ausflippen
freeze over	zufrieren (See)
freeze up	vereisen (Windschutzscheibe)
freshen up	sich frisch machen

G

get across	verständlich machen, rüberbringen (z. B. Gedanke)
get along with sth.	vorankommen (z. B. mit Arbeit)
get along with sb.	mit jem. auskommen, sich vertragen
get away with sth.	mit etw. ungestraft davonkommen
get back	zurückbekommen, zurückgewinnen (Kräfte)

Prepositional und Phrasal Verbs

get caught	geschnappt werden
get home	nach Hause kommen
get in/out	ein-/aussteigen (Auto), hineinkommen, heimkommen
get into trouble	in Schwierigkeiten geraten
Got it!	Verstanden?!
get lost; Get lost!	verloren gehen, sich verlaufen; Verschwinde!
get married	heiraten
get off/on	aus-/einsteigen (Bus, Zug etc.)
get old	alt werden
get over (with)	hinüberbringen, etw. hinter sich bringen
get ready	sich fertig machen
get round to doing sth.	nicht dazu kommen, etw. zu tun
get sb. wrong	jem. falsch verstehen
get sth. going	etw. in Gang bringen
get together	zusammenkommen, sich treffen (with)
get to know sb.	jem. kennen lernen
get up	aufstehen
give away	weggeben, verteilen, verraten (Geheimnis)
give back	zurückgeben
give in	etw. abgeben, sich ergeben, nachgeben, aufgeben
give up	aufgeben, aufhören (Rauchen)
go after sb./sth.	nachlaufen, sich bemühen um
go ahead	vorangehen; Nur zu!
go by	vergehen (Zeit, Gelegenheit), sich halten an (Regeln)
go down	hinuntergehen (Treppe, Fieber), untergehen (Schiff)
go for sth.	etw. holen, holen gehen, auf etw. abgesehen haben
go for a walk	einen Spaziergang machen
go in/into	hineingehen
go into teaching/ politics etc.	Lehrer werden/in die Politik gehen
go on	weitergehen, weiterfahren
go on doing sth.	weitermachen mit etw.
go on strike	in Streik treten
go out	hinausgehen, ausgehen (Licht), ausgehen (abends)
go shopping/dancing	einkaufen gehen/tanzen gehen
go through	durchnehmen, durchmachen (erleiden), durchsehen
go together	zusammenpassen (Kleidung, Personen)
go up	hinaufgehen (Treppe), steigen (Fieber, Preise)
go with sb.	mit jem. gehen

Präpositionen, unregelmäßige Verben und False Friends

sth. doesn't go with sth.	nicht zusammenpassen (Farben, Geschmack)
go without sth.	ohne etw. auskommen (Schlaf, Geld)
It goes without saying.	Es versteht sich von selbst.
grow up	aufwachsen
Grow up!	Werde endlich erwachsen!

H

hand around	herumreichen, herumgehen lassen
hand back	zurückgeben
hand down	hinunterreichen, weitergeben, überliefern (Traditionen)
hand in	abgeben, etw. einreichen
hand on	weitergeben
hand out	verteilen, austeilen
hand over	aushändigen, übergeben (z. B. Macht oder Amt)
hang about/around	herumlungern
hang back	zögern
hang on	festhalten, sich klammern an (to), warten
Hang on, please!	Bleiben Sie dran! (Telefon)
hang up	auflegen (Telefon)
head for	gehen/fahren nach
hear about sth.	hören, etw. erfahren (informiert werden)
hear from sb.	von jem. hören
hear of sb.	jem. kennen, schon mal von jem. gehört haben
help out	aushelfen
hint at sth.	etw. andeuten, auf etw. anspielen
hit back	zurückschlagen
hold back sth.	etw. zurückhalten, etw. verweigern
hold on	festhalten an (to)
Hold on!	Bleiben Sie dran! (Telefon)
hold together	zusammenhalten
hold up	hochhalten
Hurry up!	Beeilung! Mach schnell!

I

identify with	gleichsetzen mit, identifizieren mit

Prepositional und Phrasal Verbs

J

join in	mitmachen, sich beteiligen
jump at sth.	sich auf etw. stürzen, etw. beim Schopf ergreifen
jump off/on	aus-/einsteigen, auf-/abspringen (Bus)
jump on	einsteigen, aufspringen (Bus)
jump out	hinausspringen
jump up	hochspringen, hinaufspringen (Treppe)

K

keep at	weitermachen
Keep at it!	Weiter so!
keep away	wegbleiben, sich fern halten von (from)
keep back	zurückhalten (Person), einbehalten (Lohn)
keep down	niedrig halten (Kosten), unter Kontrolle halten
keep from	abhalten von (Person)
keep off	fern halten
keep on	anbehalten (Kleidung)
keep on doing sth.	mit etw. weitermachen
Keep out!	Zutritt verboten!
keep to the left/right	links/rechts halten
keep up	aufrechterhalten
keep up with sb.	mit jem. mithalten, Schritt halten
kick off	anstoßen (Fußball), (umg.) anfangen
kick out (of)	rausschmeißen (aus Schule, Lokal etc.)
kick up	aufwirbeln (z. B. Staub)
knock about/around	schlagen, verprügeln, (umg.) sich herumtreiben
knock down sth./sb.	etw. umstoßen, jem. niederschlagen, abreißen (Haus)
Knock it off!	Hör auf damit!
knock out	ausschlagen (Zahn), bewusstlos schlagen
knock over	umwerfen (z. B. eine Vase), an-, überfahren (Auto)
knock together	aneinander stoßen, (umg.) schnell zusammenzimmern
know about sth.	Bescheid wissen

L

lay aside	beiseite legen, ablegen (z. B. Angewohnheit)
lay down	hinlegen auf (on), niederlegen (Amt)
lay off	entlassen
lead away	wegführen, abführen (Gefangener)

Präpositionen, unregelmäßige Verben und False Friends

lean back	sich zurücklehnen
lean forward	sich vorbeugen
lean on sb.	sich auf jem. stützen
lean towards	tendieren zu, neigen zu
leap up	sprunghaft ansteigen, emporschnellen
leave behind	zurücklassen, hinter sich lassen
leave on	anlassen (z. B. Radio), anbehalten (z. B. Kleidung)
leave out	auslassen, weglassen von (of)
let down	herunterlassen, im Stich lassen
let in	hereinlassen
lie back	sich zurücklehnen, sich ausruhen
lie down	sich hinlegen auf (on)
light up	beleuchten, aufleuchten, anzünden (Zigarette)
line up	sich in einer Reihe aufstellen, **(US:)** sich anstellen (for)
live off sb.	auf jem. Kosten leben
live on sth.	sich von etw. ernähren
live together	zusammenleben
live up to	gerecht werden (Erwartungen)
live with	zusammenleben mit, wohnen bei
lock away	wegschließen (Dinge), einsperren (Person)
long for	sich sehnen nach
look after	aufpassen auf, sich kümmern um
look ahead	nach vorne schauen, vorausschauen
loor around	sich umschauen
look at sb./sth.	etw./jem. ansehen, anschauen
look back (on sth./to sb.)	sich umsehen, zurückblicken auf
look for	suchen (nach)
look forward to doing sth.	sich darauf freuen, etw. zu tun
look into	hineinsehen, untersuchen, überprüfen
look out	herausschauen, aufpassen
Look out!	Vorsicht!
look through	blicken durch (z. B. Fenster), etw. durchsehen
look up	hinaufblicken, etw. nachschlagen (z. B. im Wörterbuch)

M

make for	auf jem./etw. zusteuern
make off with	sich davonmachen mit

Prepositional und Phrasal Verbs

make out	erkennen, erblicken, ausmachen, ausstellen (Scheck)
make up	sich ausdenken, erfinden (Geschichte), zusammenstellen, bilden (Team), schminken, sich versöhnen
make up for	wieder gutmachen
mark down	im Preis heruntersetzen, etw. notieren
meet with	zusammentreffen mit
meet with disapproval	auf Ablehnung stoßen
mess about/around	herumgammeln, herumpfuschen, herumbasteln an (with)
mess up	in Unordnung bringen, verpfuschen
mix up	verwechseln (Personen)
move away	wegziehen aus/von (from)
move in	einziehen (Wohnung)
move on	weitergehen (Personen)
move out	ausziehen (Wohnung)
move over	zur Seite rücken

N

nail down	zunageln, jem. festnageln auf (to)
nose about/around	herumschnüffeln

O

it occurred to sb. that	einfallen (Gedanken), jem. in den Sinn kommen, dass
open out	sich weiten (Straße), aus sich herausgehen (Person)
open up	aufschließen, eröffnen (Geschäft)

P

pack away	wegpacken, verstauen
pack in	(umg.) aufhören, Schluss machen
pack up	verpacken, zusammenpacken, (umg.) aufhören
pass away	entschlafen, sterben
pass by	vorbeigehen, vergehen (Zeit)
pass on	weitergehen, übermitteln an (to)
pass round	herumreichen, in Umlauf setzen
pass through	auf der Durchreise sein
pay back	zurückzahlen
pay for	bezahlen
pay in/into	einzahlen (Konto)

Präpositionen, unregelmäßige Verben und False Friends

pay off	Schulden abzahlen, sich bezahlt machen
pep up	aufmöbeln, in Schwung bringen
pick on sb./sth.	auf jem. herumhacken, an etw. herumnörgeln
pick out	auswählen, jem. ausmachen, erkennen
pick up sb./sth.	jem. abholen, etw. aufheben
pile in	sich hineindrängen
pile up	(sich) anhäufen, sich ansammeln
pin down	sich festlegen
Piss off!	(vulg.) Verpiss dich!
play down sth.	etw. herunterspielen
plunge into sth.	sich in etw. stürzen (z. B. Arbeit, Schwimmbecken)
point sth. out to sb.	jem. auf etw. hinweisen
point to/towards	hindeuten, hinweisen auf
polish up	aufpolieren, aufbessern (z. B. Kenntnisse, Sprache)
pour out	ausgießen, einschenken (Getränk)
press on	weitermachen
print out	ausdrucken (Computer)
profit by/from	Nutzen/Gewinn ziehen aus, profitieren von
provide for	sorgen für
pull away	wegziehen, anfahren, losfahren (Bus, Auto)
pull down	abreißen
pull in	einziehen, in den Bahnhof einfahren, anhalten (Auto)
pull off	ausziehen (z. B. Schuhe)
pull through	durchkommen, durchbringen (Kranker)
pull together	an einem Strang ziehen
pull oneself together	sich zusammenreißen
pull up	hochziehen, heranziehen
push ahead	vorantreiben mit (with)
push around	herumschubsen, herumstoßen
push for sth.	drängen auf (z. B. eine Entscheidung)
push up	hochtreiben (Preise)
put aside	beiseite legen
put away	aufräumen, zurücklegen (Geld)
put back	zurücklegen, zurückstellen (Uhr)
put down	hinlegen
put off	etw. verschieben (Termin), hinhalten
put on	anziehen, aufsetzen, anmachen, einschalten
put out	hinauslegen, ausschalten (Licht)

Prepositional und Phrasal Verbs

put through	durchstellen, verbinden (Telefon)
put together	zusammensetzen
put up	aufstellen (Zelt), errichten (Gebäude), aufhängen (Bild)
put up with	(umg.) sich abfinden mit

Q

quarrel with	streiten mit, um (over/about)

R

reach down	herunterreichen von (from)
reach out	die Hand ausstrecken nach (for)
read in	einlesen (Computer)
read out	vorlesen
read over/through	durchlesen
reckon on	rechnen mit, erwarten
reckon with	rechnen mit (z. B. einer Person oder Umständen)
reduce to	reduzieren auf
refer to	sich beziehen auf, sprechen von
reflect on/upon	reflektieren auf, nachdenken über
refrain from (doing) sth.	sich zurückhalten, sich etw. (zu tun) verkneifen
relate to	sich beziehen auf, zusammenhängen mit
relieve of	jem. etw. abnehmen (z. B. eine Arbeit)
rely on	sich verlassen auf
remember to do sth.	daran denken, etw. zu tun
remember doing sth.	sich erinnern, etw. getan zu haben
remind sb. to do sth.	jem. daran erinnern, etw. zu tun
resort to	greifen zu (Mittel etc.), sich an jem. wenden
result in	zur Folge haben, führen zu
revert to	zurückfallen in (Gewohnheit), zurückkehren zu (Zustand)
rip apart	auseinander reißen
rip off	herunterreißen, neppen, abzocken
rip open	aufreißen (Paket)
rip up	zerreißen
round down	abrunden (Preise) auf (to)
round off	auf-, abrunden (Preise, Mahlzeiten)
round up	aufrunden (Preise), zusammentreiben (Vieh)
rub in	einreiben

Präpositionen, unregelmäßige Verben und False Friends

rub off	abreiben, abgehen (Farbe), abfärben
run against	sich stoßen (Kopf), **(US:)** kandidieren gegen
run away	davonlaufen von (from)
run down	umfahren (Auto), ablaufen, leer werden (Uhr, Batterie)
run for	**(US:)** kandidieren als
run into	fahren gegen, jem. treffen, geraten (z. B. in Schwierigkeiten)
run off with sb.	mit jem. durchbrennen
run out (of)	herausrennen, zu Ende gehen (Vorräte)
run over	überfahren (Auto), überlaufen (Wasser)
run through	durchspielen (z. B. Szene), durchgehen (z. B. Notizen)
rush at	sich stürzen auf
rush into	sich in etw. stürzen

S

scare away/off	verjagen
scrape off	etw. abkratzen
scrape together	zusammenkratzen (z. B. Geld)
screw together	zusammenschrauben
screw up	zusammenkneifen (Augen), (umg.) etw. vermasseln
search for	suchen nach
see sb. home	jem. nach Hause begleiten
see sb. off	jem. verabschieden
see sb. out	jem. hinausbegleiten
see through	durchschauen, durchblicken
see to it that ...	dafür sorgen, dass ...
send away	wegschicken
send back	zurückschicken
send for	jem. holen lassen
send in	einsenden, einreichen
send off	fortschicken, absenden, **(UK:)** vom Platz stellen (Sport)
send out	hinausschicken, verschicken
set about doing sth.	sich daranmachen, etw. zu tun
set aside	beseite legen (Geld), freihalten (Zeit)
set back	zurücksetzen, verzögern
set off	aufbrechen, sich aufmachen, auslösen (Alarm)
set up	errichten, gründen (Firma), aufstellen
settle back	sich zurücklehnen

Prepositional und Phrasal Verbs

settle down	sich niederlassen, sich setzen
settle for	sich begnügen mit
settle in	sich eingewöhnen, sich einleben
shake off	abschütteln, loswerden
shake up	aufrütteln, erschüttern, umkrempeln
shop around	sich informieren, sich umsehen, Preise vergleichen
shout at	jem. anschreien
show around	herumführen
show in	hereinführen, hineinbringen
show off	angeben, protzen
show out	hinausführen, hinausbringen
show up	(umg.) kommen, aufkreuzen
shrug off	etw. als unwichtig abtun
shut down	schließen (Fabrik)
shut off	abstellen (z. B. Gas, Motor), fern halten von (from)
Shut up!	Halt die Klappe!
sign in/out	sich ein-, austragen (z. B. in eine Besucherliste)
sign up	sich einschreiben, etw. unterschreiben
single out	aussondern
sit around/about	herumsitzen
sit back	sich zurücklehnen, die Hände in den Schoß legen
sit down	sich setzen
sit in for sb.	jem. vertreten
sit on	sitzen auf, unterdrücken
sit out	auslassen (z. B. einen Tanz), durchhalten („aussitzen")
sit up	sich aufsetzen, hinsetzen, aufrecht sitzen
skim through	überfliegen (z. B. einen Bericht)
sleep around	(vulg.) rumbumsen
sleep in	lang schlafen, ausschlafen
sleep on sth.	etw. überschlafen
sleep with sb.	mit jem. schlafen
slow down	langsamer fahren, verzögern
smash into	prallen an, krachen gegen (Auto)
smile at	anlächeln, zulächeln, belächeln
snap at	schnappen nach, jem. anschreien
sneak up to sb.	sich an jem. anschleichen
sneer at	höhnisch grinsen, spotten über
snuggle up to sb.	sich an jem. kuscheln
soak up	aufsaugen (Flüssigkeit)

Präpositionen, unregelmäßige Verben und False Friends

sober up	wieder nüchtern werden, ausnüchtern
soften sb. up	(umg.) jem. weich machen
sort out	aussortieren, Problem lösen
speak to/with sb.	mit jem. sprechen
speak about sth.	über etw. sprechen
speak for sth./sb.	für etw./jem. sprechen
speak out/up	seine Meinung deutlich vertreten/lauter sprechen
speak up for sb./sth.	sich für etw./jem. aussprechen, für etw./jem. eintreten
speed up	beschleunigen
spell out	buchstabieren, genau erklären
spill over	überlaufen (Flüssigkeit), übergreifen auf (into)
spin round	herumwirbeln
squeeze out	ausdrücken, auspressen aus (of)
stack up	aufstapeln
stand back	zurücktreten (räumlich), Abstand gewinnen
stand by sb.	zu jem. halten
stand in	einspringen für (for)
stand out	hervorstechen, sich wehren gegen (against)
stand up for	für jem. eintreten
stay away	wegbleiben, sich fernhalten von (from)
stay back	zurückbleiben, Abstand halten
stay in	zu Hause/drinnen bleiben
stay on	weitermachen
stay out	draußen bleiben
stay with sb.	vorübergehend bei jem. wohnen
stem from	herrühren von
step aside	zur Seite treten, Platz machen, zurücktreten als (as)
step back	zurücktreten, zurückweichen
step down	heruntersteigen
step forward	nach vorne treten
stick around	(umg.) dableiben
stick to	stehen zu, bleiben bei (der Wahrheit), weitermachen
stick together	zusammenkleben, zusammenhalten
stir up	aufwühlen, Streit entfachen
stop doing sth.	aufhören, etw. zu tun
stop to do sth.	anhalten, um etw. anderes zu tun
stop by	vorbeischauen (Besuch)
stop over	Zwischenstation machen
straighten out	gerade werden, in Ordnung bringen

Prepositional und Phrasal Verbs

straighten up	sich aufrichten, gerade hängen
stretch out	sich ausstrecken
strike at	einschlagen auf
strike back	zurückschlagen
subscribe to	abonnieren, sich anschließen (z. B. einer Meinung)
substitute for	einspringen für, ersetzen
succeed in doing sth.	etw. schaffen, etw. gelingt (zu tun)
succeed to	nachfolgen in (einem Amt)
succumb to	erliegen (Krankheit oder Versuchung)
sum up	zusammenfassen
summon up	zusammennehmen (z. B. Kraft, Mut)
swear at sb.	jem. wüst beschimpfen
swear by	(umg.) schwören auf
switch off/on	ab-/anschalten, aus-/einschalten
swot up	(umg. **UK:**) büffeln, pauken für (for)

T

take after	jem. ähnlich sein, der Mutter/dem Vater nachschlagen
take along	mitnehmen
take apart	auseinander nehmen
take away	wegnehmen, (**UK:**) zum Mitnehmen
take back	zurückbringen, zurücknehmen
take down	herunternehmen, abnehmen, aufschreiben
take sth. from sb.	jem. etw. wegnehmen
take off	ausziehen, abheben (Flugzeug), übernehmen (Arbeit)
take out	herausnehmen, ausführen, ausgehen mit
take out on sb.	sich an jem. abreagieren, etw. an jem. auslassen
take over	übernehmen (z. B. Amt, Verantwortung),
take sb. to somewhere	jem. irgendwo hinbringen, mit jem. irgendwohin fahren
take to doing sth.	anfangen, etw. zu tun
take to the bed	sich ins Bett legen
talk sb. into (doing) sth.	jem. zu etw. überreden
talk sb. out of sth.	jem. etw. ausreden
tear down	herunterreißen, abreißen (Gebäude)
tear off	abreißen, sich vom Leib reißen (Kleider)
tear out	(her)ausreißen aus (of)
tear up	aufreißen (Straße), zerreißen (Papier)
tell sb. to do sth.	jem. befehlen, etw. zu tun
tell on sb.	jem. verpetzen

Präpositionen, unregelmäßige Verben und False Friends

think about sth.	nachdenken über
think of	denken an
think of doing sth.	daran denken (vorhaben, überlegen), etw. zu tun
think highly/little of sb./sth.	viel/wenig von etw./jem. halten
think (sth.) over	nachdenken über, überdenken, überlegen
think up	sich ausdenken
throw away	wegwerfen
throw back	zurückwerfen
throw on	sich überwerfen (Kleidungsstück)
throw out	wegwerfen, hinauswerfen
throw together	zusammenwerfen, zurechtbasteln
throw up	hochwerfen, sich übergeben
tie down	binden, festlegen (Person) auf (to)
tie up	fesseln, binden, verschnüren (Paket)
toy with	spielen mit
track down	aufspüren, auftreiben, ausfindig machen
transfer to	überbringen, überspielen auf, überweisen an (Geld)
try for	sich bemühen um
try on	anprobieren
try out	ausprobieren
tuck up in bed	(Kind) ins Bett packen
turn away	(sich) abwenden von (from)
turn back	umkehren, zurückstellen (Uhr), zurückblättern auf (to)
turn down	leiser stellen (Radio), zurückdrehen, ablehnen (Angebot)
turn oneself in	sich (der Polizei) stellen
turn off	abdrehen (z. B. Gas), ausmachen, abstellen (Motor)
This turns me off.	Das widert mich an.
turn on	anschalten, (umg.) anturnen, anmachen (sexuell)
turn out	ausschalten, erscheinen (Person), sich erweisen als
turn over	umdrehen, umblättern, wenden
turn round	sich umdrehen
turn to sb.	sich jem. zuwenden, sich an jem. wenden
turn up	lauter stellen (Radio), auftauchen

U

use up	aufbrauchen, verbrauchen
used to do sth.	früher etw. oft getan haben
be used to doing sth.	gewohnt sein, etw. zu tun

Prepositional und Phrasal Verbs

V

vote on	abstimmen über

W

walk away	weggehen
walk in	hineingehen
walk into sb.	jem. zufällig treffen
walk off	fortgehen
walk out on sb.	jem. sitzen lassen
walk up to sb.	auf jem. zugehen
warm up	wärmen, wärmer werden, warmlaufen lassen (Motor)
watch for	Ausschau halten nach
Watch out!	Pass auf!
wash up	abwaschen, Geschirr spülen, anschwemmen (Meer)
watch out for sb./sth.	nach jem./etw. Ausschau halten
wear down	abtreten, ablaufen, abfahren, zermürben
wear off	nachlassen
wear out	abnutzen, abtragen (Kleidung)
win back	zurückgewinnen
win out/through	sich durchsetzen
win sb. over/round	jem. für sich gewinnen
wind back	zurückspulen
wind down	herunterkurbeln (Fensterscheibe), reduzieren
wind up	hochkurbeln (Fensterscheibe), aufziehen (Uhr)
wipe off	wegwischen
wipe out	auswischen, auslöschen, ausrotten
wipe up	aufwischen
wish for sth.	sich etw. wünschen
work in	einbauen
work off	abarbeiten, abreagieren an (on)
work out	funktionieren, ausrechnen, sich zusammenreimen, aufgehen (Puzzle)
wrap up	einpacken, einwickeln in (in), sich warm anziehen

Y

yield to sb.	(US:) jem. Vorfahrt gewähren (Straßenverkehr)

Z

zip up	den Reißverschluss zumachen

Präpositionen, unregelmäßige Verben und False Friends

6 False Friends und andere Problemfälle

Unter **False Friends** versteht man englische Wörter, die zwar genauso oder ähnlich klingen wie deutsche, aber eine teilweise oder sogar völlig andere Bedeutung haben. Zum Beispiel das englische Wort **gift**. Es heißt übersetzt *nicht* **Gift**, sondern **Geschenk**. Das deutsche Wort Gift heißt auf Englisch **poison**. Im Folgenden werden immer wieder auftauchende **False Friends** sowie einige weitere Problemfälle in alphabetischer Reihenfolge aufgelistet.

aktuell: nicht *actual* (eigentlich, tatsächlich), sondern
- current, latest (aktuell, gegenwärtig)
the current issue (die aktuelle/letzte Ausgabe)
- up-to-date (aktuell, modern, auf dem Laufenden)
She is always up-to-date. (Sie ist immer auf dem Laufenden.)

also: nicht *also* (auch, außerdem), sondern
- so (also im Sinne von ergo, folglich)
We haven't got any money, so we won't go on holiday this year. (Wir haben kein Geld, also machen wir dieses Jahr keinen Urlaub.)
- well (umg. also, na also, nun ja, tja, ach was)
Well, here are your exam papers. (Also, hier sind eure Prüfungsarbeiten.)
Well, I'll see what I can do about it. (Tja, ich werde sehen, was ich tun kann.)

Art: nicht *art* (Kunst), sondern
- kind, sort, type (Sorte, Art)
all kinds of people (alle möglichen Menschen)
What sort of person is she? (Was ist sie für ein Mensch?)
I don't like that type of food. (Ich mag diese Art Essen nicht.)
- nature (Wesen bei Personen; Beschaffenheit bei Dingen, auch übertragen)
It's not in his nature to get up early. (Es ist nicht seine Art, früh aufzustehen. Es fällt ihm schwer, früh aufzustehen.)
What's the nature of your problem? (Worum handelt es sich bei deinem Problem?)
- way (Art und Weise)
Take a taxi. This way you'll arrive in time. (Nimm dir ein Taxi. Auf diese Weise kommst du rechtzeitig an.)
- species (Tierart, Spezies)
endangered species (vom Aussterben bedrohte Tierarten)

False Friends und andere Problemfälle

aufstehen: *get up* oder *stand up*
• get up (1. aufstehen, z. B. morgens aus dem Bett; 2. sich erheben von einem Stuhl, Sofa etc.)
I got up at 6 o'clock this morning. (Ich bin heute Morgen um 6 Uhr aufgestanden.)
• stand up (sich erheben von einem Stuhl, Sofa etc.)

Bank: *bank* oder *bench* oder *pew*
• bank (1. Geldinstitut; 2. Uferböschung, Bahndamm)
bank account (Konto)
banknote (Geldschein)
• bench (Sitzgelegenheit)
substitutes' bench (Reservebank)
backbenchers (Hinterbänkler)
• pew (Kirchenbank)

brav: nicht *brave* (tapfer, mutig), sondern
• well-behaved (artig, brav, wohlerzogen bei Kindern)
a well-behaved boy (ein wohlerzogener Junge)
• good (brav bei Aufforderungen in Bezug auf Kinder)
Be good! (Sei brav!)
• uninspired, toothless (lustlos, ohne Biss)

Brust: *chest* oder *breast*
• chest (1. Brustkorb, Brustkasten, Männerbrust; 2. Truhe, Kommode)
chest pains (Schmerzen in der Brust)
oak chest (Eichentruhe)
chest of drawers (Kommode)
medicine chest (Arzneischrank)
• breast (1. Frauenbrust, Brust, Busen; 2. Bruststück bei Tieren)
breast cancer (Brustkrebs)
breast stroke (Brustschwimmen)
chicken breast (Hühnerbrust)

Chef: nicht *chef* (Chefkoch), sondern
• boss (Boss, Chef im Büro)
to boss sb. around (jem. herumkommandieren)
bossy (herrisch)

Präpositionen, unregelmäßige Verben und False Friends

- chief (1. Häuptling, z.B. bei den Indianern; 2. Leiter/in, Führungsperson)
chief executive (Präsident/in einer Firma)
chief editor/editor in chief (Chefredakteur/in)
(**UK:**) *chief constable (Polizeipräsident/in)*

Chips: nicht *chips* (Pommes frites), sondern

- crisps (Kartoffelchips) (**US:**) potato chips
- nacho chips, nachos (Mais-Chips)
- chip (Jeton im Kasino)
- (micro) chip (Mikrochip im Computer)

(Anm.: Pommes frites = **UK:** chips; **US:** French fries)

dick: *fat* oder *thick* oder *stout* oder *obese*

- fat (1. dick bei Personen, manchmal auch bei Tieren; 2. fett, umg. auch für Dinge, z. B. Auto, Buch, Brieftasche)
a fat cat (eine dicke Katze)
a fat car (ein dickes Auto)
- thick (1. dick, umfangreich, z. B. Buch, Eisdecke, Akte; 2. dicht, z. B. Haar, Nebel, Rauch; 3. belegt; 4. umg. für blöd, schwer von Begriff)
a thick book (ein dickes Buch)
a thick voice (eine belegte Stimme)
- stout, corpulent (ziemlich dick, beleibt, bei Personen)
- obese (fettleibig, stark übergewichtig, bei Personen)

Dom: nicht *dome* (Kuppel), sondern

- cathedral (Dom, Kathedrale, Münster, große Kirche)
Cologne Cathedral is the largest church in Germany. (Der Kölner Dom ist die größte Kirche Deutschlands.)

engagiert: nicht *engaged* (verlobt), sondern

- committed (verpflichtet, engagiert)
politically committed (politisch engagiert)
He is very committed to his work. (Er geht ganz in seiner Arbeit auf.)

eventuell: nicht *eventually* (schließlich), sondern

- possibly (möglicherweise, vielleicht)
The train might possibly arrive a little late. (Der Zug wird sich eventuell ein wenig verspäten.)
Could I possibly borrow £ 100 from you? (Könnte ich eventuell 100 Pfund von dir leihen?)

False Friends und andere Problemfälle

fahren: *go* oder *drive* oder *ride* oder *travel*
- go (fahren allgem. ohne Nennung des Fortbewegungsmittels)
I'm going to Glasgow next week. (Ich fahre nächste Woche nach Glasgow.)
go by car, train, bus etc. (mit dem Auto, Zug, Bus etc. fahren)
- drive (1. selbst mit dem Auto fahren (können); 2. jem. irgendwohin fahren)
driving licence (Führerschein), (**US:**) *driver's license*
- ride (1. mit dem Fahrrad oder Motorrad fahren; 2. Betonung des Erlebnisses einer Fahrt mit Bus, Bahn oder Rad etc.)
ride a bicycle (mit dem Fahrrad fahren)
We enjoyed the ride very much. (Wir haben die Fahrt sehr genossen.)
- travel (reisen, verreisen, eine längere Strecke fahren)
travel by bus, train, boat etc.
When they were young, my parents used to travel a lot.

Fantasie: nicht *fantasy* (Hirngespinst, Roman- und Filmgattung), sondern
- imagination (Einbildungskraft, Vorstellungskraft)
Use your imagination! (Lass doch mal die Fantasie spielen!)
- fantasia (Musikstück, Improvisation über ein Thema)

Fehler: nicht *fault* (Defekt, Schuld), sondern
- mistake (Fehler, Irrtum, Vergehen allgem.)
make a mistake (einen Fehler machen)
spelling mistake (Rechtschreibfehler)
I made a lot of mistakes in my life. (Ich habe in meinem Leben viele Fehler gemacht.)
- error (Fehler, Irrtum, gehobener als mistake)
typing error (Tippfehler)
printing error (Druckfehler)
human error (menschliches Versagen)
- flaw (1. Defekt, Materialfehler; 2. logischer Fehler, Schwachpunkt; 3. Charakterfehler)
flaw in contract (Formfehler)

Fleisch: *flesh* oder *meat*
- flesh (1. lebendiges Fleisch; 2. sündiges Fleisch im religiösen Sinn)
I'm only flesh and blood. (Ich bin auch nur ein Mensch.)
her own flesh and blood (ihr eigen Fleisch und Blut)
flesh wound (Fleischwunde)
the sins of the flesh (die fleischlichen Sünden)

- meat (Fleisch zum Essen)
lean meat (mageres Fleisch)
meat eater (Fleischesser)
meat dish (Fleischgericht)

Flug: nicht *fly* (Fliege, Hosenschlitz), sondern
- flight (1. Flug durch die Luft, z. B. mit einem Flugzeug; 2. Flucht)
to book a flight (einen Flug buchen)
flight attendant (Flugbegleiter)
- fly (Verb) (fliegen)
*to fly at a height of 11,000 metres (**US:** meters) (in einer Höhe von 11.000 Metern fliegen)*
fear of flying (Flugangst)

Flur: nicht *floor* (Fußboden, Etage), sondern
- corridor (Hausflur)
on the corridor (im Hausflur)
- landing (Hausflur, Gang, Treppenabsatz, Etagenabsatz)
on the landing (auf dem Gang)
- hall(way) (Diele, Hausflur, Korridor)
in the hall (im Wohnungsflur)
The mansion had a great hall. (Das Herrenhaus hatte eine eindrucksvolle Diele.)

Fotograf: nicht *photograph* (Foto, Aufnahme), sondern
- photographer (Fotograf, Person, die ein Bild macht)
press photographer (Pressefotograf)
professional photographer (Berufsfotograf)

Fotografie: *photography* oder *photograph*
- photography (Fotografie als Fach oder als Kunst)
black and white photography (Schwarz–Weiß-Fotografie)
photographic equipment (Fotoausrüstung)
- photograph, photo, (Foto, Aufnahme, einzelnes Bild)
photo session (Fotosession)
take a photo/picture (ein Foto/Bild machen)
photo copier (Fotokopierer)
(Anm.: Fotoapparat = camera)

False Friends und andere Problemfälle

Geist: *ghost* oder *mind* oder *spirit*
- ghost (Geist, Spukgestalt)
ghost train (Geisterbahn)
ghost writer (Ghostwriter = ein Autor, der für eine andere Person schreibt und nicht genannt wird)
- mind (1. Geist, Verstand, Intellekt; 2. großer Denker; 3. Gedanken, Kopf)
have a good mind (einen klaren Verstand haben)
loose one's mind (den Verstand verlieren)
Einstein was one of the greatest minds of the 20th century. (Einstein war einer der größten Köpfe des 20. Jahrhunderts.)
I can't get her out of my mind. (Ich kriege sie nicht aus dem Kopf.)
This idea has just crossed my mind. (Diese Idee schoss mir gerade durch den Kopf.)
- spirit (1. Wesen, Sinn, Gesinnung; 2. Geist Gottes, Seele)
in a spirit of friendship (in freundschaftlichem Geiste)
the Holy Spirit (der Heilige Geist)

genial: nicht *genial* (freundlich), sondern
- ingenious, brilliant (erfinderisch, genial, brillant, kreativ)
an ingenious mind (ein kreativer Kopf)

Genie: nicht *genie* (Flaschengeist), sondern
- genius (hervorragend schöpferischer Mensch, Genie, Genius)
Einstein was a mathematical genius. (Einstein war ein Mathematikgenie.)

Gift: nicht *gift* (Geschenk, Talent), sondern
- poison (Gift, Toxikum)
rat poison (Rattengift)
poisonous snake (Giftschlange)
toxic waste (Giftmüll)

Golf: *golf* oder *gulf*
- golf (Golf, Sportart)
golf cart (Golfwagen)
golf club (Golfschläger)
golf course (Golfplatz)
mini golf (Minigolf)
- gulf (1. Golf, geografische Bezeichnung; 2. tiefe Kluft zwischen Personen)
the Persian Gulf (der Persische Golf)
the Gulf Stream (der Golfstrom)
bridge a gulf (eine Kluft überbrücken)

Präpositionen, unregelmäßige Verben und False Friends

groß: *great* oder *big* oder *large* oder *tall*
- great (1. sehr groß, gehoben; großartiger Mensch; 2. bezogen auch auf Leistungen und Gefühle; 3. groß bei abstrakten Begriffen)
Peter the Great (Peter der Große)
feel great (sich großartig fühlen)
be great at doing sth. (etw. sehr gut können)
a great sadness (große/tiefe Traurigkeit)
- big (groß; umg. für Personen und Dinge)
a big room
big toe (großer Zeh)
a big meal (üppige Mahlzeit)
- large (neutral und sachlich, Gegenteil: small)
This pair of jeans is too large. (Diese Jeans ist zu groß.)
by and large (im Großen und Ganzen)
- tall (Körpergröße, Gegenteil: short)
Some basketball players are over 7 feet tall. (Einige Basketballspieler sind über 2,10 Meter groß.)

Grund: *ground(s)* oder *reason*
- ground (Boden außerhalb von Gebäuden, Grund, Erdboden, Gelände)
above ground (über der Erde)
ground crew (Bodenpersonal am Flughafen)
playground (Spielplatz)
- grounds (pl.) (Grund, Ursache)
on the grounds that (mit der Begründung, dass...)
to have grounds to do sth. (Grund haben, etw. zu tun)
- reason (1. Grund, Begründung; 2. Vernunft)
for no particular reason (aus keinem besonderen Grund)
the Age of Reason (das Zeitalter der Vernunft)
be/go beyond all reason (vollkommen unsinnig sein)

Helm: nicht *helm* (Ruder, Steuer), sondern
- helmet (Helm, Kopfschutz)
motorcycle helmet (Motorradhelm)

Hose: nicht *hose* (Gartenschlauch), sondern
- (a pair of) trousers (Hose, Kleidungsstück) (**US:**) pants
underpants, (**US:**) *(under)shorts (Unterhose)*
- shorts (kurze Hose)
- tights (Strumpfhose), (**US:**) pantyhose

False Friends und andere Problemfälle

isoliert: *isolated* oder *insulated*
• isolated (1. abseits gelegen z. B. ein Haus; 2. einsam, vereinzelt bei Personen)
We stayed at an isolated hotel. (Wir übernachteten in einem abgelegenen Hotel.)
I felt very isolated. (Ich fühlte mich sehr einsam.)
• insulated (isoliert gegen Kälte, Hitze etc.)
The roof of our house is badly insulated against heat. (Das Dach unseres Hauses ist schlecht wärmeisoliert.)

kennen lernen: *meet* oder *get to know sb.*
• meet (jem. das erste Mal treffen und kennen lernen)
The first time I met her was in 1998. (Ich habe sie 1998 kennen gelernt.)
• get to know sb. (jem. über einen längeren Zeitraum besser kennen lernen)
We slowly got to know each other. (Mit der Zeit lernten wir uns besser kennen.)

Konkurrenz: nicht *concurrence* (Übereinstimmung), sondern
• competition (Konkurrenz, Wettstreit, Wettbewerb)
to be in competition with sb. (mit jem. in Konkurrenz stehen)
beauty competition (Schönheitswettbewerb)

Kritik: nicht *critic* (Kritiker), sondern
• criticism (konkrete Kritik, das Kritisieren)
accept criticism (Kritik annehmen)
• review (Zeitungskritik, Rezension)
write a review (eine Rezension schreiben)
The new film got some good reviews. (Der neue Film hat gute Kritiken bekommen.)

Land: *country* oder *land*
• country (1. Land, geografisch; 2. Land im Gegensatz zu Stadt)
live in the country (auf dem Land leben)
Which country are you from? (Aus welchem Land kommst du?)
• land (1. Land, Nation, oft literarisch oder emotional; 2. Grundbesitz; 3. Festland)
a land of milk and honey (ein Land, wo Milch und Honig fließen)
farm land (Ackerland)
private land (Privatbesitz)

Landschaft: *landscape* oder *countryside*
• landscape (1. Landschaft aus der Ferne, neutrale Bezeichnung, Gegend;
2. Landschaftsgemälde in der Malerei)

Präpositionen, unregelmäßige Verben und False Friends

landscape architect (Landschaftsarchitekt)
urban landscape (Stadtlandschaft)
• countryside (anmutige Landschaft als Ganzes, betont das emotionale Erlebnis)
Many artists live in the countryside. (Viele Künstler leben auf dem Land.)

laut: *loud* oder *noisy*
• loud (laut im Ton, von großer Lautstärke bei Personen und Dingen)
a loud voice (eine laute Stimme)
loud music (laute Musik)
• noisy (unangenehm geräuschvoll, lärmend bei Personen und Dingen)
noisy children (laute, lärmende Kinder)
noisy traffic (lauter Verkehr)

leicht: *light* oder *slight* oder *easy*
• light (1. leicht, von geringem Gewicht; 2. leicht verdaulich, auch übertragen: anspruchslos)
light as a feather (federleicht)
a light meal (ein leichtes Essen)
light reading (Unterhaltungslektüre)
• slight (unbedeutend, geringfügig)
a slight headache (leichte Kopfschmerzen)
not the slightest interest (nicht das geringste Interesse)
a slight smell of garlic (ein leichter Knoblauchgeruch)
• easy (einfach, mühelos)
easy life (sorgloses, unbeschwertes Leben)
an easy solution (eine einfache, nahe liegende Lösung)

lernen: *learn* oder *study*
• learn (allgem. etw. lernen, Betonung auf den Lernstoff)
learn a language (eine Spreche lernen)
learn sth. by heart (etw. auswendig lernen)
• study (1. Tätigkeit des Lernens, geistige Auseinandersetzung mit dem Stoff an Schule oder Universität; 2. genau durchsehen, prüfen, z.B. einen Vertrag)
study for an exam (auf/für eine Prüfung lernen)
study hard (viel und angestrengt lernen)
study the instructions (die Bedienungsanleitung genau durchlesen)

Mann/Männer: *man/men* oder *husband*
• man (1. Mann; 2. in zusammenges. Wörtern, auch übertragen; 3. Mensch)
a man of action (ein Mann der Tat)

False Friends und andere Problemfälle

- men (1. Männer (pl.), Gegenteil: women; 2. Menschen im allgem.)

men's clothing (Herrenbekleidung)

All men are created equal. (Alle Menschen sind gleich.)

- husband (Ehemann, Gatte)

husband and wife (Ehemann und Ehefrau)

meinen: *mean* oder *think*

- mean (1. bedeuten, heißen; 2. etw. sagen wollen; 3. jem. meinen, sich auf jem. beziehen)

What does that mean? (Was heißt/bedeutet das?)

What do you mean? (Was willst du damit sagen?)

I mean what I say. (Ich meine, was ich sage.)

Do you mean him, the man with the red scarf? (Meinst du den da, den Mann mit dem roten Schal?)

- think (1. glauben, denken, meinen, finden; 2. nachdenken)

What do you think? (Was meinst du? Was hältst du davon?)

I think so. (Ich glaube/denke schon.)

I have to think about that. (Ich muss darüber nachdenken.)

merken: *notice* oder *realize* oder *remark* oder *remember*

- notice (etw. oder jem. zufällig bemerken, mit den Sinnen wahrnehmen)

Did you notice the old man? (Hast du den alten Mann bemerkt?)

- realize (sich bewusst werden, mit dem Verstand wahrnehmen, sich klar machen)

I never realized that. (Ich habe mir das nie bewusst gemacht.)

I finally realized how bad our situation was. (Schließlich wurde mir klar, wie vertrackt unsere Situation war.)

- remark (etw. mündlich bemerken, sagen)

This is not what I wanted, he remarked. (Das ist nicht, was ich wollte, sagte er.)

- remember (etw. im Gedächtnis behalten, merken, nicht vergessen)

Your address is easy to remember. (Deine Adresse ist leicht zu merken/behalten.)

Mörder: nicht *murder* (Mord), sondern

- murderer (Person, die einen Mord begeht)
- killer (Person, die einen anderen Menschen tötet)
- assassin (Mörder mit politischen Motiven, Attentäter/in)

nächste: *next* oder *nearest* oder *close*

- next (nächste; räumlich oder zeitlich, Reihenfolge, nächstfolgend)

Who's next? (Wer ist der nächste?)

When does the next train leave for Bath? (Wann fährt der nächste Zug ...?)

Präpositionen, unregelmäßige Verben und False Friends

the next moment (im nächsten Moment)
next year (nächstes Jahr)
- nearest (nächstgelegene, räumlich)
Where's the nearest post office? (Wo ist die nächste Post?)
- close (nächste Verwandte, nahe im übertragen Sinn)
close relatives (nahe/nächste Verwandte)
He came closest to the truth. (Er kam der Wahrheit am nächsten.)
in close proximity (in nächster Nähe)

passen: *fit* oder *suit* oder *go with*
- fit (Kleidung oder Schuhe passen in der Größe)
This dress fits like a glove. (Dieses Kleid passt wie angegossen.)
- suit (1. zu jem. passen, jem. gut stehen, zum Typ passen; 2. jem. recht sein)
Pink doesn't suit you. (Pink steht dir nicht.)
That suits me fine. (Das passt mir gut.)
- go with (zusammenpassen, mit etw. harmonieren)
Pink doesn't go with orange. (Pink passt nicht zu Orange.)

Pause: *break* oder *intermission* oder *half-time*
- break (Pause; Arbeit, Schule, Unterbrechung, Ferien)
lunch break (Mittagspause)
Christmas break (Weihnachtsferien)
without a break (ohne Unterbrechung)
Take a break. (Mach mal eine Pause.)
- intermission (allgem. für Theater-, Kino- und Konzertpause, Unterbrechung)
during intermission (in/während der Pause)
- half-time (Halbzeit, Pause im Sport)
at half-time (während der Pause)

Physiker: nicht *physician* (Arzt, Ärztin), sondern
- physicist (Physiker in der Wissenschaft)
Einstein was a great physicist. (Einstein war ein großer Physiker.)

Platz: *place* oder *seat* oder *square*
- place (1. eine bestimmte Stelle, wo jem. oder etw. hingehört; 2. Ort, Stelle; 3. Platz, Platzierung, Reihenfolge)
Everything has got its place. (Alles hat seinen Platz.)
place of birth (Geburtsort)
This bar is a nice place. (Diese Bar ist sehr nett.)
in second place (auf dem zweiten Platz)

False Friends und andere Problemfälle

- seat (Sitzplatz, Sitzgelegenheit)
Please, take a seat. (Nehmen Sie Platz!)
Is this seat taken? (Ist dieser Platz noch frei?)
- square (öffentlicher Platz in einer Stadt)
Trafalgar Square

Politik: *politics* oder *policy*

- politics (nur Pl.; Politik allgem. und theoretisch)
I want to go into politics. (Ich möchte in die Politik gehen.)
study politics (Politik studieren)
global politics (Weltpolitik)
- policy (1. eine bestimmte, praktische Politik; Programm, Standpunkt;
2. Versicherungspolice, Versicherungsschein)
What's your school's policy on smoking? (Welchen Standpunkt vertritt deine Schule in Bezug auf das Rauchen?)
environmental policy (Umweltpolitik)
foreign policy (Außenpolitik)

Raum: *room* oder *space*

- room (1. Freiraum, Bewegungsraum, verfügbarer Platz; 2. Zimmer, Raum)
There was hardly any room to breathe. (Es gab kaum Platz zum Atmen.)
plenty of room (viel Platz)
make room for sb. (jem. Platz machen)
room-mate (Zimmergenosse, Mitbewohner/in)
- space (1. allgem. für Raum oder Platz; 2. Weltraum)
empty space (freier Platz)
parking space (Parkplatz, Parklücke)
leave space for sth. (für etw. Platz lassen)

Rente: nicht *rent* (Miete), sondern

- pension (Rente, Altersversorgung, Pension)
to draw a pension (Rente beziehen)
to pension sb. off (jem. vorzeitig pensionieren, ausrangieren)
pensioner (**UK**) *(Rentner/in)*
- retirement (Pensionierung, Ruhestand)
go into retirement (in den Ruhestand gehen)
be in retirement (im Ruhestand sein)
to retire (in Pension/Rente gehen)
early retirement (Frührente)
retiree (**US**) *(Rentner/in, Ruheständler)*

Präpositionen, unregelmäßige Verben und False Friends

Rezept: nicht *receipt* (Quittung, Bon), sondern
- recipe (Kochrezept, auch im übertragenen Sinn)
recipe for Yorkshire pudding (Rezept für Yorkshirepudding)
recipe book (Kochbuch)
recipe for success (Erfolgsrezept)
- prescription (ärztliches Rezept, Verschreibung)
on prescription (auf Rezept, verschreibungspflichtig)

Schatten: *shadow* oder *shade*
- shadow (deutlich umrissener Schatten eines Menschen oder Gegenstandes)
cast a shadow on the wall (einen Schatten an die Wand werfen)
be in the shadow of sth. (im Schatten von etw. sein)
- shade (1. undeutlicher, diffuser Schatten, Areal ohne Sonnenlicht; 2. (**US:**) Rollladen)
sit in the shade (im Schatten sitzen)

Schlange: *snake* oder *serpent* oder *queue* oder *line*
- snake (Schlange; zoologisch)
When I was in Egypt last year, I was bitten by a snake.
- serpent (Schlange in Literatur, Bibel und Mythologie)
- queue; (**US:**) line (Menschen-, Autoschlange)
*I hate to queue up/(**US:**) stand in line. (Ich hasse es, Schlange zu stehen.)*

Schrank: *cupboard* oder *wardrobe* oder *closet*
- cupboard (Küchenschrank)
- wardrobe (Kleiderschrank)
- closet, walk-in closet (**US**) (Schrank, Wandschrank, begehbarer Kleiderschrank)

See: *lake* oder *sea* oder *loch*
- lake (der See, Binnensee)
Lake Constance (Bodensee)
- sea (die See, das Meer)
the Baltic Sea (die Ostsee), the Red Sea (das Rote Meer)
go to sea (zur See fahren)
by the sea (am Meer, an der See)
above/below sea level (über/unter dem Meeresspiegel)
- loch (schottisch für Binnensee)
Loch Ness

False Friends und andere Problemfälle

Seite: *page* oder *side*
• page (Buchseite)
turn to page 35 (Seite 35 aufschlagen)
on page 143 (auf Seite 143)
• side (allgem. Seite, Seitenwand bei Gegenständen; Seite der Straße, des Berges etc.; auch im übertragenen Sinn: einer Person)
at the side of my chair (neben meinem Stuhl)
drive on the left side of the road (links fahren)
be on sb.'s side (auf jem. Seite sein)
This is your side of the story. (Das ist deine Version der Geschichte.)
He never left Betty's side. (Er wich Betty nicht von der Seite.)
from all sides (von allen Seiten)

schwer: *heavy* or *hard* or *difficult*
• heavy (1. von großem Gewicht; 2. schwer im übertragenen Sinn; 3. schwer verdaulich)
a heavy suitcase (ein schwerer Koffer)
heavy responsibility (große Verantwortung)
lie heavy on sb.'s stomach (schwer im Magen liegen)
• hard (1. hart, solide; 2. schwierig, schwer zu tun, anstrengend)
hard-boiled eggs (hart gekochte Eier)
hard disc (Festplatte)
have a hard time (eine schwere Zeit durchmachen)
I'm working hard. (Ich arbeite viel/schwer.)
• difficult (schwierig, kompliziert)
The test was difficult. (Der Test war schwer/schwierig.)
He's a difficult character to deal with. (Er ist nicht ganz einfach/hat einen schwierigen Charakter.)

stören: *bother* oder *disturb* oder *spoil*
• bother (jem. belästigen, jem. stören, sich durch etw. gestört fühlen)
Living next to the airport doesn't bother me. (Es stört mich nicht, in Flughafennähe zu wohnen.)
Stop bothering me! (Lass mich in Ruhe!)
• disturb (Konzentration, Ruhe, Arbeit etc. stören)
Am I disturbing you? (Störe ich?)
• spoil (etw. Harmonisches stören, beeinträchtigen oder ruinieren)
The new highway spoils the beauty of the landscape. (Die neue Autobahn (zer)stört die Schönheit der Landschaft.)

Präpositionen, unregelmäßige Verben und False Friends

Strom: *river* oder *stream* oder *electricity* oder *current*
- river (großer Fluss)
the Mississippi River
the River Nile
- stream (1. Meeres-, Luftstrom; 2. kleiner Fluss, Bach)
- electricity, (electric) current (elektrischer Strom)
Our house is heated by electricity. (Unser Haus wird mit Strom beheizt.)
consume/save electricity (Strom verbrauchen/sparen)
power failure (Stromausfall), **(US:)** *power outage*
current drop (Stromabfall)

sich wundern: nicht *wonder* (sich fragen), sondern
- be surprised (at sth.) (überrascht sein, sich wundern)
I would be surprised if she came. (Es würde mich wundern, wenn sie käme.)
She was surprised at seeing him. (Sie war überrascht, ihn zu sehen.)

Studium: nicht *study* (Arbeitszimmer), sondern
- studies (Studium)
He began his studies at Stanford University in 1998. (1998 begann er sein Studium an der Stanford University.)
I study medicine. (Ich studiere Medizin.)
as a student (während meines Studiums/als Student)
- degree (Universitätsabschluss, Studium, Studiengang)
do a degree in art (Kunst studieren, Kunststudium)
She got her degree in computer science last year. (Sie hat ihr Informatikstudium letztes Jahr abgeschlossen.)

Technik: *technology* oder *technique* oder *engineering*
- technology (Technologie, Technik als Fach im weitesten Sinne)
computer technology (Computertechnik)
modern technology (moderne Technologie)
- technique (Methode, Verfahren, Technik, mit der etw. ausgeführt wird)
You must improve your technique if you want to be a good basketball player. (Wenn du ein guter Basketballspieler werden willst, musst du deine Technik verbessern.)
- engineering (1. Technik in der Praxis; 2. Teilbereiche mit Zusatzwörtern)
a masterpiece of engineering (ein Meisterwerk der Technik)
mechanical engineering (Maschinenbau)
genetic engineering (Gentechnologie)

7 Zahlen und Daten (Numbers and Dates)

7.1 Grundzahlen

Die englischen **Grund- oder Kardinalzahlen** (cardinal numbers) stellen kein besonderes Problem dar. Zu beachten ist lediglich die ähnliche Aussprache der Zahlen auf –teen und –ty (sixteen – sixty), die Ausnahmebildung einiger Zahlen wie **thirteen, fifteen, forty** sowie der etwas verwirrende Umstand, dass eine deutsche **Milliarde** im Englischen eine **billion** ist. Bei Zahlen ab 1000 wird im Englischen zur besseren Lesbarkeit entweder eine kleine Lücke gelassen oder (anstelle unseres Punktes) ein **Komma** gesetzt (**nicht** jedoch bei **Jahreszahlen** oder **Hausnummern**).

1	one	16	sixteen
2	two	17	seventeen
3	three	18	eighteen
4	four	19	nineteen
5	five	20	twenty
6	six	21	twenty-one
7	seven	22	twenty-two
8	eight	23	twenty-three
9	nine	30	thirty
10	ten	40	forty
11	eleven	50	fifty
12	twelve	60	sixty
13	thirteen	70	seventy
14	fourteen	80	eighty
15	fifteen	90	ninety

100	a/one hundred
101	a/one hundred and one (one oh one)
111	a/one hundred and eleven (one eleven)
121	a/one hundred and twenty-one (one twenty-one)
200	two hundred
1,000	a/one thousand
1,500	one thousand and five hundred (fifteen hundred)
1,998	one thousand nine hundred and ninety-eight (nineteen ninety-eight)
2,000	two thousand
2,022	two thousand and twenty-two (twenty twenty-two)
3,761	three thousand seven hundred and sixty-one (thirty-seven sixty-one)
10,000	ten thousand

Präpositionen, unregelmäßige Verben und False Friends

100,000	a/one hundred thousand
1,000,000	a/one million
2,000,000	two million
1,000,000,000	a/one billion (a thousand million)

7.2 Null

Die Null wird im Englischen je nach Zusammenhang ausgedrückt.

Temperatur	0° → zero degrees (freezing point)
	−4° → four below zero
Mathematik	zero, nought/naught
Sport	0:0 → (**UK:**) nil nil/(**US:**) zero zero
	3:0 → (**UK:**) three nil/(**US:**) three zero (three nothing)
Tennis	0:15 → love fifteen
Telefon	(**UK:**) oh/(**US:**) zero

7.3 Ordnungszahlen

Die **Ordnungs- oder Ordinalzahlen** (ordinal numbers) stellen ebenfalls keine Hürde dar. Sie werden mit Ausnahme von **first** (1st), **second** (2nd) und **third** (3rd) durch Anhängen der Endung **–th** (4th) gebildet. Das gilt auch für 11 (**eleventh**, 11th), 12 (**twelfth**, 12th) und 13 (**thirteenth**, 13th).

1st	first	20th	twentieth
2nd	second	21st	twenty-first
3rd	third	22nd	twenty-second
4th	fourth	23rd	twenty-third
5th	fifth	24th	twenty-fourth
10th	tenth	30th	thirtieth
11th	eleventh	40th	fortieth
12th	twelfth	100th	one hundredth
13th	thirteenth	1000th	one thousandth

7.4 Daten

Das Datum kann auf mehrere Weisen geschrieben und gesprochen werden.

UK:	
$24^{(th)}$ August 2004	24/08/2004
24 Aug 2004	24 VIII 2004

Zahlen und Daten

In **Großbritannien** steht wie in Deutschland der Tag vor dem Monat. Es ist nicht notwendig, Punkte oder Kommas zu setzen. Um Missverständnissen vorzubeugen, werden die Monate manchmal in römischen Ziffern angegeben. Gesprochen werden alle Formen: **the twenty-forth of August two thousand four.**

> US:
> Aug. 24, 2004
> 24 August 2004
> 08/24/2004

In den **Vereinigten Staaten** wird der Monat oft zuerst geschrieben. Da es bei Daten unter 13 zu Verwechslungen kommen kann, wird der Monatsname dann oft ausgeschrieben oder abgekürzt. Steht der Monat zuerst, dann folgt zwischen dem Datum und dem Jahr in der Regel ein Komma. Gesprochen wird es: **August twenty-forth two thousand four** oder wie in Großbritannien.

7.5 Jahreszahlen
Jahreszahlen werden ohne Komma geschrieben und in zwei Zehnerschritten gesprochen:

> 1066 → ten sixty-six
> 1708 → seventeen oh eight
> 1989 → nineteen eighty-nine
> 2000 → the year two thousand (year 2k)
> 2010 → twenty ten (two thousand ten)

Jahreszahlen, die sich auf die Zeit **vor Christi Geburt** beziehen, erhalten den Zusatz **BC** (= before Christ). Bei den Jahreszahlen **nach Christi Geburt** wird ein **AD** (**anno domini** = im Jahre des Herrn**)** hinzugefügt (normalerweise nur bei niedrigen Jahreszahlen). Das Jahr Null gibt es nicht.

> 441 BC   55 – 120 AD

7.6 Uhrzeiten
Uhrzeiten werden auf zwei Arten angegeben: analog oder digital.

> 9.00 → nine o'clock
> 9.04 → four (minutes) past nine/nine oh four

Präpositionen, unregelmäßige Verben und False Friends

> 9.10 → ten (minutes) past nine/nine ten
> 9.15 → a quarter past nine/nine fifteen
> 9.30 → half past nine (**UK:** half nine)/nine thirty
> 9.45 → a quarter to ten/nine forty-five
> 9.50 → ten (minutes) to ten/nine fifty

(**US:**) Im amerikanischen Englisch ist es üblich, **after** und **before** statt **past** und **to** zu verwenden. (**UK:**) Zu beachten ist die britische Art, die halbe Stunde durch das Weglassen von past auszudrücken. Zu **9:30 Uhr** sagt man in England **half nine** und nicht wie in Deutschland halb zehn. Im Unterschied zum Deutschen werden Zeitangaben von **13 bis 24** nicht verwendet. Um den Vormittag vom Nachmittag zu unterscheiden, wird schriftlich wie mündlich ein **am** (ante meridiem = **vor dem Mittag**) bzw. **pm** (post meridiem = **nach dem Mittag**) nach der Uhrzeit hinzugefügt. Im gesprochenen Englisch ist es auch üblich, die Tageszeit (z. B. **in the morning** oder **at night**) zu erwähnen. Die **24-Stunden-Uhr** findet vor allem im militärischen Bereich, aber zunehmend auch bei Zeitplänen Verwendung.

7.7 Telefonnummern

Bei der Angabe von Telefonnummern wird jede Zahl einzeln gesprochen. Vor allem im britischen Englisch ist es üblich, zwei aufeinander folgende gleiche Zahlen mit **double** und drei aufeinander folgende mit **triple** zu bezeichnen. Die Null wird in Großbritannien als **oh**, in den USA eher als **zero** ausgesprochen.

> 498 6598 → four, nine, eight, six, five, nine, eight
> 255 8992 → two, double five, eight, double nine, two
> 908 5551 → nine, oh, eight, triple five, one

7.8 Mathematische Ausdrücke

+	plus/and	∥	is parallel to
−	minus	⊥	is perpendicular to
±	plus or minus/approximately	∟	right angle
×	(is) multiplied by/times	Δ	triangle
÷	(is) divided by	□	square
=	is equal to/equals	π	pi
≠	is not equal to/does not equal	r	radius
≡	is equivalent to/is identical with	$1/2$	one half
>	is more/greater than	$1/3$	one third

Zahlen und Daten

<	is less than	$1/4$	one quarter (US auch: one forth)
%	per cent	$1/8$	one eighth
∞	infinity	$3/4$	three quarters
x^2	squared	$3/8$	three eighths
x^3	cubed	$5/8$	five eighths
x^4	to the power of four/to the forth	°	degree
√	(square) root of	'	minute (of an arc)
∫	the integral of	''	second (of an arc)

7.9 Temperaturen

Centigrade (Celsius)	Fahrenheit	Fahrenheit	Centigrade
100° (boiling point)	212°	120°	48,8°
90°	194°	110°	43,3°
80°	176°	100°	37,7°
70°	158°	90°	32,2°
60°	140°	80°	26,6°
50°	122°	70°	21,1°
40°	104°	60°	15,5°
37° (body temp.)	98,6°	50°	10°
30°	86°	40°	4,4°
20°	68°	30°	–1,1°
10°	50°	20°	–6,6°
0° (freezing point)	32°	10°	–12,2°
–10°	14°	0°	–17,7°
–17,8°	0°	–10°	–23,3°
–20°	–4°	–20°	–28,8°
–30°	–22°	–30°	–34,4°
–40°	–40°	–40°	–40°

Die **Umrechnungsformel** lautet:
Fahrenheit nach Celsius: (°F–32) x 5/9 = °C oder (°F–32) x $0,\overline{55}$ = °C
Celsius nach Fahrenheit: (9/5 x °C) + 32 = °F oder (1,8 x °C) + 32 = °F

7.10 Längenmaße

1 inch (in)		2,54 cm
1 foot (ft)	= 12 inches	30,48 cm
1 yard (yd)	= 3 feet	91,44 cm
1 mile	= 1,760 yards	1,609 km

Umgekehrt: 1 cm = 0.3937 in; 1 m = 1.0936 yd; 1 km = 0.6214 mile

7.11 Hohlmaße

UK		
1 pint (pt)		0,568 l
1 quart (qt)	= 2 pints	1,136 l
1 gallon (gal)	= 4 quarts	4,546 l

Umgekehrt: 1 l = 1.76 pt = 0.88 qt = 0.22 gal

US		
1 pint (pt)		0,473 l
1 quart (qt)	= 2 pints	0,946 l
1 gallon (gal)	= 4 quarts	3,785 l
1 barrel	= 42 gallons	159,106 l (Öl)

Umgekehrt: 1 l = 2.12 pt = 1.06 qt = 0.2642 gal

7.12 Flächenmaße

1 square inch		6,452 cm^2
1 square foot	= 144 sq. inches	929,029 cm^2
1 square yard	= 9 sq. feet	0,836 m^2
1 acre	= 4840 sq. yards	40,47 Ar (4047 m^2)
1 square mile	= 640 acres	2,59 km^2

Umgekehrt: 1 cm^2 = 0.155 sq.in; 1 m^2 = 1.196 sq.yd;
1 km^2 = 247.11 acres = 0.3861 sq.mile

7.13 Handelsgewichte

1 ounce (oz)		28,35 g
1 pound (lb)	= 16 ounces	0,453 kg
1 stone (st)	= 14 pounds	6,350 kg
1 hundredweight	= 112 pounds (**UK**)	50,802 kg
1 hundredweight	= 100 pounds (**US**)	45,359 kg
1 short ton (**UK**)	= 20 hundredweight	1016,05 kg
1 long ton (**US**)	= 20 hundredweight	907,185 kg

Umgekehrt: 1 kg = 2.205 lb = 0.1575 st

Anhang

1 Grammatische Ausdrücke

Latinisiert	Deutsch	Englisch
Adjektiv	Eigenschaftswort	adjective
-Positiv	-Grundstufe	-positive
Komparation	Vergleich	comparison
-Komparativ	-erste Steigerung	-comparativve
-Superlativ	-zweite Steigerung	-superlativ
-Elativ	-Absolutheitsform	-elative
Adverb	Umstandswort	adverb
	-der Art und Weise	-of manner
	-der Häufigkeit	-of frequency
	-des Grades	-of degree
adverbiale Bestimmung	Umstandsangabe	adverbial phrase
	-des Ortes	-of place
	-der Zeit	-of time
Aktiv	Tatform	active voice
analytische Form	zusammengesetzte Form	analytical form
Attribut	Beifügung	attribute
Artikel	Geschlechtswort	article
	-bestimmter Artikel	-definite article
	-unbestimmter Artikel	-indefinite article
direkte Rede	wörtliche Rede	direct speech
Deklination	Beugung (des Hauptwortes)	declension
Emphase	Betonung	emphasis
Genus	Geschlecht	gender
-maskulin	-männlich	-male
-feminin	-weiblich	-feminine
-neutral	-sächlich	-neuter
Gerundium	Verbalsubstantiv	gerund
- - -	Hauptsatz	main clause
Imperativ	Befehlsform	imperative

Anhang

indirekte Rede	berichtete Rede	indirect speech
Infinitiv	Grundform	infinitive
-Infinitiv Präsens (aktiv)	-Grundform der Gegenwart (aktiv)	-present infinitve (active)
-Infinitiv Perfekt (aktiv)	-Grundform der vollendeten Gegenwart (aktiv)	-perfect infinitive (active)
Interrogation	Frage	question
	-Fragewort	-question word
	-Bestätigungsfrage (Frageanhängsel)	-question tag
Inversion	Wort(um)stellung (Subjekt → Verb)	inversion
Kasus	Fall	case
-Nominativ	-Werfall	-nominative
-Genitiv	-Wesfall	-genitive
-Dativ	-Wemfall	-dative
-Akkusativ	-Wen-/Wasfall	-accusative
Kompositum	zusammengesetztes Wort	compound (word)
Konditionalsatz	Bedingungssatz	conditional sentence (if-clause)
Konjunktion	Bindewort	conjunction
	-nebengeordnetes Bindew.	-co-ordinating
	-untergeordnetes Bindew.	-subordinating
Konsonant	Mitlaut	consonant
Modus	Aussageweise	mood
-Indikativ	-Wirklichkeitsform	-indicative
-Konjunktiv	-Möglichkeitsform	-subjunctive/conjunctive
-Imperativ	-Befehlsform	-imperative
-Konditional	-Bedingungsform	-conditional
- - -	Nebensatz	subordinate clause
-adversativ	-gegensätzlich	-adversarial
-final	-bezweckend, zielend	-final
-kausal	-begründend	-causal
-konditional	-bedingend	-conditional
-konsekutiv	-folgend	-consecutive
-konzessiv	-einräumend	-concessive
-modal	-Art und Weise zeigend	-modal
-temporal	-zeitlich	-temporal

Grammatische Ausdrücke

-relativ	-bezüglich (notwendig) (nicht notwendig)	-relative (defining) (non-defining)
-indirekte Frage	-indirekte Frage	-indirect question
Numerale	Zahlwort	number
-Kardinalzahl	-Grundzahl	-cardinal number
-Ordinalzahl	-Ordnungszahl	-ordinal number
Objekt (indirektes oder direktes)	Satzergänzung (indirekt oder direkt)	object (indirect or direct)
Partizip	Mittelwort	participle
- Präsens	- der Gegenwart	- present participle
- Präteritum	- der Vergangenheit	- past participle
- Perfekt	- der vollendeten Gegenw.	- perfect participle
Partikel	unselbständiges Wort (Funktionswort)	particle (function word)
Passiv	Leideform	passive voice
Periode	Satzgefüge	compound sentence
Plural	Mehrzahl	plural
Prädikat	Satzaussage (vom Verb gebildet)	predicate
Präfix	Vorsilbe	prefix
Präposition	Verhältniswort	preposition
Pronomen	Fürwort	pronoun
-Personalpronomen	-persönliches Fürwort	-personal pronoun
-Possessivpronomen	-besitzanzeigendes Fürwort	-possessive pronoun
-Reflexivpronomen	-rückbezügliches Fürwort	-reflexive pronoun
-Reziprokes Pronomen	-wechselbezügliches Fürw.	-reciprocal pronoun
-Relativpronomen	-bezügliches Fürwort	-relative pronoun
-Demonstrativpron.	-hinweisendes Fürwort	-demonstrative pronoun
-Interrogativpronomen	-fragendes Fürwort	-interrogative pronoun
-Indefinitpronomen	-unbestimmtes Fürwort	-indefinite pronoun
- - -	-verstärkendes Fürwort	-emphasizing pronoun
Quantität	Mengenangabe	expression of quantity
Singular	Einzahl	singular
- - -	Stützwort	prop word
Subjekt	Satzgegenstand	subject
Substantiv	Hauptwort	noun
Suffix	Nachsilbe	suffix

Tempus	Zeitform (des Verbs)	tense
-Präsens	-Gegenwart	-present tense
-Präteritum	-Vergangenheit	-past tense
-Futur	-Zukunft	-future tense
-Perfekt	-vollendete Gegenwart	-present perfect
-Plusquamperfekt	-vollendete Vergangenheit	-past perfect
-Futur II	-vollendete Zukunft	-future perfect
Verb	Zeit-/Tätigkeitswort	verb
-Vollverb	-Hauptzeitwort	-full verb
-Modal-/Hilfsverb	-Hilfszeitwort	-modal (auxiliary) verb
-regelmäßiges Verb	-regelmäßiges Zeitwort	-regular verb
-unregelmäßiges Verb	-unregelmäßiges Zeitwort	-irregular verb
-transitives Verb	-ziehendes Z. (mit Objekt)	-transitive verb
-intransitives Verb	-nicht ziehendes Z. (ohne Objekt)	-intransitive verb
-finites Verb	-gebeugtes Zeitwort	-finite verb
-infinites Verb	-nicht gebeugtes Zeitwort	-non-finite verb (infinitive)
-introduktives Verb	-einleitendes Zeitwort	-introductory verb
-Verb + Präposition		-prepositional verb
-Verb + adverbiales Partikel		-phrasal verb
- - -	Verlaufsform	progressive/continuous (-ing) form
-Präsens	-der Gegenwart	-present progressive
-Präteritum	-der Vergangenheit	-past progressive
-Futur	-der Zukunft	-future progressive
-Perfekt	-der vollendeten Gegenwart	-present perfect progressive
-Plusquamperfekt	-der vollendeten Verg.	-past perfect progressive
-Futur II	-der vollendeten Zukunft	-future perfect progressive
Vokal	Selbstlaut	vowel

Arbeit mit Wörterbüchern

2 Tipps zur Arbeit mit Wörterbüchern

Jeder, der eine Sprache richtig lernen will, braucht ein Wörterbuch zum Nachschlagen der unbekannten Begriffe. In guten, modernen Wörterbüchern wie Langenscheidt Power Dictionary Englisch werden nicht nur Hinweise zur Aussprache des Wortes (Lautschrift in eckigen Klammern) gegeben. Es wird auch genau aufgezeigt, was ein Wort in welcher Situation bedeutet (kursive Schrift, Ziffern vor den jeweiligen Bedeutungen), ob es sich um britisches Englisch (BE) oder amerikanisches Englisch (AE) handelt. Ein kleines Warndreieck bedeutet: Vorsicht! Hier kann man etwas verwechseln! Hier ist eine Ausnahme!

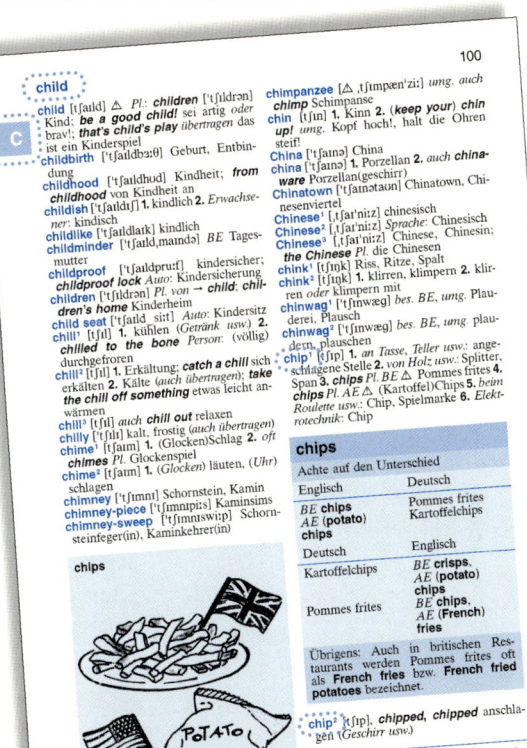

Anhang

3 Register

A
Abkürzungsverzeichnis 8
Adjektive (Adjectives) 93-100
- Adjektiv mit doppelten Adverbien 102ff.
- Adjektiv statt Adverb 107
- allein stehend (prädikativ) 94f.
- beim Substantiv stehend (attributiv) 94
- Stellung im Satz 95f.
- Steigerung 96ff.
- substantivierte Adjektive 96
- + *one* 100
- Vergleiche 99
Adverbien (Adverbs) 100-107
- Adverb = Adjektiv 102
- Adjektiv statt Adverb 107
- adverbiale Bestimmung 100
- Doppeladverbien 102ff.
- *good/well* 101f.
- nach Sinneswahrnehmungen 107
- sich nicht auf ein Verb beziehend 104f.
- Steigerung 107
- Stellung im Satz 105f.
Akkusativ/Dativ
- bei Pronomen 134ff.
all 165ff.
almost/nearly 173
already 169f.
also/too/as well 174ff.
Aktiv (Active Voice) 54f.
Amerikanisches Englisch 195-206

Artikel (Articles) 109-123
- bestimmter Artikel 114ff.
- feststehende Ausdrücke mit Artikel 113
- *some/any* 112
- unbestimmter Artikel 110ff.
- unzählbare und abstrakte Begriffe 115
as 179f.
as well 174ff.

B
Bedingungssätze (s. If-Sätze)
Befehlsform (s. Imperativ)
beside/besides 184
Bestimmter Artikel (s. Artikel)
Bindewörter (s. Konjunktionen)
both/either/neither 166ff.
brauchen 49
bring/take 186
Britisches/Amerikanisches Englisch 195-206
- Grammatik 205f.
- Rechtschreibung 204f.
by 171f.
by/with 184

C
can 44f.
could 44f.
Conditional (s. If-Sätze)
Conjunctions (s. Konjunktionen)
Conjunctive (s. Konjunktiv)

D

Dativ/Akkusativ
- bei Pronomen 134ff.

Datum 274f.
Demonstrativpronomen (s. Pronomen)
Direkte Rede 71f.
do 185f.
dürfen 45f., 48f.
during/while 172

E

each/every 163f.
each other/one another 143
Eigenschaftswörter (s. Adjektive)
either/neither 166f., 176f.
every/all 165
everybody/everyone 164f.

F

False Friends 258–272
Flächenmaße 278
Fragen (Questions)
- Fragepronomen 88f.
- Fragen nach dem Subjekt 89
- Kurzantworten 90f.
- mit do/does und did 87f.
- mit Präpositionen 90
- mit Hilfsverben 86f.
- zusammengesetzte Fragewörter 89f.

Frageanhängsel (Question Tags) 91
Fragewörter 88f.
Fürwörter (s. Pronomen)
Funktionswörter (s. Präpositionen)
Futur I 23–27
- Be-going-to-Future 25f.
- Future Progressive 26f.
- Present Progressive als Futur 27
- Simple Present als Futur 27
- Will-Future 24f.

Futur II (Future Perfect) 36–37
- Formen des Future Perfect Progressive 37
- Formen des Simple Future Perfect 36f.
- Gebrauch des Future Perfect Progressive 37
- Gebrauch des Simple Future Perfect 37

Future Perfect (s. Futur II)
Future Tense (s. Futur I)

G

Gegenwart (s. Präsens)
Genitiv-s 128
Gerund 59–63
Geschlechtswort (s. Artikel)
get (in Passivsätzen) 56f.
get/go 188ff.
Grammatische Ausdrücke 279–282
Großschreibung 207–209
Grundzahlen 273

H

half 169
Handelsgewichte 278
have got 50
Hilfsverben (s. Modalverben)
Hohlmaße 278
home/at home 174

I

If-Sätze (If-Clauses) 79–85
if it wasn't/weren't for 85
if it hadn't been for 85
- If-only-Sätze 84f.
- Mischung von Typ I und II 84
- Typ I (Present Tense/Will-Future) 80ff.
- Typ II (Past Tense/Conditional I) 82f.

Anhang

- Typ III (Past Perfect/Conditional II) 83
- Would im If-Satz 84

Imperativ (Imperative) 69–71

in time/on time 173

Indirekte Rede (Indirect Speech) 71–76
- Änderung der Orts- und Zeitangaben 75f.
- Aufforderung 75
- Fragen 75
- Futur 73f.
- Hilfsverben 74

Interrogativpronomen (s. Fragen)

Intransitive Verben 54f.

Irregular Verbs (s. Unregelmäßige Verben)

J
Jahreszahlen 275

K
können 44f.

Kommaregeln (s. Zeichensetzung)
- Komma bei Relativsätzen 151f.

Konditionalsätze (s. If-Sätze)

Konjunktionen (Conjunctions) 228–230

Konjunktiv (Subjunctive) 67–69
- Konjunktiv der Gegenwart 68f.
- Konjunktiv der Vergangenheit 69

Kurzantworten (s. Fragen)

L
Längenmaße 277f.
lassen 190f.
lie/lay/lie 187
like/as 179f.

little/few 162f.
a lot of/lots of 160f.
Leideform (s. Passiv)

M
man 58, 137, 139
make 185f.
Mathematische Ausdrücke 276f.
may 45f.
Mehrzahl (s. Plural)
Mengenangaben (Quantifiers) 156–169
might 45f.
Modalverben (Modal Verbs) 41–52
- Hilfsverben in Passivsätzen 55
- unvollständige Hilfsverben 43ff.
- vollständige Hilfsverben 42f.

most 121, 168
much/many 160 ff.
must/must not 48f.
Möglichkeitsform (s. Konjunktiv)
müssen 48f., 50
my/of mine 183

N
need 49f.
no/none 158f.
none (of)/nobody/nowhere 159f.
Null 274

O
Objekt 134
one (Stützwort) 58, 100, 137, 139, 145, 182f.
Ordnungszahlen 274
other/another 168
ought to 49
own 138, 140

Register

P

Partizipialsätze (Participle Clauses) 231-232
Passiv (Passive Voice) 53-58
- persönliches Passiv 57f.
Past Perfect (s. Plusquamperfekt)
Past Tense (s. Präteritum)
Perfekt (Present Perfect) 28-33
- Formen des Perfect Progressive 31
- Formen des Simple Present Perfect 28f.
- Gebrauch des Perfect Progressive 31f.
- Gebrauch des Simple Present Perfect 29f.
- Present Perfect oder Past Tense 32f.
Personalpronomen (s. Pronomen)
Persönliches Passiv (s. Passiv)
Phrasal Verbs 227f., 239-257
Plural 125-131
- Plural oder Singular 128ff.
- Pluralwörter 130
Plusquamperfekt (Past Perfect) 33-36
- Formen des Simple Past Perfect 33
- Formen und Gebrauch des Past Perfect Progressive 35f.
- Gebrauch des Simple Past Perfect 33f.
Possessivpronomen (s. Pronomen)
Prepositional Verbs 227f., 239-257
Present Perfect (s. Perfekt)
Present Tense (s. Präsens)
Präpositionen (Prepositions) 219-228
- allgemein 223ff.
- des Ortes 220f.
- der Zeit 221f.
Präsens (Present Tense) 10-17
- 3. Person Singular 10
- Formen des Present Progressive 13f.
- Formen des Simple Present 10f.
- Gebrauch des Present Progressive 15
- Gebrauch des Simple Present 12f.
- Present Progressive als Futur 17, 27
- Simple Present als Futur 13, 27
Präteritum (Past Tense) 18-23
- Formen des Past Progressive 21f.
- Formen des Simple Past 18ff.
- Gebrauch des Past Progressive 22f.
- Gebrauch des Simple Past 20f.
- regelmäßige Verben 19
- unregelmäßige Verben 18
Pronomen (Pronouns) 133-153
- Demonstrativpronomen 143ff.
- Interrogativpronomen 88f.
- Personalpronomen 134ff.
- Possessivpronomen 138ff.
- Reflexivpronomen 141f.
- Relativpronomen 145ff.
- Reziproke Pronomen 143

Q

Questions (s. Fragen)
Question Tags (s. Frageanhängsel)
quite/rather 178

R

rather 178
Reflexivpronomen (s. Pronomen)
Relativpronomen (s. Pronomen)
Reziproke Pronomen (s. Pronomen)

S

selbst/selber 142
shall 46f.
Short Answers (s. Kurzantworten)
should 46f.

Anhang

so/such 180f.
sollen 46f., 49, 194f.
some/any 112, 156ff.
someone/anyone 139, 157f.
Steigerung
- bei Adjektiven 96ff.
- bei Adverbien 107
still 169f.
Stützwort (s. one)
Subjekt 134
Subjunctive (s. Konjunktiv)
such 180f.

T

take 185f.
Telefonnummern 276
Temperaturen 277
than oder *as* 137
that 149f.
to/ up to 172
too 174f., 177
Transitive Verben 54f., 57

U

Uhrzeiten 275f.
Umstandswort (s. Adverbien)
Unbestimmter Artikel (s. Artikel)
unless/ if...not 181
Unregelmäßige Verben (Irregular Verbs) 233–238
until/till 171f.
used to 21, 63, 187f.
be used to 187f.

V

Verbalsubstantiv (s. Gerund)
Verben
- regelmäßige Verben 19
- unregelmäßige Verben 18, 233–238
Vergangenheit (s. Präteritum)
Vergleiche
- mit *than* oder *as* 137
Verhältniswörter (s. Präpositionen)
Vollendete Gegenwart (s. Perfekt)
Vollendete Vergangenheit (s. Plusquamperfekt)
Vollendete Zukunft (s. Futur II)

W

werden 47f., 192f.
what 90, 152
which 90, 148f.
while 172
who/whom 146f.
whose 90, 150f.
will 47f.
Wörterbücher 283
would 47f.
Wünsche 85–86
- wish + Past Perfect 86
- wish + Past Tense 86

Y

yet 169f.

Z

Zahlen 273–278
Zeichensetzung 209–215
Zeitenfolge 9–40
Zukunft (s. Futur I)